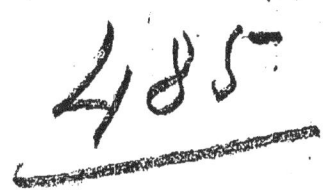

TROISIEME SUITE
DES
MÉLANGES
DE POESIE,
DE LITTÉRATURE,
D'HISTOIRE
ET DE PHILOSOPHIE.

M. DCC. LXI.

SUITE
DES MÉLANGES
DE
LITTÉRATURE,
D'HISTOIRE ET DE PHILOSOPHIE.

CHAPITRE PREMIER.
DE L'ÉLÉGANCE.

E mot, selon quelques-uns, vient d'*Electus*, choisi. On ne voit pas qu'aucun autre mot Latin puisse être son étymologie : en effet, il y a du choix dans tout ce qui est élégant. L'élégance est un résultat de la justesse & de l'agrément.

On employe ce mot dans la Sculpture & dans la Peinture. On opposait *elegans signum*, à *signum rigens*; une figure proportionnée, dont les con-

A

tours arrondis étaient exprimés avec mollesse, à une figure trop roide & mal terminée.

La sévérité des anciens Romains donna à ce mot, *elegantia*, un sens odieux. Ils regardaient l'élégance en tout genre, comme une *affecterie*, comme une politesse recherchée, indigne de la gravité des premiers tems : *vitii, non laudis fuit*, dit Aulu-Gelle. Ils appellaient *un homme élégant* à peu près ce que nous appellons aujourd'hui un Petit-maître, *Bellus homuncio*, & ce que les Anglais appellent *un Beau*; mais vers le tems de Ciceron, quand les mœurs eurent reçu le dernier degré de politesse, *elegans* était toujours une louange. Ciceron se sert en cent endroits de ce mot pour exprimer un homme, un discours poli; on disait même alors *un repas élégant* : ce qui ne se dirait guères parmi nous.

Ce terme est consacré en Français, comme chez les anciens Romains, à la Sculpture, à la Peinture, à l'Eloquence, & principalement à la Poësie. Il ne signifie pas, en Peinture & en Sculpture, précisément la même chose que *grace*.

Ce terme *grace* se dit particulierement du visage, & on ne dit pas *un visage élégant*, comme *des contours élégans* : la raison en est que la grace a toujours quelque chose d'animé, & c'est dans le visage que paraît l'ame; ainsi on ne dit pas *une démarche élégante*, parce que la démarche est animée.

L'*élégance* d'un Discours n'est pas l'éloquence, c'en est une partie; ce n'est pas la seule harmonie, le seul nombre, c'est la clarté, le nombre & le choix des paroles.

Il y a des langues en Europe dans lesquelles rien

DE L'ÉLÉGANCE.

n'est si rare qu'un Discours élégant : des terminaisons rudes, des consonnes fréquentes, des verbes auxiliaires nécessairement redoublés dans une même phrase, offensent l'oreille même des naturels du pays.

Un Discours peut être élégant sans être un bon Discours, l'*élégance* n'étant en effet que le mérite des paroles ; mais un Discours ne peut être absolument bon sans être élégant.

L'*élégance* est encore plus nécessaire à la Poësie que l'éloquence, parce qu'elle est une partie de cette harmonie si nécessaire aux vers.

Un Orateur peut convaincre, émouvoir même sans *élégance*, sans pureté, sans nombre. Un Poëme ne peut faire d'effet, s'il n'est élégant : c'est un des principaux mérites de Virgile. Horace est bien moins élégant dans ses Satyres, dans ses Epîtres ; aussi est-il moins Poëte, *sermoni propior*.

Le grand point dans la Poësie & dans l'art Oratoire, c'est que l'*élégance* ne fasse jamais tort à la force ; & le Poëte, en cela comme dans tout le reste, a de plus grandes difficultés à surmonter que l'Orateur ; car l'harmonie étant la base de son art, il ne doit pas se permettre un concours de syllabes rudes, il faut même quelquefois sacrifier un peu de la pensée à l'*élégance* de l'expression : c'est une gêne que l'Orateur n'éprouve jamais.

Il est à remarquer que si l'*élégance* a toujours l'air facile, tout ce qui est facile & naturel, n'est cependant pas élégant. Il n'y a rien de si facile, de si naturel que

   La Cigale ayant chanté
    Tout l'Eté.

Et
Maître Corbeau sur un arbre perché;

Pourquoi ces morceaux manquent-ils d'*élégance* ? C'est que cette naïveté est dépourvue de mots choisis & d'harmonie :

Amans heureux, voulez-vous voyager ?
Que ce soit aux rives prochaines :

& cent autres traits, ont, avec d'autres mérites, celui de l'*élégance*.

On dit rarement d'une Comédie qu'elle est écrite élégamment. La naïveté & la rapidité d'un dialogue familier excluent ce mérite propre à toute autre Poësie.

L'*élégance* sembleroit faire tort au Comique ; on ne rit point d'une chose élégamment dite ; cependant la plûpart des vers de l'*Amphitrion* de Moliere, excepté ceux de pure plaisanterie, sont élégans. Le mélange des Dieux & des Hommes dans cette Piece unique en son genre, & les vers irréguliers qui forment un grand nombre de Madrigaux, en sont peut-être la cause.

Un Madrigal doit bien plutôt être élégant qu'une Epigramme, parce que le Madrigal tient quelque chose des Stances, & que l'Epigramme tient du Comique ; l'un est fait pour exprimer un sentiment délicat, & l'autre un ridicule.

Dans le sublime, il ne faut pas que l'*élégance* se remarque ; elle l'affaibliroit. Si on avoit loué l'élégance du *Jupiter-Olympien* de Phidias, c'eût été en faire une Satyre. L'*élégance* de la *Vénus* de Praxitele pouvoit être remarquée.

CHAPITRE II.

DE L'ÉLOQUENCE.

L'ÉLOQUENCE est née avant les regles de la Rhétorique, comme les Langues se sont formées avant la Grammaire.

La Nature rend les hommes éloquens dans les grands intérêts & dans les grandes passions. Quiconque est vivement ému voit les choses d'un autre œil que les autres hommes. Tout est pour lui objet de comparaison rapide & de métaphore: sans qu'il y prenne garde, il anime tout, & fait passer dans ceux qui l'écoutent une partie de son enthousiasme.

Un Philosophe très-éclairé a remarqué que le peuple même s'exprime par des figures; que rien n'est plus commun, plus naturel que les tours qu'on appelle *Tropes*.

Ainsi, dans toutes les Langues, *le cœur brûle, le courage s'allume, les yeux étincellent, l'esprit est accablé, il se partage, il s'épuise, le sang se glace, la tête se renverse, on est enflé d'orgueil, enivré de vengeance.* La Nature se peint par-tout dans ces images fortes, devenues ordinaires.

C'est elle dont l'instinct enseigne à prendre d'abord un air, un ton modeste avec ceux dont on a besoin. L'envie naturelle de captiver ses Juges & ses Maîtres, le recueillement de l'ame profondément frappée, qui se prépare à déployer les sentimens qui la pressent, sont les premiers maîtres de l'Art.

C'est cette même Nature qui inspire quelquefois des débuts vifs & animés ; une forte passion, un danger pressant, appellent tout d'un coup l'imagination : ainsi un Capitaine des premiers Califes voyant fuir les Musulmans, s'écria : » Où courez- » vous ? Ce n'est pas là que sont les ennemis. On » vous a dit que le Calife est tué : eh ! qu'importe » qu'il soit au nombre des vivans ou des morts ? » Dieu est vivant & vous regarde : marchez. «

La Nature fait donc l'*Eloquence* ; & si on a dit que les Poëtes naissent & que les Orateurs se forment, on l'a dit quand l'*Eloquence* a été forcée d'étudier les Loix, le génie des Juges, & la méthode du tems.

Les préceptes sont toujours venus après l'art. Tibias fut le premier qui recueillit les loix de l'*Eloquence*, dont la Nature donne les premieres regles.

Platon dit ensuite dans son *Gorgias*, qu'un Orateur doit avoir la subtilité des Dialecticiens, la science des Philosophes, la diction presque des Poëtes, la voix & les gestes des plus grands Acteurs.

Aristote fit voir ensuite que la véritable Philosophie est le guide secret de l'esprit de tous les Arts : il creusa les sources de l'*Eloquence* dans son livre *de la Rhétorique* ; il fit voir que la Dialectique est le fondement de l'art de persuader, & qu'être éloquent, c'est sçavoir prouver.

Il distingua les trois genres, le délibératif, le démonstratif, & le judiciaire. Dans le délibératif il s'agit d'exhorter ceux qui délibérent, à prendre un parti sur la guerre & sur la paix, sur l'administration publique, &c.; dans le démonstratif, de faire voir ce qui est digne de louange ou de blâme; dans le judiciaire, de persuader d'absoudre ou de condamner, &c. On sent assez que ces trois genres rentrent souvent l'un dans l'autre.

Il traite ensuite des passions & des mœurs que tout Orateur doit connaître.

Il examine quelles preuves on doit employer dans ces trois genres d'*éloquence*. Enfin, il traite à fond de l'Elocution, sans laquelle tout languit; il recommande les métaphores, pourvû qu'elles soient justes & nobles; il exige sur-tout la convenance & la bienséance.

Tous ces préceptes respirent la justesse éclairée d'un Philosophe, & la politesse d'un Athénien; & en donnant les regles de l'*Eloquence*, il est éloquent avec simplicité.

Il est à remarquer que la Grece fut la seule contrée de la Terre, où l'on connût alors les loix de l'*Eloquence*, parce que c'étoit la seule où la véritable *Eloquence* existât.

L'Art grossier était chez tous les hommes; des traits sublimes ont échappé par-tout à la Nature dans tous les tems: mais remuer les esprits de toute une Nation polie, plaire, convaincre & toucher à la fois, cela ne fut donné qu'aux Grecs.

Les Orientaux étaient presque tous esclaves: c'est un caractere de la servitude de tout exagérer; ainsi l'*éloquence* Asiatique fut monstrueuse. L'Occident etait barbare du tems d'Aristote.

L'*Eloquence* véritable commença à se montrer

dans Rome du tems des Gracques, & ne fut perfectionnée que du tems de Ciceron. Marc-Antoine l'Orateur, Hortenfius, Curion, César & plufieurs autres furent des hommes éloquens.

Cette *éloquence* périt avec la République, ainfi que celle d'Athènes. L'*Eloquence* fublime n'appartient, dit-on, qu'à la liberté ; c'eft qu'elle confifte à dire des vérités hardies, à étaler des raifons & des peintures fortes. Souvent un Maître n'aime pas la vérité, craint les raifons, & aime mieux un compliment délicat que de grands traits.

Ciceron, après avoir donné les exemples dans fes Harangues, donna les préceptes dans fon livre de l'Orateur ; il fuit prefque toute la méthode d'Ariftote, & s'explique avec le ftyle de Platon.

Il diftingue le genre fimple, le tempéré, & le fublime. Rollin a fuivi cette divifion dans fon *Traité des Etudes* ; &, ce que Ciceron ne dit pas, il prétend que le tempéré eft *une belle riviere ombragée de vertes forêts des deux côtés ; le fimple, une table fervie proprement, dont tous les mets font d'un goût excellent, & dont on bannit tout rafinement ; que le fublime foudroye, & que c'eft un fleuve impétueux qui renverfe tout ce qui lui réfifte.*

Sans fe mettre à *cette table*, fans fuivre *ce foudre, ce fleuve & cette riviere*, tout homme de bon fens voit que l'*Eloquence fimple* eft celle qui a des chofes fimples à expofer, & que la clarté & l'élégance font tout ce qui lui convient.

Il n'eft pas befoin d'avoir lû Ariftote, Ciceron & Quintilien pour fentir qu'un Avocat qui débute par un exorde pompeux au fujet d'un mur mitoyen, eft ridicule : c'était pourtant le vice du Barfeau jusqu'au milieu du dix-septieme siécle ; on disait avec emphase des choses triviales ; on pourrait compiler des volumes de ces exemples : mais tous se réduisent à ce mot d'un Avocat, homme d'esprit, qui voyant que son Adversaire parlait de la guerre de Troye & du Scamandre, l'interrompit en disant : *La Cour observera que ma Partie ne s'appelle pas* Scamandre *, mais* Michaut.

Le genre sublime ne peut regarder que de puissans intérêts, traités dans une grande Assemblée.

On en voit encore de vives traces dans le Parlement d'Angleterre ; on a quelques Harangues qui y furent prononcées en 1739, quand il s'agissait de déclarer la guerre à l'Espagne. L'esprit de Démosthène & de Ciceron ont dicté plusieurs traits de ces Discours ; mais ils ne passeront pas à la postérité comme ceux des Grecs & des Romains, parce qu'ils manquent de cet art & de ce charme de la diction qui mettent le sceau de l'immortalité aux bons ouvrages.

Le genre tempéré est celui de ces Discours d'appareil, de ces Harangues publiques, de ces Complimens étudiés, dans lesquels il faut couvrir de fleurs la futilité de la matiere.

Ces trois genres rentrent encore souvent l'un dans l'autre, ainsi que les trois objets de l'*éloquence* qu'Aristote considere, & le grand mérite de l'Orateur est de les mêler à propos.

La grande *éloquence* n'a gueres pû en France être connue au Barreau, parce qu'elle ne conduit pas aux honneurs comme dans Athènes, dans Rome, & comme aujourd'hui dans Londres, & n'a point pour objet de grands intérêts publics : elle dans Rome du tems des Gracques, & ne fut perfectionnée que du tems de Ciceron. Marc-Antoine l'Orateur, Hortenfius, Curion, Céfar & plufieurs autres furent des hommes éloquens.

Cette *éloquence* périt avec la République, ainfi que celle d'Athènes. L'*Eloquence* fublime n'appartient, dit-on, qu'à la liberté ; c'eſt qu'elle confiſte à dire des vérités hardies, à étaler des raifons & des peintures fortes. Souvent un Maître n'aime pas la vérité, craint les raifons, & aime mieux un compliment délicat que de grands traits.

Ciceron, après avoir donné les exemples dans fes Harangues, donna les préceptes dans fon livre de l'Orateur ; il fuit prefque toute la méthode d'Ariſtote, & s'explique avec le ſtyle de Platon.

Il diſtingue le genre fimple, le tempéré, & le fublime. Rollin a fuivi cette divifion dans fon *Traité des Etudes* ; &, ce que Ciceron ne dit pas, il prétend que le tempéré eſt *une belle riviere ombragée de vertes forêts des deux côtés ; le fimple, une table fervie proprement, dont tous les mêts font d'un goût excellent, & dont on bannit tout rafinement ; que le fublime foudroye, & que c'eſt un fleuve impétueux qui renverfe tout ce qui lui réfiſte.*

Sans fe mettre à *cette table*, fans fuivre *ce foudre, ce fleuve & cette riviere*, tout homme de bon fens voit que l'*Eloquence fimple* eſt celle qui a des chofes fimples à expofer, & que la clarté & l'élégance font tout ce qui lui convient.

Il n'eſt pas befoin d'avoir lû Ariſtote, Ciceron & Quintilien pour fentir qu'un Avocat qui débute par un exorde pompeux au fujet d'un mur mitoyen, eſt ridicule : c'était pourtant le vice du Bar-

» à tous, que les Cieux vont s'ouvrir sur nos têtes,
» que le tems est passé, & que l'éternité commence,
» que Jesus-Christ va paroître pour nous juger se-
» lon nos œuvres, & que nous sommes tous ici
» pour attendre de lui l'Arrêt de la vie ou de la
» mort éternelle : je vous le demande, frappé de
» terreur comme vous, ne séparant point mon sort
» du vôtre, & me mettant dans la même situation
» où nous devons tous paroître un jour devant
» Dieu notre Juge : si Jesus-Christ, dis-je, pa-
» roissoit dès à présent pour faire la terrible sépa-
» ration des Justes & des Pécheurs, croyez-vous
» que le plus grand nombre fût sauvé ? Croyez-
» vous que le nombre des Justes fût au moins égal
» à celui des Pécheurs ? Croyez-vous que s'il faisoit
» maintenant la discussion des œuvres du grand
» nombre qui est dans cette Eglise, il trouvât seu-
» lement dix Justes parmi nous ? En trouveroit-il
» un seul ? « (Il y a eu plusieurs éditions différentes
de ce discours, mais le fond est le même dans
toutes.)

Cette figure, la plus hardie qu'on ait jamais employée, & en même tems la plus à sa place, est un
des plus beaux traits d'éloquence, qu'on puisse lire
chez les Nations anciennes & modernes ; & le reste du discours n'est pas indigne de cet endroit si
saillant.

De pareils chef-d'œuvres sont très-rares ; tout
est d'ailleurs devenu lieu commun.

Les Prédicateurs qui ne peuvent imiter ces grands
modeles, feraient mieux de les apprendre par cœur
& de les débiter à leur auditoire, (supposé encore qu'ils eussent ce talent si rare de la déclama-

tion,) que de Prêcher dans un style languissant des choses aussi rebattues qu'utiles.

On demande si l'*éloquence* est permise aux Historiens ; celle qui leur est propre consiste dans l'art de préparer les événemens, dans leur exposition toûjours élégante, tantôt vive & pressée, tantôt étendue & fleurie, dans la peinture vraye & forte des mœurs générales & des principaux personnages, dans les réflexions incorporées naturellement au récit, & qui n'y paraissent point ajoûtées. L'*éloquence* de Démosthene ne convient point à Thucidide ; une harangue directe qu'on met dans la bouche d'un Héros qui ne la prononça jamais, n'est gueres qu'un beau défaut.

Si pourtant ces licences pouvaient quelquefois se permettre, voici une occasion où Mezerai dans sa grande Histoire semble obtenir grace pour cette hardiesse approuvée chez les Anciens ; il est égal à eux pour le moins dans cet endroit : c'est au commencement du regne d'Henri IV, lorsque ce Prince avec très-peu de troupes, étoit pressé auprès de Dieppe par une armée de trente mille hommes, & qu'on lui conseillait de se retirer en Angleterre, Mezerai s'éleve au-dessus de lui-même en faisant parler ainsi le Maréchal de Biron, qui d'ailleurs était un homme de génie, & qui peut fort bien avoir dit une partie de ce que l'Historien lui attribue.

» Quoi ! Sire, on vous conseille de monter sur
» mer, comme s'il n'y avoit pas d'autre moyen de
» conserver votre Royaume que de le quitter ? Si
» vous n'étiez pas en France, il faudroit percer au
» travers de tous les hazards & de tous les obstacles

» pour y venir : & maintenant que vous y êtes,
» on voudroit que vous en fortiſſiez ; & vos amis
» feroient d'avis que vous fiſſiez de votre bon gré,
» ce que le plus grand effort de vos ennemis ne
» ſçaurait vous contraindre de faire ? En l'état où
» vous êtes, fortir ſeulement de France pour vingt-
» quatre heures, c'eſt s'en bannir pour jamais.
» Le péril, au reſte, n'eſt pas ſi grand qu'on vous
» le dépeint ; ceux qui nous penſent envelopper,
» ſont ou ceux mêmes que nous avons tenus en-
» fermés ſi lâchement dans Paris, ou gens qui ne
» valent pas mieux, & qui auront plus d'affaires
» entre eux-mêmes que contre nous. Enfin, Sire,
» nous ſommes en France, il nous y faut enterrer :
» il s'agit d'un Royaume, il faut l'emporter ou y
» perdre la vie ; & quand même il n'y auroit point
» d'autre ſureté pour votre ſacrée Perſonne que la
» fuite, je ſçais bien que vous aimeriez mieux
» mille fois mourir de pied ferme que de vous ſau-
» ver par ce moyen. Votre Majeſté ne ſouffriroit
» jamais qu'on diſe qu'un cadet de la Maiſon de
» Lorraine lui auroit fait perdre terre ; encore
» moins qu'on la vît mendier à la porte d'un Prince
» étranger. Non, non, Sire, il n'y a ni couronne,
» ni bonheur pour vous au-delà de la mer : ſi vous
» allez au-devant du ſecours d'Angleterre, il re-
» culera ; ſi vous vous préſentez au port de la Ro-
» chelle en homme qui ſe ſauve, vous n'y trou-
» verez que des reproches & du mépris. Je ne puis
» croire que vous deviez plutôt fier votre perſonne
» à l'inconſtance des flots, & à la merci de l'étran-
» ger, qu'à tant de braves Gentils-hommes &
» tant de vieux Soldats ; qui ſont prêts de lui ſervir

» de remparts & de boucliers : & je suis trop ser-
» viteur de Votre Majesté, pour lui dissimuler que
» si elle cherchait sa sûreté ailleurs que dans leur
» vertu, ils seraient obligés de chercher la leur
» dans un autre parti que dans le sien. «

Ce discours fait un effet d'autant plus beau, que Mezeray met ici, en effet, dans la bouche du Maréchal de Biron, ce qu'Henri IV avait dans le cœur.

Il y aurait encore bien des choses à dire sur l'*éloquence*, mais les livres n'en disent que trop; & dans un siecle éclairé, le génie aidé des exemples, en fait plus que n'en disent tous les Maîtres.

CHAPITRE III.

DE L'ESPRIT.

CE mot en tant qu'il signifie *une qualité de l'ame*, est un de ces termes vagues, auxquels tous ceux qui les prononcent, attachent presque toûjours des sens différens : il exprime autre chose que jugement, génie, goût, talent, pénétration, étendue, grace, finesse; & il doit tenir de tous ces mérites : on pourroit le définir, *raison ingénieuse*.

C'est un mot générique, qui a toujours besoin d'un autre mot qui le détermine; & quand on dit, *voilà un Ouvrage plein d'esprit, un homme qui a de l'esprit*, on a grande raison de demander du quel. L'*esprit* sublime de Corneille n'est ni l'esprit exact de Boileau, ni l'esprit naïf de la Fontaine; & l'es-

DE L'ESPRIT.

prit de la Bruyere, qui eſt l'art de peindre ſingulierement, n'eſt point celui de Mallebranche, qui eſt de l'imagination avec de la profondeur.

Quand on dit qu'un homme a un *eſprit judicieux*, on entend moins qu'il a ce qu'on appelle de *l'eſprit*, qu'une raiſon épurée. Un *eſprit ferme, mâle, courageux, grand, petit, foible, léger, doux, emporté*, &c. ſignifie *le caractere & la trempe de l'ame*, & n'a point de rapport à ce qu'on entend dans la ſociété par cette expreſſion, *avoir de l'eſprit*.

L'eſprit dans l'acception ordinaire de ce mot, tient beaucoup *du bel eſprit*, & cependant ne ſignifie pas préciſément la même choſe : car jamais ce terme *homme d'eſprit* ne peut être pris en mauvaiſe part, & *bel eſprit* eſt quelquefois prononcé ironiquement.

D'où vient cette différence? C'eſt qu'*homme d'eſprit* ne ſignifie pas *eſprit ſupérieur, talent marqué*, & que *bel eſprit* le ſignifie. Ce mot *homme d'eſprit* n'annonce point de prétention, & le bel eſprit eſt une affiche : c'eſt un art qui demande de la culture, c'eſt une eſpece de profeſſion, & qui par-là expoſe à l'envie & au ridicule.

C'eſt en ce ſens que le P. Bouhours aurait eu raiſon de faire entendre, d'après le Cardinal du Perron, que les Allemands ne prétendaient pas à l'eſprit ; parce qu'alors leurs Sçavans ne s'occupaient gueres que d'Ouvrages laborieux & de pénibles recherches, qui ne permettaient pas qu'on y répandît des fleurs, qu'on s'efforçât de briller, & que le *bel eſprit* ſe mêlât au ſçavant.

Ceux qui mépriſent le génie d'Ariſtote, au lieu de s'en tenir à condamner ſa Phyſique qui ne pouvait être bonne, étant privée d'expériences, seraient bien étonnés de voir qu'Aristote a enseigné parfaitement dans sa Rhétorique, la maniere de dire les choses avec *esprit*: il dit que cet art consiste à ne se pas servir simplement du mot propre, qui ne dit rien de nouveau, mais qu'il faut employer une métaphore, une figure dont le sens soit clair & l'expression énergique; il en apporte plusieurs exemples, & entre autres ce que dit Périclès d'une bataille où la plus florissante Jeunesse d'Athènes avoit péri; *l'année a été dépouillée de son printems.*

Aristote a bien raison de dire qu'il faut du nouveau; le premier qui, pour exprimer que les plaisirs sont mêlés d'amertume, les regarda comme des roses accompagnées d'épines, eut de l'*esprit*; ceux qui le répéterent n'en eurent point.

Ce n'est pas toujours par une métaphore qu'on s'exprime spirituellement : c'est par un tour nouveau; c'est en laissant deviner sans peine une partie de sa pensée : c'est ce qu'on appelle *finesse, délicatesse*; & cette maniere est d'autant plus agréable, qu'elle exerce & qu'elle fait valoir l'*esprit* des autres.

Les allusions, les allégories, les comparaisons, font un champ vaste de pensées ingénieuses; les effets de la Nature, la Fable, l'Histoire présentés à la mémoire, fournissent à une imagination heureuse des traits qu'elle employe à propos.

Il ne sera pas inutile de donner des exemples de ces différens genres Voici un Madrigal de M. *de la Sabliere*, qui a toujours été estimé des gens de goût.

Eglé

DE L'ESPRIT.

> Eglé tremble que dans ce jour,
> L'Hymen, plus puissant que l'Amour,
> N'enleve ses trésors sans qu'elle ose s'en plaindre.
> Elle a négligé mes avis.
> Si la Belle les eût suivis,
> Elle n'auroit plus rien à craindre.

L'Auteur ne pouvait ce semble, ni mieux cacher, ni mieux faire entendre ce qu'il pensait, & ce qu'il craignait d'exprimer.

Le Madrigal suivant paraît plus brillant & plus agréable : c'est une allusion à la Fable :

> Vous êtes belle, & votre sœur est belle,
> Entre vous deux, tout choix seroit bien doux;
> L'Amour étoit blond comme vous,
> Mais il aimoit une brune comme elle.

En voici encore un autre fort ancien. Il est de *Bertaud*, Evêque de Séez, & paraît au-dessus des deux autres, parce qu'il réunit l'esprit & le sentiment :

> Quand je revis ce que j'ai tant aimé,
> Peu s'en fallut, que mon feu rallumé,
> N'en fit le charme en mon ame renaître;
> Et que mon cœur, autrefois son captif,
> Ne ressemblât l'Esclave fugitif,
> A qui le sort fit rencontrer son Maître.

De pareils traits plaisent à tout le monde, & caractérisent l'*esprit* délicat d'une Nation ingénieuse.

Le grand point est de sçavoir jusqu'où cet *esprit*

doit être admis. Il est clair que dans les grands ouvrages, on doit l'employer avec sobriété, par cela même qu'il est un ornement. Le grand art est dans l'à-propos.

Une pensée fine, ingénieuse, une comparaison juste & fleurie, est un défaut, quand la raison seule ou la passion doivent parler, ou bien quand on doit traiter de grands intérêts : ce n'est pas alors du faux *bel esprit*, mais c'est de l'*esprit* déplacé, & toute beauté hors de sa place cesse d'être beauté.

C'est un défaut dans lequel Virgile n'est jamais tombé, & qu'on peut quelquefois reprocher au Tasse, tout admirable qu'il est d'ailleurs : ce défaut vient de ce que l'Auteur, trop plein de ses idées, veut se montrer lui-même, lorsqu'il ne doit montrer que ses personnages.

La meilleure maniere de connoître l'usage qu'on doit faire de l'*esprit*, est de lire le petit nombre de bons ouvrages de génie qu'on a dans les langues sçavantes & dans la nôtre.

Le faux esprit est autre chose que de l'*esprit* déplacé : ce n'est pas seulement une pensée fausse ; car elle pourrait être fausse sans être ingénieuse : c'est une pensée fausse & recherchée.

Il a été remarqué ailleurs qu'un homme de beaucoup d'*esprit*, qui traduisit, où plutôt qui abrégea Homère en vers français, crut embellir ce Poëte, dont la simplicité fait le caractere, en lui prêtant des ornemens. Il dit au sujet de la réconciliation d'Achille :

Tout le camp s'écria, dans une joye extrême,

Que ne vaincra-t-il point ? Il s'est vaincu lui-même ?

Premièrement, de ce qu'on a dompté sa colère, il ne s'ensuit point du tout qu'on ne sera point battu : secondement, toute une armée peut-elle s'accorder, par une inspiration soudaine, à dire une pointe ?

Si ce défaut choque les juges d'un goût sévère, combien doivent révolter tous ces traits forcés, toutes ces pensées alambiquées que l'on trouve en foule dans des écrits, d'ailleurs estimables ? Comment supporter que dans un livre de Mathématiques on dise que, *si Saturne venoit à manquer, ce seroit le dernier Satellite qui prendroit sa place, parce que les grands Seigneurs éloignent toujours d'eux leurs successeurs ?* Comment souffrir qu'on dise qu'*Hercule sçavait la Physique, & qu'on ne pouvait résister à un Philosophe de cette force ?* L'envie de briller & de surprendre par des choses neuves, conduit à ces excès.

Cette petite vanité a produit les jeux de mots dans toutes les langues ; ce qui est la pire espèce du *faux bel esprit*.

Le faux goût est différent du *faux bel esprit*, parce que celui-ci est toujours une affectation, un effort de faire mal ; au lieu que l'autre est souvent une habitude de faire mal sans effort, & de suivre par instinct un mauvais exemple établi.

L'intempérance & l'incohérence des imaginations orientales, est un faux goût ; mais c'est plûtôt un manque d'*esprit* qu'un abus d'*esprit*.

Des étoiles qui tombent, des montagnes qui se fendent, des fleuves qui reculent, le soleil & la lune qui se dissolvent, des comparaisons fausses & gigantesques, la Nature toujours outrée, sont le caractere de ces Ecrivains, parce que dans ces pays où l'on n'a jamais parlé en public, la vraye Eloquence n'a pû être cultivée, & qu'il est bien plus aisé d'être ampoulé que d'être juste, fin & délicat.

Le *faux esprit* est précisément le contraire de ces idées triviales & ampoulées ; c'est une recherche fatigante de traits déliés, une affectation de dire en énigme, ce que d'autres ont déjà dit naturellement, de rapprocher des idées qui paraissent incompatibles, de diviser ce qui doit être réuni, de saisir de faux rapports, de mêler, contre les bienséances, le badinage avec le sérieux, & le petit avec le grand.

Ce serait ici une peine superflue d'entasser des citations, dans lesquelles le mot d'*esprit* se trouve. On se contentera d'en examiner une de Boileau, qui est rapportée dans le grand Dictionnaire de Trévoux ; *c'est le propre des grands Esprits, quand ils commencent à vieillir & à décliner, de se plaire aux contes & aux fables.* Cette réflexion n'est pas vraye. Un *grand esprit* peut tomber dans cette faiblesse ; mais ce n'est pas le propre des *grands esprits*. Rien n'est plus capable d'égarer la Jeunesse, que de citer les fautes des bons Ecrivains, comme des exemples.

Il ne faut pas oublier de dire ici en combien de sens différens le mot d'*esprit* s'emploie ; ce n'est point un défaut de la langue : c'est au contraire un avantage d'avoir ainsi des racines qui se ramifient en plusieurs branches.

Esprit d'un Corps, d'une Société, pour exprimer les usages, la maniere de parler, de se conduire, les préjugés d'un Corps.

Esprit de parti, qui est à l'*esprit* d'un Corps ce que sont les passions aux sentimens ordinaires.

Esprit d'une Loi, pour en distinguer l'intention : c'est en ce sens qu'on a dit, *la lettre tue & l'esprit vivifie*.

Esprit d'un ouvrage, pour en faire concevoir le caractere & le but.

Esprit de vengeance, pour signifier *desir & intention de se venger*.

Esprit de discorde, *esprit de révolte*, &c.

On a cité dans un Dictionnaire, *esprit de politesse* ; mais c'est d'après un Auteur nommé Bellegarde, qui n'a nulle autorité. On doit choisir avec un soin scrupuleux ses Auteurs & ses exemples. On ne dit point *esprit de politesse*, comme on dit *esprit de vengeance*, *de dissension*, *de faction* ; parce que la politesse n'est point une passion animée par un motif puissant qui la conduise, lequel on appelle *esprit* métaphoriquement.

Esprit familier se dit dans un autre sens, & signifie ces Êtres mitoyens, ces Génies, ces Démons admis dans l'Antiquité, comme l'*Esprit de Socrate*, &c.

Esprit signifie quelquefois la plus subtile partie de la matiere : on dit, *esprits animaux*, *esprits vitaux*, pour signifier ce qu'on n'a jamais vû, & ce qui donne le mouvement & la vie. Ces *esprits* qu'on croit couler rapidement dans les nerfs, sont probablement un feu subtil. Le Docteur Méad est le premier qui semble en avoir donné des preuves dans la Préface du *Traité sur les Poisons*.

Esprit, en Chymie, est encore un terme qui reçoit plusieurs acceptions différentes, mais qui signifie toujours la partie subtile de la matière.

Il y a loin de *l'esprit* en ce sens, au *bon esprit*, au *bel esprit*. Le même mot, dans toutes les Langues, peut donner des idées différentes, parce que tout est métaphore, sans que le vulgaire s'en apperçoive.

CHAPITRE IV.

SUR LE MOT FACILE.

*F*ACILE ne signifie pas seulement une chose aisément faite, mais encore qui paraît l'être. Le pinceau du Corrége est *facile*. Le style de Quinaut est beaucoup plus *facile* que celui de Despréaux, comme le style d'Ovide l'emporte en facilité sur celui de Perse.

Cette facilité en Peinture, en Musique, en Éloquence, en Poësie, consiste dans un naturel heureux, qui n'admet aucun tour de recherche, & qui peut se passer de force & de profondeur. Ainsi les tableaux de Paul Véronèze ont un air plus *facile* & moins fini que ceux de Michel-Ange. Les symphonies de Rameau sont supérieures à celles de Lully, & semblent moins *faciles*. Bossuet est plus véritablement éloquent & plus *facile* que Fléchier. Rousseau, dans ses Epîtres, n'a pas à beaucoup près la *facilité* & la vérité de Despréaux.

Le Commentateur de Despréaux dit que ce Poëte exact & laborieux avait appris à l'illustre Racine à faire difficilement des vers ; & que ceux qui paraissent *faciles*, sont ceux qui ont été faits avec le plus de difficulté.

Il est très-vrai qu'il en coûte souvent pour s'exprimer avec clarté : il est vrai qu'on peut arriver au naturel par des efforts ; mais il est vrai aussi qu'un heureux génie produit souvent des beautés *faciles* sans aucune peine, & que l'enthousiasme va plus loin que l'art.

La plûpart des morceaux passionnés de nos bons Poëtes sont sortis achevés de leur plume, & paroissent d'autant plus *faciles* qu'ils ont en effet été composés sans travail ; l'imagination alors conçoit & enfante aisément. Il n'en est pas ainsi dans les Ouvrages didactiques ; c'est-là qu'on a besoin d'art pour paraître *facile*. Il y a, par exemple, beaucoup moins de *facilité* que de profondeur dans l'admirable *Essai sur l'Homme* de Pope.

On peut faire facilement de très-mauvais ouvrages qui n'auront rien de gêné, qui paraîtront *faciles*, & c'est le partage de ceux qui ont, sans génie, la malheureuse habitude de composer. C'est en ce sens qu'un personnage de l'ancienne Comédie, qu'on nomme Italienne, dit à un autre :

Tu fais de méchans Vers admirablement bien.

Le terme de *facile* est une injure pour une femme, est quelquefois dans la société une louange pour un homme : c'est souvent un défaut dans un homme d'Etat.

Les mœurs d'Atticus étoient *faciles*, c'étoit le plus aimable des Romains. La *facile* Cléopâtre se donna à Antoine aussi aisément qu'à César. Le *facile* Claude se laissait gouverner par Agrippine,

Facile n'est-là, par rapport à Claude, qu'un adoucissement; le mot propre est *faible*.

Un homme *facile* est en général un esprit qui se rend aisément à la raison, aux remontrances; un cœur qui se laisse fléchir aux prieres: & *faible* est celui qui laisse prendre sur lui trop d'autorité.

CHAPITRE V.

FACTION.

De ce qu'on entend par ce mot.

Le mot *faction* venant du latin *facere*, on l'employe pour signifier l'état d'un Soldat à son poste en *faction*, les quadrilles ou les troupes des combattans dans le cirque, les *factions* vertes, bleues, rouges & blanches.

La principale acception de ce terme signifie *un Parti séditieux dans un Etat*. Le terme de *parti* par lui-même n'a rien d'odieux, celui de *faction* l'est toujours.

Un grand homme & un médiocre peuvent avoir aisément un parti à la Cour, dans l'Armée, à la Ville, dans la Littérature.

On peut avoir un parti par son mérite, par la chaleur & le nombre de ses amis, sans être Chef de parti.

Le Maréchal de Catinat peu consideré à la Cour, s'était fait un grand parti dans l'armée, sans y prétendre.

Un Chef de parti est toujours un Chef de *faction* : tels ont été le Cardinal de Retz, Henri, Duc de Guise, & tant d'autres.

Un parti séditieux, quand il est encore faible, quand il ne partage pas tout l'Etat, n'est qu'une *faction*.

La *faction* de César devint bientôt un parti dominant, qui engloutit la République.

Quand l'Empereur Charles VI. disputait l'Espagne à Philippe V, il avait un parti dans ce Royaume, & enfin il n'y eut plus qu'une *faction*. Cependant on peut dire toujours *le Parti de Charles VI*.

Il n'en est pas ainsi des hommes privés. Descartes eut long-tems un parti en France ; on ne peut dire qu'il eut une *faction*.

C'est ainsi qu'il y a des mots synonimes en plusieurs cas, qui cessent de l'être dans d'autres.

CHAPITRE VI.
DU TERME FANTAISIE.

FANTAISIE signifiait autrefois l'*imagination*, & on ne se servait guères de ce mot, que pour exprimer cette faculté de l'ame qui reçoit les objets sensibles.

Descartes, Gassendi & tous les Philosophes de leur tems, disent que *les espèces, les images des choses se peignent en la fantaisie* ; & c'est de-là que vient le mot *fantôme*. Mais la plûpart des termes abstraits sont reçus à la longue dans un sens différent de leur origine, comme des instrumens que l'industrie employe à des usages nouveaux.

Fantaisie veut dire aujourd'hui *un desir singulier, un goût passager* : il a eu la *fantaisie* d'aller à la Chine : la *fantaisie* du jeu, du bal lui a passé.

Un Peintre fait un portrait de *fantaisie*, qui n'est d'après aucun modele. Avoir des *fantaisies*, c'est avoir des goûts extraordinaires qui ne sont pas de durée. *Fantaisie* en ce sens est moins que *bisarrerie* & que *caprice*.

Le *caprice* peut signifier un *dégoût subtil & déraisonnable*. Il a eu la *fantaisie* de la musique, & il s'en est dégoûté par caprice.

La *bisarrerie* donne une idée d'inconséquence & de mauvais goût, que la *fantaisie* n'exprime pas ; il a eu la *fantaisie* de bâtir, mais il a construit sa maison dans un goût bisarre.

Il y a encore des nuances entre avoir des *fantaisies* & être *fantasque* : le fantasque approche beaucoup plus du *bisarre*.

Ce mot désigne un caractere inégal & brusque. L'idée d'agrément est exclue du mot *fantasque*, au lieu qu'il y a des *fantaisies* agréables.

On dit quelquefois en conversation familiere, des *fantaisies musquées* ; mais jamais on n'a entendu par ce mot, *des bisarreries d'hommes d'un rang supérieur qu'on n'ose condamner*, comme le dit le Dictionnaire de Trévoux : au contraire, c'est en les condamnant qu'on s'exprime ainsi ; & *musquée* en cette occasion est une *explétive* qui ajoute à la force du mot, comme on dit *sottise pommée, folie fieffée*, pour dire sottise & folie complette.

CHAPITRE VII.

FASTE.

Des différentes significations de ce mot.

FASTE vient originairement du Latin *fasti*, jours de fêtes; c'est en ce sens qu'Ovide l'entend dans son Poëme, intitulé: *Les Fastes.*

Godeau a fait sur ce modele les *Fastes de l'Eglise*, mais avec moins de succès; la Religion des Romains Payens était plus propre à la poësie que celle des Chrétiens; à quoi on peut ajouter qu'Ovide était un meilleur Poëte que Godeau.

Les *Fastes* Consulaires n'étaient que la liste des Consuls.

Les *Fastes* des Magistrats étaient les jours où il était permis de plaider; & ceux auxquels on ne plaidait pas s'appellaient *Nefastes*, *Nefasti*, parce qu'alors on ne pouvait parler, *fari*, en justice.

Ce mot *nefastus*, en ce sens, ne signifiait pas *malheureux*; au contraire *nefastus* & *nefandus* furent l'attribut des jours infortunés en un autre sens, qui signifiait, jours dont on ne doit point parler, jours dignes de l'oubli; *ille & nefasto te posuit die.*

Il y avait chez les Romains d'autres *fastes* encore, *fasti urbis*, *fasti rustici*; c'était un calendrier de l'usage de la ville & de la campagne.

On a toujours cherché dans ces jours de solemnité à étaler quelque appareil dans ses vêtemens, dans sa suite, dans ses festins. Cet appareil étalé dans d'autres jours, s'est appellé *faste*. Il n'exprime que la magnificence dans ceux qui, par leur état, doivent représenter ; il exprime la vanité dans les autres.

Quoique le mot de *faste* ne soit pas toujours injurieux, *fastueux* l'est toujours. Il fit son entrée avec beaucoup de faste : c'est un homme fastueux. Un Religieux qui fait parade de sa vertu, met du *faste* jusques dans l'humilité même.

CHAPITRE VIII.

FAVEUR.

De ce qu'on entend par ce mot.

FAVEUR, du mot Latin *favor*, suppose plutôt un bienfait qu'une récompense.

On brigue sourdement la *faveur* ; on mérite & on demande hautement des récompenses.

Le Dieu *Faveur*, chez les Mithologistes Romains, était fils de la Beauté & de la Fortune.

Toute *faveur* porte l'idée de quelque chose de gratuit ; il m'a fait la *faveur* de m'introduire, de me présenter, de recommander mon ami, de corriger mon ouvrage.

La *faveur* des Princes est l'effet de leur goût, & de la complaisance assidue ; la faveur du peuple suppose quelquefois du mérite, & plus souvent un hasard heureux.

Faveur differe beaucoup de *grace*. Cet homme est en faveur auprès du Roi, & cependant il n'en a point encore obtenu de graces.

On dit, *il a été reçu en grace*. On ne dit point, *il a été reçu en faveur*, quoiqu'on dise *être en faveur* : c'est que la *faveur* suppose un goût habituel; & que *faire grace*, *recevoir en grace*, c'est pardonner, c'est moins que donner sa *faveur*.

Obtenir grace, c'est l'effet d'un moment; obtenir la *faveur* est l'effet du tems. Cependant on dit également, *faites-moi la grace*, *faites-moi la faveur* de recommander mon ami.

Des Lettres de recommandation s'appellaient autrefois *des Lettres de faveur*. Severe dit dans la Tragédie de Polieucte.

Je mourrois mille fois plutôt que d'abuser
Des Lettres de faveur que j'ai pour l'épouser.

On a la *faveur*, la bienveillance, non la grace du Prince & du Public. On obtient la *faveur* de son auditoire par la modestie : mais il ne vous fait pas grace, si vous êtes trop long.

Les mois des *Gradués*, Avril & Octobre, dans lesquels un Collateur peut donner un bénéfice simple au Gradué le moins ancien, sont des mois de *faveur* & de grace.

Cette expression, *faveur*, signifiant une bienveillance gratuite qu'on cherche à obtenir du Prince ou du Public, la galanterie l'a étendue à la complaisance des femmes : & quoiqu'on ne dise point, il a eu des *faveurs* du Roi, on dit, il a eu les *faveurs* d'une Dame.

L'équivalent de cette expression n'est point connue en Asie où les femmes sont moins Reines.

On appellait autrefois *faveurs*, des rubans, des gants, des boucles, des nœuds d'épée donnés par une Dame.

Le Comte d'Essex portait à son chapeau un gant de la Reine Elisabeth, qu'il appellait *faveur* de la Reine.

Ensuite l'ironie se servit de ce mot pour signifier les suites fâcheuses d'un commerce hasardé : *faveurs* de Vénus, *faveurs* cuisantes.

CHAPITRE IX.

FAVORI ET FAVORITE.

De ce qu'on entend par ces mots.

CES mots ont un sens, tantôt plus resserré, tantôt plus étendu. Quelquefois *favori* emporte l'idée de puissance, quelquefois seulement il signifie un homme qui plaît à son Maître.

Henri III eut des favoris qui n'étoient que des mignons; il en eut qui gouvernèrent l'Etat, comme le Duc de Joyeuse & d'Epernon : on peut comparer un favori à une piéce d'or, qui vaut ce que veut le Prince.

Un Ancien a dit : *qui doit être le favori d'un Roi ? C'est le Peuple.* On appelle les bons Poëtes *les favoris des Muses*, comme les gens heureux, *les favoris de la Fortune*, parce qu'on suppose que les uns & les autres ont reçu ces dons sans travail. C'est ainsi qu'on appelle un terrein fertile & bien situé, *le favori de la Nature*.

La femme qui plaît le plus au Sultan s'appelle parmi nous la Sultane *favorite* ; on a fait l'Histoire des *Favorites*, c'est-à-dire, des Maîtresses des plus grands Princes.

Plusieurs Princes en Allemagne ont des maisons de campagne qu'on appelle la *favorite*.

Favori d'une Dame ne se trouve plus que dans les Romans & les Historiettes du siècle passé.

CHAPITRE X.

SUR LA FAUSSETÉ.

FAUSSETÉ est le contraire de la vérité. Ce n'est pas proprement le mensonge, dans lequel il entre toujours du dessein.

On dit qu'il y a eu cent mille hommes écrasés dans le tremblement de terre de Lisbonne, ce n'est pas un mensonge, c'est une *fausseté*.

La *fausseté* est presque toujours encore plus qu'erreur. La *fausseté* tombe plus sur les faits, l'erreur sur les opinions.

C'est une erreur de croire que le soleil tourne autour de la terre ; c'est une *fausseté* d'avancer que Louis XIV dicta le Testament de Charles II.

La *fausseté* d'un acte est un crime plus grand que le simple mensonge ; elle désigne une imposture juridique, un larcin fait avec la plume.

Un homme a de la *fausseté* dans l'esprit, quand il prend presque toujours à gauche ; quand ne considérant pas l'objet entier, il attribue à un côté de l'objet ce qui appartient à l'autre, & que ce vice de jugement est tourné chez lui en habitude.

Il y a de la *fausseté* dans le cœur, quand il s'est accoutumé à flatter & à se parer de sentimens qu'il n'a pas ; cette *fausseté* est pire que la *dissimulation*, & c'est ce que les Latins appellaient *simulatio*.

Il y a beaucoup de *faussetés* dans les Historiens, des erreurs chez les Philosophes, des mensonges dans presque tous les Ecrits polémiques, & encore plus dans les satyriques.

Les esprits faux sont insupportables, & les cœurs faux sont en horreur.

CHAPITRE XI.

DU TERME FÉCOND.

Fécond est le synonime de *fertile*, quand il s'agit de la culture des terres. On peut dire également *un terrein fécond & fertile* ; *fertiliser & féconder un champ*.

La maxime, qu'il n'y a point de synonimes, veut dire seulement qu'on ne peut se servir dans toutes les occasions des mêmes mots : ainsi une femelle de quelque espece qu'elle soit, n'est point *fertile*, elle est *féconde*.

On *féconde* des œufs, on ne les *fertilise* pas ; la nature n'est pas *fertile*, elle est *féconde*. Ces deux expressions

DU MOT, FÉLICITÉ.

expressions sont quelquefois également employées au figuré & au propre : un esprit est *fertile* ou *fécond* en grandes idées.

Cependant les nuances sont si délicates, qu'on dit un Orateur *fécond*, & non pas un Orateur *fertile*; *fécondité* & non *fertilité* de paroles ; cette méthode, ce principe, ce sujet est d'une grande *fécondité*, & non pas d'une grande *fertilité* ; la raison en est qu'un principe, un sujet, une méthode produisent des idées qui naissent les unes des autres, comme des êtres successivement enfantés; ce qui a rapport à la génération.

Bienheureux *Scuderi* dont la *fertile* plume.

Le mot *fertile* est là bien placé, parce que cette plume s'exerçait, se répandait sur toutes sortes de sujets.

Le mot *fécond* convient plus au génie qu'à la plume.

Il y a des tems *féconds* en crimes, & non pas *fertiles* en crimes.

L'usage enseigne toutes ces petites différences.

CHAPITRE XII.

FÉLICITÉ.

Des différens usages de ce terme.

FÉLICITÉ, est l'état permanent, du moins pour quelque tems, d'une ame contente, & cet état est bien rare.

DU MOT, FÉLICITÉ.

Le bonheur vient du dehors; c'est originairement une *bonne heure* : un bonheur vient, on a un bonheur; mais on ne peut dire, *il m'est venu une félicité: j'ai eu une félicité*: & quand on dit, cet homme jouit d'une *félicité* parfaite, *une* alors n'est pas pris numériquement, & signifie seulement qu'on croit que sa *félicité* est parfaite.

On peut avoir un bonheur sans être heureux : un homme a eu le bonheur d'échapper à un piége, & n'en est quelquefois que plus malheureux ; on ne peut pas dire de lui qu'il a éprouvé la *félicité*.

Il y a encore de la différence entre *un* bonheur & *le* bonheur, différence que le mot *félicité* n'admet point.

Un bonheur est un événement heureux : le bonheur pris indéfinitivement, signifie une *suite* de ces évenemens.

Le plaisir est un sentiment agréable & passager : le bonheur considéré comme sentiment, est une suite de plaisirs; la prospérité, une suite d'heureux évenemens ; la *félicité*, une jouissance intime de sa prospérité.

L'Auteur des *synonimes* dit que *le bonheur est pour les Riches, la félicité pour les Sages, la béatitude pour les Pauvres d'esprit*; mais le bonheur paraît plutôt le partage des Riches qu'il ne l'est en effet, & la *félicité* est un état dont on parle plus qu'on ne l'éprouve.

Ce mot ne se dit gueres en prose au pluriel, par la raison que c'est un état de l'ame, comme tranquillité, sagesse, repos; cependant la Poësie, qui s'éleve au-dessus de la Prose, permet qu'on dise dans Polieucte :

Où leurs félicités doivent être infinies.
Que vos félicités s'il se peut soient parfaites.

Les mots, en passant du substantif au verbe, ont rarement la même signification. *Féliciter* qu'on employe au lieu de *congratuler*, ne veut pas dire *rendre heureux* ; il ne dit pas même se réjouir avec quelqu'un de sa *félicité* : il veut dire simplement *faire compliment* sur un succès, sur un évenement agréable ; il a pris la place de *congratuler*, parce qu'il est d'une prononciation plus douce & plus sonore.

CHAPITRE XIII.

DU MOT FERMETÉ.

FERMETÉ vient de ferme, & signifie autre chose que *solidité* & *dureté* ; une toile serrée, un sable battu, ont de la *fermeté* sans être durs ni solides.

Il faut toûjours se souvenir que les modifications de l'ame ne peuvent s'exprimer que par images physiques : on dit *la fermeté de l'ame, de l'esprit* ; ce qui ne signifie pas plus *solidité* ou *dureté* qu'au propre.

La *fermeté* est l'exercice du courage de l'esprit ; elle suppose une résolution éclairée : l'opiniâtreté au contraire suppose de l'aveuglement.

Ceux qui ont loué la *fermeté* du style de *Tacite*, n'ont pas tant de tort que le prétend le P. Bouhours ;

c'est un terme hasardé, mais placé, qui exprime l'énergie & la force des pensées & du style.

On peut dire que la Bruyere a un *style ferme*, & que d'autres écrivains n'ont qu'un style dur.

CHAPITRE XIV.

FEU.

De ce qu'on entend par cette expression au moral.

Le *feu*, sur-tout en Poësie, signifie souvent l'*amour*, & on l'employe plus élégamment au pluriel qu'au singulier. Corneille dit souvent un beau *feu*, pour un amour vertueux & noble. Un homme a du *feu* dans la conversation, cela ne veut pas dire qu'il a des idées brillantes & lumineuses ; mais des expressions vives, animées par les gestes.

Le *feu* dans les Ecrits ne suppose pas non plus nécessairement de la lumiere & de la beauté ; mais de la vivacité, des figures multipliées, des idées pressées.

Le *feu* n'est un mérite dans les Discours & dans les Ouvrages, que quand il est bien conduit.

On a dit que les Poëtes étaient animés d'un *feu* divin, quand ils étaient sublimes : on n'a point de génie sans *feu*, mais on peut avoir du *feu* sans génie.

CHAPITRE XV.

DE LA FIERTÉ.

FIERTÉ est une de ces expressions qui n'ayant d'abord été employées que dans un sens odieux, ont été ensuite détournées à un sens favorable.

C'est un crime, quand ce mot signifie la vanité hautaine, altiere, orgueilleuse, dédaigneuse. C'est presque une louange, quand il signifie la hauteur d'une ame noble.

C'est un juste éloge dans un Général qui marche avec *fierté* à l'ennemi. Les Ecrivains ont loué la *fierté* de la démarche de Louis XIV : ils auraient dû se contenter d'en remarquer la noblesse.

La *fierté* de l'ame, sans hauteur, est un mérite compatible avec la modestie. Il n'y a que la *fierté* dans l'air & dans les manieres qui choque; elle déplaît dans les Rois mêmes.

La *fierté* dans l'extérieur, dans la société, est l'expression de l'orgueil : la *fierté* dans l'ame est de la grandeur.

Les nuances sont si délicates, qu'esprit *fier* est un blâme, ame *fiere* une louange; c'est que par esprit *fier* on entend un homme qui pense avantageusement de soi-même; & par ame *fiere* on entend des sentimens élevés.

La *fierté* annoncée par l'extérieur est tellement un défaut, que les petits qui louent bassement les Grands de ce défaut, sont obligés de l'adoucir, ou plutôt de le relever par une épithete, *cette noble fierté*. Elle n'est pas simplement la vanité, qui consiste à se faire valoir par les petites choses ; elle n'est pas la présomption, qui se croit capable des grandes ; elle n'est pas le dédain, qui ajoute encore le mépris des autres à l'air de la grande opinion de soi-même : mais elle s'allie intimement avec tous ces défauts.

On s'est servi de ce mot dans les Romans & dans les Vers, sur-tout dans les Opéra, pour exprimer la sévérité de la pudeur ; on y rencontre par-tout, vaine *fierté*, rigoureuse *fierté*.

Les Poëtes ont eu peut-être plus de raison qu'ils ne pensaient. La *fierté* d'une femme n'est pas simplement la pudeur sévere, l'amour du devoir, mais le haut prix que son amour-propre met à sa beauté.

On a dit quelquefois, la *fierté* du pinceau, pour signifier des touches libres & hardies.

CHAPITRE XVI.
SUR LE TERME FIGURÉ.

F I G U R É, exprimé en figure. On dit un *Ballet figuré*, qui représente ou qu'on croit représenter une action, une passion, une saison, ou qui simplement forme des figures par l'arrangement des Danseurs deux à deux, quatre à quatre : *copie figurée*, parce qu'elle exprime précisément l'ordre & la disposition de l'original : *vérité figurée* par une fable, par une parabole : l'*Eglise figurée* par la jeune Epouse du Cantique des Cantiques: l'ancienne *Rome figurée* par Babylone: *style figuré* par les expressions métaphoriques qui figurent les choses dont on parle, & qui les défigurent quand les métaphores ne sont pas justes.

L'imagination ardente, la passion, le desir, souvent trompé, de plaire par des images surprenantes, produisent le style *figuré*. Nous ne l'admettons point dans l'Histoire; car trop de métaphores nuisent à la clarté; elles nuisent même à la vérité, en disant plus ou moins que la chose même.

Les ouvrages Didactiques réprouvent ce style. Il est bien moins à sa place dans un Sermon que dans une Oraison funebre; parce que le Sermon est une instruction dans laquelle on annonce la vérité; l'Oraison funebre, une déclamation dans laquelle on exagere.

La Poësie d'enthousiasme, comme l'Epopée, l'Ode, est le genre qui reçoit le plus ce style. On le prodigue moins dans la Tragédie, où le dialogue doit être aussi naturel qu'élevé; encore moins dans la Comédie, dont le style doit être plus simple.

C'est le goût qui fixe les bornes qu'on doit donner au style *figuré* dans chaque genre. *Balthasar Gratian* dit, que *les pensées partent des vastes côtes de la mémoire, s'embarquent sur la mer de l'imagination, arrivent au port de l'esprit, pour être enregistrées à la douanne de l'entendement.*

Un autre défaut du style *figuré* est l'entassement des figures incohérentes: un Poëte en parlant de quelques Philosophes, les a appellés,

D'ambitieux Pygmées,

Qui sur leurs pieds vainement redressés,
Et sur des monts d'argumens entassés.

Quand on écrit contre les Philosophes, il faudrait mieux écrire.

Les Orientaux employent presque toujours le style *figuré*.

On peut dans une allégorie ne point employer les figures, les métaphores, & dire avec simplicité ce qu'on a inventé avec imagination. Platon a plus d'allégories encore que de figures ; il les exprime élégamment, sans faste.

Presque toutes les maximes des anciens Orientaux & des Grecs sont dans un style *figuré*. Toutes ces sentences sont des métaphores, de courtes allégories ; & c'est-là que le style *figuré* fait un très-grand effet en ébranlant l'imagination, & en se gravant dans la mémoire.

Pythagore dit : *dans la tempête adorez l'écho*, pour signifier, *dans les troubles civils retirez-vous à la campagne* : *N'attisez pas le feu avec l'épée*, pour dire, *n'irritez pas les esprits échauffés*.

Il y a dans toutes les langues beaucoup de proverbes communs qui sont dans le style *figuré*.

CHAPITRE XVII.
DE LA FINESSE,
& des différentes significations de ce mot.

FINESSE ne signifie ni au propre, ni au figuré, *mince*, *léger*, *délié*, d'une contexture rare, faible, ténue; ce terme exprime quelque chose de *délicat* & de *fini*.

Un drap léger, une toile lâche, une dentelle faible, un galon mince, ne sont pas toujours *fins*.

Ce mot a du rapport avec *finir*: de-là viennent les *finesses* de l'Art; ainsi on dit la *finesse* du pinceau de *Vanderwef*, de *Mieris*: on dit un *cheval fin*, de l'*or fin*, un *diamant fin*. Le *cheval fin* est opposé au *cheval grossier*; le *diamant fin* au *faux*; l'*or fin* ou *affiné*, à l'or mêlé d'alliage.

La *finesse* se dit communément des choses déliées, & de la légereté de la main-d'œuvre. Quoiqu'on dise un *cheval fin*, on ne dit guères la *finesse* d'un cheval. On dit la *finesse* des cheveux, d'une dentelle, d'une étoffe. Quand on veut, par ce mot, exprimer le défaut ou le mauvais emploi de quelque chose, on ajoute l'adverbe *trop*. Ce fil s'est cassé, il était *trop fin*; cette étoffe est *trop fine* pour la saison.

La *finesse*, dans le sens figuré, s'applique à la conduite, aux discours, aux ouvrages d'esprit. Dans la conduite, *finesse* exprime toujours, comme dans les Arts, quelque chose de délié ; elle peut quelquefois subsister sans l'habileté : il est rare qu'elle ne soit pas mêlée d'un peu de fourberie ; la politique l'admet, & la société la réprouve.

Le proverbe des *finesses cousues de fil blanc*, prouve que ce mot, au sens figuré, vient du sens propre de *coûture fine*, *d'étoffe fine*.

La *finesse* n'est pas tout-à-fait la subtilité. On tend un piége avec *finesse*, on en échappe avec subtilité ; on a une conduite *fine*, on joue un tour subtile. On inspire la défiance, en employant toujours la *finesse* : on se trompe presque toujours en entendant *finesse* à tout.

La *finesse* dans les ouvrages d'esprit, comme dans la conversation, consiste dans l'art de ne pas exprimer directement sa pensée, mais de la laisser aisément appercevoir : c'est une énigme dont les gens d'esprit devinent tout d'un coup le mot.

Un Chancelier offrant un jour sa protection au Parlement, le Premier Président se tournant vers sa Compagnie : *Messieurs*, dit-il, *remercions M. le Chancelier ; il nous donne plus que nous ne lui demandons* ; c'est-là une réponse *très-fine*.

La *finesse* dans la conversation, dans les écrits, differe de la délicatesse ; la premiere s'étend également aux choses piquantes & agréables, au blâme & à la louange même, aux choses mêmes indécentes, couvertes d'un voile, à travers lequel on les voit sans rougir.

On dit des choses hardies avec *finesse*.

La délicatesse exprime des sentimens doux & agréables, des louanges *fines* ; ainsi la *finesse* convient plus à l'Epigramme, la délicatesse au Madrigal. Il entre de la délicatesse dans les jalousies des Amans ; il n'y entre point de *finesse*.

Les louanges que donnait Despréaux à Louis XIV. ne sont pas toujours également délicates; les satyres ne sont pas toujours assez *fines*.

Quand Iphigénie, dans Racine, a reçu l'ordre de son pere de ne plus revoir Achille, elle s'écrie :

Dieux plus doux, vous n'aviez demandé que ma vie.

Le véritable caractere de ce vers est plutôt la délicatesse que la finesse.

CHAPITRE XVIII.
SUR LE MOT FLEURI.

Fleuri, qui est en *fleur*, *Arbre fleuri*, *Rosier fleuri* ; on ne dit point des fleurs qu'elles *fleurissent*, on le dit des plantes & des arbres. Teint fleuri, dont la carnation semble un mélange de blanc & de couleur de rose. On a dit quelquefois, c'est un *esprit fleuri*, pour signifier un homme qui possede une littérature légere, & dont l'imagination est riante.

Un *discours fleuri*, est rempli de pensées plus agréables que fortes, d'images plus brillantes que sublimes, de termes plus recherchés qu'énergiques : cette métaphore est justement prise des fleurs, qui ont de l'éclat sans solidité.

Le *style fleuri* ne messied pas dans ces harangues publiques, qui ne sont que des complimens ; les beautés légeres sont à leur place, quand on n'a rien de solide à dire ; mais le *style fleuri* doit être banni d'un Plaidoyer, d'un Sermon, de tout Livre instructif.

En bannissant le *style fleuri*, on ne doit pas rejetter les images douces & riantes qui entreraient naturellement dans le sujet : quelques fleurs ne sont pas condamnables ; mais le *style fleuri* doit être proscrit dans un sujet solide.

Ce style convient aux Pieces de pur agrément, aux Idylles, aux Eglogues, aux descriptions des Saisons, des Jardins : il remplit avec grace une stance de l'Ode la plus sublime, pourvû qu'il soit relevé par des stances d'une beauté plus mâle. Il convient peu à la Comédie, qui étant l'image de la vie commune, doit être généralement dans le style de la conversation ordinaire. Il est encore moins admis dans la Tragédie, qui est l'empire des grandes passions & des grands intérêts ; & si quelquefois il est reçu dans le genre tragique & dans le comique, ce n'est que dans quelques descriptions où le cœur n'a point de part, & qui amusent l'imagination avant que l'ame soit touchée ou occupée.

Le *style fleuri* nuirait à l'intérêt dans la Tragédie & affaiblirait le ridicule dans la Comédie. Il est très à sa place dans un Opéra Français, où d'ordinaire on effleure plus les passions qu'on ne les traite.

Le *style fleuri* ne doit pas être confondu avec le style doux.

DU MOT FLEURI.

Ce fut dans ces jardins où, par mille détours,
Inachus prend plaisir à prolonger son cours;
 Ce fut sur ce charmant rivage
  Que sa fille volage
 Me promit de m'aimer toujours.
Le Zéphir fut témoin, l'Onde fut attentive,
Quand la Nymphe jura de ne changer jamais :
Mais le Zéphir léger & l'Onde fugitive
Ont bientôt emporté les sermens qu'elle a faits.

C'est-là le modele du *style fleuri*. On pourrait donner pour exemple du style doux, qui n'est pas le doucereux, & qui est moins agréable que le *style fleuri*, ces vers d'un autre Opéra :

 Plus j'observe ces lieux, & plus je les admire ;
  Ce fleuve coule lentement,
 Et s'éloigne à regret d'un séjour si charmant.

Le premier morceau est *fleuri*, presque toutes les paroles sont des images riantes ; le second est plus dénué de ces fleurs : il n'est que doux.

CHAPITRE XIX.

DU MOT FAIBLE.

FAIBLE, qu'on prononce *faible*, & que plusieurs écrivent ainsi, est le contraire de *fort*, & non de *dur* & de *solide*. Il peut se dire de presque tous les Êtres. Il reçoit souvent l'article *de* : le fort

& le *faible* d'une épée ; *faible* de reins ; armée *faible* de Cavalerie ; ouvrage philosophique, *faible* de raisonnement, &c.

Le *faible* du cœur n'est point le *faible* de l'esprit ; le *faible* de l'ame n'est point celui du cœur. Une ame *faible* est sans ressort & sans action ; elle se laisse aller à ceux qui la gouvernent.

Un cœur *faible* s'amollit aisément, change facilement d'inclinations, ne résiste point à la séduction, à l'ascendant qu'on veut prendre sur lui, & peut subsister avec un esprit fort ; car on peut penser fortement, & agir faiblement. L'esprit *faible* reçoit les impressions sans les combattre, embrasse les opinions sans examen, s'effraye sans cause, tombe naturellement dans la superstition.

Un Ouvrage peut être *faible* par les pensées ou par le style ; par les pensées, quand elles sont trop communes, ou, lorsqu'étant justes, elles ne sont pas assez approfondies ; par le style, quand il est dépourvû d'images, de tours, de figures qui réveillent l'attention. Les Oraisons funebres de Mascaron sont *faibles*, & son style n'a point de vie, en comparaison de Bossuet.

Toute Harangue est *faible*, quand elle n'est pas relevée par des tours ingénieux, & par des expressions énergiques ; mais un plaidoyer est *faible*, quand, avec tout le secours de l'éloquence, & toute la véhémence de l'action, il manque de raisons. Nul Ouvrage philosophique n'est *faible*, malgré la faiblesse d'un style lâche, quand le raisonnement est juste & profond. Une Tragédie est *faible*, quoique le style en soit fort, quand l'intérêt n'est pas soutenu. La Comédie la mieux écrite est *faible*, si elle manque de ce que les Latins appellaient *vis comica*, la force comique : c'est ce que César reproche à Térence :

Lenibus atque utinam scriptis adjuncta foret vis.

C'est surtout en quoi a péché souvent la Comédie nommée *larmoyante*. Les vers *faibles* ne sont pas ceux qui péchent contre les règles, mais contre le génie; qui dans leur méchanique sont sans variété, sans choix de termes, sans heureuses inversions, & qui, dans leur poësie, conservent trop la simplicité de la prose. On ne peut mieux sentir cette différence, qu'en comparant les endroits que Racine, & Campistron son imitateur, ont traités.

CHAPITRE XX.
DU TERME FORNICATION.

LE Dictionnaire de Trévoux dit que c'est un terme de Théologie. Il vient du mot latin *fornix*, petites chambres voûtées, dans lesquelles se tenaient les femmes publiques à Rome. On a employé ce terme pour signifier le *commerce des personnes libres*. Il n'est point d'usage dans la conversation, & n'est gueres reçu aujourd'hui que dans le style marotique. La décence l'a banni de la chaire. Les Casuistes en faisaient un grand usage, & le distinguaient en plusieurs espèces. On a traduit par le mot de *fornication*, les infidélités du peuple Juif pour des Dieux étrangers, parce que chez les Prophetes ces infidélités sont appellées *impuretés*, *souillures*. C'est par la même extension qu'on a dit que les Juifs avaient rendu aux faux Dieux un hommage *adultere*.

CHAPITRE XXI.

DU MOT FORCE.

Ce mot a été transporté du simple au figuré.

Force se dit de toutes les parties du corps qui sont en mouvement, en action; la *force* du cœur, que quelques-uns ont faite de quatre cens livres, & d'autres de trois onces; la *force* des visceres, des poumons, de la voix; à *force* de bras.

On dit par analogie, faire *force* de voiles, de rames; rassembler ses *forces*; connaître, mesurer ses *forces*; aller, entreprendre au-delà de ses *forces*; le travail de l'Encyclopédie est au-dessus des *forces* de ceux qui se sont déchaînés contre ce livre. On a long-tems appellé *forces*, de grands ciseaux; & c'est pourquoi dans les Etats de la Ligue, on fit une estampe de l'Ambassadeur d'Espagne, cherchant avec ses lunettes ses ciseaux qui étaient à terre, avec ce jeu de mots pour inscription: *J'ai perdu mes forces*.

Le style très-familier admet encore *force* gens, *force* gibier, *force* fripons, *force* mauvais Critiques. On dit à *force* de travailler, il s'est épuisé; le fer s'affaiblit, à *force* de le polir.

La métaphore qui a transporté ce mot dans la
Morale,

DU MOT, FORCE.

Morale, en a fait une vertu Cardinale. La *force*, en ce sens, est le courage de soutenir l'adversité, & d'entreprendre des choses vertueuses & difficiles, *animi fortitudo*.

La *force* de l'esprit est la pénétration & la profondeur, *ingenii vis*. La Nature la donne comme celle du corps; le travail modéré les augmente, & le travail outré les diminue.

La *force* d'un raisonnement consiste dans une exposition claire, des preuves exposées dans leur jour, & une conclusion juste; elle n'a point lieu dans les Théorèmes mathématiques, parce qu'une démonstration ne peut recevoir plus ou moins d'évidence, plus ou moins de *force*; elle peut seulement procéder par un chemin plus long ou plus court, plus simple, ou plus compliqué. La *force* du raisonnement a surtout lieu dans les questions problématiques. La *force* de l'éloquence n'est pas seulement une suite de raisonnemens justes & vigoureux, qui subsisteraient avec la sécheresse; cette force demande de l'embonpoint, des images frappantes, des termes énergiques. Ainsi on a dit que les Sermons de Bourdaloue avaient plus de *force*, ceux de Massillon plus de graces. Des Vers peuvent avoir de la *force*, & manquer de toutes les autres beautés. La *force* d'un vers dans notre langue vient principalement de dire quelque chose dans chaque hémistiche :

Et monté sur le faîte, il aspire à descendre:
L'Eternel est son nom; le Monde est son ouvrage.

Ces deux vers pleins de force & d'élégance, sont le meilleur modèle de la poësie.

D

DU MOT, FORCE.

La *force* dans la Peinture est l'expression des muscles, que des touches ressenties font paraître en action sous la chair qui les couvre. Il y a trop de *force*, quand ces muscles sont trop prononcés. Les attitudes des combattans ont beaucoup de *force* dans les batailles de Constantin, dessinées par Raphaël & par Jules Romain, & dans celles d'Alexandre, peintes par le Brun. La *force* outrée est dure dans la peinture, ampoulée dans la poësie.

Des Philosophes ont prétendu que la *force* est une qualité inhérente à la matiere; que chaque particule invisible, ou plutôt *monade*, est douée d'une *force* active: mais il est aussi difficile de démontrer cette assertion, qu'il le serait de prouver que la blancheur est une qualité inhérente à la matiere, comme le dit le Dictionnaire de Trévoux à l'article *Inhérent*.

La *force* de tout animal a reçu son plus haut dégré, quand l'animal a pris toute sa croissance; elle décroît, quand les muscles ne reçoivent plus une nourriture égale; & cette nourriture cesse d'être égale, quand les esprits animaux n'impriment plus à ces muscles le mouvement accoutumé. Il est si probable que ces esprits animaux sont du feu, que les vieillards manquent de mouvement, de *force*, à mesure qu'ils manquent de chaleur.

CHAPITRE XXII.

FROID.

De ce qu'on entend par ce terme dans les Belles-Lettres & dans les Beaux-Arts.

On dit qu'un morceau de poëſie, d'éloquence, de muſique, un tableau même eſt *froid*, quand on attend dans ces ouvrages une expreſſion animée qu'on n'y trouve pas. Les autres Arts ne ſont pas ſi ſuſceptibles de ce défaut. Ainſi l'Architecture, la Géométrie, la Logique, la Métaphyſique, tout ce qui a pour unique mérite la juſteſſe, ne peut être ni échauffé, ni refroidi. Le tableau de la famille de Darius peint par Mignard, eſt très-*froid*, en comparaiſon du tableau de le Brun, parce qu'on ne trouve point dans les perſonnages de Mignard, cette même affliction que le Brun a ſi vivement exprimée ſur le viſage, & dans les attitudes des Princeſſes Perſanes. Une ſtatue même peut être *froide*. On doit voir la crainte & l'horreur dans les traits d'une Andromède, l'effort de tous les muſcles, & une colere mêlée d'audace dans l'attitude & ſur le front d'un Hercule qui ſouleve Anthée.

Dans la poëſie, dans l'éloquence, les grands mouvemens des paſſions deviennent *froids*, quand ils ſont exprimés en termes trop communs & dénués d'imagination. C'eſt ce qui fait que l'amour, qui eſt ſi vif dans Racine, eſt languiſſant dans Campiſtron ſon imitateur.

Les ſentimens qui échappent à une ame qui veut les cacher, demandent au contraire les expreſſions les plus ſimples. Rien n'eſt ſi vif, ſi animé que ces vers du Cid: *Va, je ne te hais point … tu le dois … je ne puis.* Ce ſentiment deviendrait *froid*, s'il était relevé par des termes étudiés.

C'eſt par cette raiſon que rien n'eſt ſi *froid* que le ſtyle ampoulé. Un Héros dans une Tragédie dit qu'il a eſſuyé une tempête, qu'il a vû périr ſon ami dans cet orage. Il touche, il intéreſſe, s'il parle avec douleur de ſa perte, s'il eſt plus occupé de ſon ami que de tout le reſte. Il ne touche point, il devient *froid*, s'il fait une deſcription de la tempête, s'il parle de *ſource de feu bouillonnant ſur les eaux, & de la foudre qui gronde & qui frappe à ſillons redoublés la terre & l'onde.* Ainſi le ſtyle *froid* vient tantôt de la ſtérilité, tantôt de l'intempérance des idées; ſouvent d'une diction trop commune, quelquefois d'une diction trop recherchée.

L'Auteur qui n'eſt *froid*, que parce qu'il eſt vif à contre-tems, peut corriger ce défaut d'une imagination trop abondante. Mais celui qui eſt *froid*, parce qu'il manque d'ame, n'a pas de quoi ſe corriger. On peut modérer ſon feu. On ne ſçaurait en acquérir.

CHAPITRE XXIII.
DU MOT FRANCHISE.

Mot qui donne toujours une idée de liberté dans quelque sens qu'on le prenne; mot venu des Francs, qui étaient libres : il est si ancien, que lorsque le Cid assiégea & prit Tolède dans l'onzieme siecle, on donna des *franchies* ou *franchises* aux Français qui étaient venus à cette expédition, & qui s'établirent à Tolède. Toutes les villes murées avaient des *franchises*, des libertés, des priviléges jusques dans la plus grande anarchie du pouvoir féodal. Dans tous les pays d'Etats, le Souverain jurait à son avénement de garder leurs *franchises*.

Ce nom, qui a été donné généralement aux droits des Peuples, aux immunités, aux asyles, a été plus particulierement affecté aux quartiers des Ambassadeurs à Rome. C'était un terrein autour des Palais; & ce terrein était plus ou moins grand, selon la volonté de l'Ambassadeur. Tout ce terrein était un asyle aux criminels; on ne pouvait les y poursuivre. Cette *franchise* fut restreinte sous Innocent XI. à l'enceinte des Palais. Les Eglises & les Couvents en Italie ont la même *franchise*, & ne l'ont point dans les autres Etats. Il y a dans Paris plusieurs lieux de *franchises*, où les débiteurs ne peuvent être saisis pour leurs dettes par la Justice ordinaire, & où les ouvriers peuvent exercer leurs métiers sans être passés Maîtres. Les ouvriers ont cette *franchise* dans le fauxbourg S. Antoine ; mais ce n'est pas un asyle comme le Temple.

Cette *franchise*, qui exprime ordinairement la liberté d'une Nation, d'une Ville, d'un Corps, a bientôt après signifié la *liberté* d'un discours, d'un conseil qu'on donne, d'un procédé dans une affaire : mais il y a une grande nuance entre *parler avec franchise*, & *parler avec liberté*. Dans un discours à son supérieur, la liberté est une hardiesse ou mesurée, ou trop forte ; la *franchise* se tient plus dans les justes bornes, & est accompagnée de candeur. Dire son avis avec liberté, c'est ne pas craindre ; le dire avec *franchise*, c'est se conduire ouvertement & noblement. Parler avec trop de liberté, c'est marquer de l'audace ; parler avec trop de *franchise*, c'est trop ouvrir son cœur.

CHAPITRE XXIV.

DU MOT, FRANÇAIS.

On prononce aujourd'hui *Français*, & quelques Auteurs l'écrivent de même ; ils en donnent pour raison qu'il faut distinguer *Français* qui signifie une *Nation*, de *François* qui est un nom propre, comme *S. François* ou *François Premier*.

Toutes les Nations adoucissent à la longue la prononciation des mots qui sont le plus en usage ; c'est ce que les Grecs appellaient *Euphonie*. On prononçait la diphtongue *oi* rudement, au com-

DU MOT, FRANÇAIS.

mencement du seizieme siécle. La Cour de François Premier adoucit la langue comme les esprits : de-là vient qu'on ne dit plus *François* par un *o*, mais *Français*; qu'on dit, il *aimait*, il *croyait*, & non pas il *aimoit*, il *croyoit*, &c.

Les *Français* avaient d'abord été nommés *Francs*; & il est à remarquer que presque toutes les Nations de l'Europe accourcissaient les noms que nous allongeons aujourd'hui. Les Gaulois s'appellaient *Welchs*, nom que le peuple donne encore aux *Français* dans presque toute l'Allemagne, & il est indubitable que les *Welchs* d'Angleterre, que nous nommons *Galois*, sont une Colonie des Gaulois.

Lorsque les Francs s'établirent dans le pays des premiers *Welchs*, que les Romains appellaient *Gallia*, la Nation se trouva composée des anciens Celtes ou Gaulois subjugués par César, des familles Romaines qui s'y étaient établies, des Germains qui y avaient déjà fait des émigrations, & enfin des Francs qui se rendirent maîtres du pays sous leur Chef Clovis. Tant que la Monarchie qui réunit la Gaule & la Germanie subsista, tous les Peuples depuis la source du Weser jusqu'aux mers des Gaules, porterent le nom de *Francs*. Mais lorsqu'en 843, au Congrès de Verdun, sous Charles le Chauve, la Germanie & la Gaule furent séparées, le nom de *Francs* resta aux Peuples de la France Occidentale, qui retint seule le nom de *France*.

On ne connut guères le nom de *Français* que vers le dixieme siécle. Le fond de la Nation est de familles Gauloises, & le caractere des anciens Gaulois a toujours subsisté,

En effet, chaque Peuple a son caractere comme chaque homme, & ce caractere général est formé de toutes les ressemblances que la nature & l'habitude ont mises entre les habitans d'un même pays, au milieu des variétés qui les distinguent. Ainsi le caractere, le génie, l'esprit *Français*, résultent de ce que les différentes Provinces de ce Royaume ont entre elles de semblable. Les Peuples de la Guyenne & ceux de la Normandie different beaucoup : cependant on reconnaît en eux le génie *Français*, qui forme une Nation de ces différentes Provinces, & qui les distingue au premier coup d'œil, des Italiens & des Allemands. Le climat & le sol impriment évidemment aux hommes, comme aux animaux & aux plantes, des marques qui ne changent point. Celles qui dépendent du Gouvernement, de la Religion, de l'éducation s'altérent. C'est-là le nœud qui explique comment les Peuples ont perdu une partie de leur ancien caractere & ont conservé l'autre. Un Peuple qui a conquis autrefois la moitié de la Terre, n'est plus reconnaissable aujourd'hui sous un Gouvernement Sacerdotal : mais le fond de son ancienne grandeur d'ame subsiste encore, quoique caché sous la faiblesse.

Le Gouvernement barbare des Turcs a énervé de même les Egyptiens & les Grecs, sans avoir pû détruire le fond du caractere & la trempe de l'esprit de ces Peuples.

Le fond du *Français* est tel aujourd'hui, que César a peint le Gaulois, prompt à se résoudre, ardent à combattre, impétueux dans l'attaque, se rebutant aisément. César, Agatias, & d'autres, disent que de tous les Barbares, le Gaulois était le plus poli. Il est encore, dans le tems le plus civilisé, le modele de la politesse de ses voisins.

Les habitans des côtes de la France furent toujours propres à la Marine : les Peuples de la Guyenne composerent toujours la meilleure Infanterie : ceux qui habitent les campagnes de Blois & de Tours ne sont pas, dit le Tasse,

> . . . *Gente robusta, e faticosa.*
> *La terra molle, e lieta, e dilettosa*
> *Simili a se gli abitator, produce.*

Mais comment concilier le caractere des Parisiens de nos jours, avec celui que l'Empereur Julien, le premier des Princes & des hommes après Marc-Aurele, donne aux Parisiens de son tems? *J'aime ce Peuple*, dit-il dans son Misopogon, *parce qu'il est sérieux & sévere comme moi*. Ce sérieux qui semble banni aujourd'hui d'une Ville immense, devenue le centre des plaisirs, devait regner dans une Ville alors petite, dénuée d'amusemens : l'esprit des Parisiens a changé en cela, malgré le climat.

L'affluence du peuple, l'opulence, l'oisiveté, qui ne peut s'occuper que des plaisirs & des arts, & non du Gouvernement, ont donné un nouveau tour d'esprit à un peuple entier.

Comment expliquer encore par quels degrés ce peuple a passé des fureurs qui le caractériserent du tems du Roi Jean, de Charles VI, de Charles IX, de Henri III, & de Henri IV même, à cette douce facilité de mœurs que l'Europe chérit en lui? C'est que les orages du Gouvernement & ceux de la Religion pousserent la vivacité des esprits aux emportemens de la faction & du fanatisme ; & que cette même vivacité, qui subsistera toujours, n'a aujourd'hui pour objet que les agrémens de la société. Le Parisien est impétueux dans ses plaisirs, comme il le fut autrefois dans ses fureurs. Le fond du caractere, qu'il tient du climat, est toujours le même. S'il cultive aujourd'hui tous les Arts dont il fut privé si long-tems, ce n'est pas qu'il ait un autre esprit, puisqu'il n'a point d'autres organes ; mais c'est qu'il a eu plus de secours ; & ces secours il ne se les est pas donnés lui-même, comme les Grecs & les Florentins, chez qui les Arts sont nés comme des fruits naturels de leur terroir : le Français les a reçus d'ailleurs ; mais il a cultivé heureusement ces plantes étrangeres ; & ayant tout adopté chez lui, il a presque tout perfectionné.

Le Gouvernement des *Français* fut d'abord celui de tous les peuples du Nord : tout se réglait dans les Assemblées générales de la Nation : les Rois étaient les Chefs de ces Assemblées ; & ce fut presque la seule administration des *Français* dans les deux premieres races, jusqu'à Charles le Simple.

Lorsque la Monarchie fut démembrée dans la décadence de la race Carlovingienne ; lorsque le Royaume d'Arles s'éleva, & que les Provinces furent occupées par des Vassaux peu dépendans de la Couronne, le nom de *Français* fut plus restreint ; sous Hugues-Capet, Robert, Henri & Philippe, on n'appella *Français* que les peuples en deçà de la Loire. On vit alors une grande diversité dans les mœurs, comme dans les loix des Provinces demeurées à la Couronne de France. Les Sci-

DU MOT, FRANÇAIS.

gneurs particuliers qui s'étaient rendus les maîtres de ces Provinces, introduisirent de nouvelles coutumes dans leurs nouveaux Etats. Un Breton, un Habitant de Flandres, ont aujourd'hui quelque conformité, malgré la différence de leur caractere, qu'ils tiennent du sol & du climat: mais alors ils n'avaient entr'eux presque rien de semblable.

Ce n'est guères que depuis François premier, que l'on vit quelque uniformité dans les mœurs & dans les usages. La Cour ne commença que dans ce tems à servir de modele aux Provinces réunies; mais en général, l'impétuosité dans la guerre, & le peu de discipline, furent toujours le caractere dominant de la Nation.

La galanterie & la politesse commencerent à distinguer les *Français* sous François premier. Les mœurs devinrent atroces depuis la mort de François II. Cependant au milieu de ces horreurs, il y avait toujours à la Cour une politesse que les Allemands & les Anglais s'efforçaient d'imiter. On était déjà jaloux des Français dans le reste de l'Europe, en cherchant à leur ressembler. Un personnage d'une Comédie de Shakespear dit, qu'*à toute force on peut être poli, sans avoir été à la Cour de France.*

Quoique la Nation ait été taxée de légereté par César & par tous les Peuples voisins, cependant ce Royaume si long-tems démembré, & si souvent prêt à succomber, s'est réuni & soutenu principalement par la sagesse des négociations, l'adresse & la patience. La Bretagne n'a été réunie au Royaume, que par un mariage; la Bourgogne, par droit de mouvance, & par l'habileté de Louis XI; le

Dauphiné, par une Donation qui fut le fruit de la politique ; le Comté de Toulouse, par un accord soûtenu d'une Armée ; la Provence, par de l'argent. Un Traité de paix a donné l'Alsace ; un autre Traité a donné la Lorraine. Les Anglais ont été chassés de France autrefois, malgré les victoires les plus signalées ; parce que les Rois de France ont sçu temporiser & profiter de toutes les occasions favorables. Tout cela prouve que si la Jeunesse Françaife est légere, les hommes d'un âge mur qui la gouvernent, ont toujours été très-sages : encore aujourd'hui la Magistrature, en général, a des mœurs séveres, comme le rapporte Aurélien. Si les premiers succès en Italie du tems de Charles VIII, furent dus à l'impétuosité guerriere de la Nation, les disgraces qui les suivirent vinrent de l'aveuglement d'une Cour qui n'était composée que de jeunes gens. François I ne fut malheureux que dans sa jeunesse, lorsque tout était gouverné par des Favoris de son âge, & il rendit son Royaume florissant dans un âge plus avancé.

Les Français se servirent toujours des mêmes armes que leurs voisins, & eurent à peu près la même discipline dans la Guerre. Ils ont été les premiers qui ont quitté l'usage de la lance & des piques. La bataille d'Yvri commença à déctier l'usage des lances, qui fut bientôt aboli, & sous Louis XIV, les piques ont été hors d'usage. Ils porterent des tuniques & des robes jusqu'au seizieme siecle. Ils quitterent sous *Louis* le jeune l'usage de laisser croître la barbe, & le reprirent sous François premier, & on ne commença à se raser entierement que sous Louis XIV. Les habillemens changerent toujours, & les Français au bout de chaque siécle, pouvaient prendre les portraits de leurs Ayeux pour des portraits érrangers.

La Langue Française ne commença à prendre quelque forme, que vers le dixieme siecle; elle naquit des ruines du Latin & du Celte, mêlée de quelques mots Tudesques. Ce langage était d'abord le *Romanum rusticum*, le Romain rustique; & la Langue Tudesque fut la Langue de la Cour, jusqu'au tems de Charles le Chauve; le Tudesque demeura la seule Langue de l'Allemagne, après la grande époque du partage en 843. Le Romain rustique, la Langue Romance prévalut dans la France occidentale; le Peuple du Pays de Vaud, du Vallais, de la Vallée d'Engadina & quelques autres cantons, conservent encore aujourd'hui des vestiges manifestes de cet Idiome.

A la fin du dixieme siecle, le *Français* se forma; on écrivit en *Français* au commencement du onzieme; mais ce *Français* tenait encore plus du Romain rustique, que du *Français* d'aujourd'hui. Le Roman de Philomena écrit au dixieme siecle en Romain rustique, n'est pas dans une Langue fort différente des Loix Normandes. On voit encore les origines Celtes, Latines & Allemandes. Les mots qui signifient les parties du corps humain, ou des choses d'un usage journalier, & qui n'ont rien de commun avec le Latin ou l'Allemand, sont de l'ancien Gaulois ou Celte; comme *tête*, *jambe*, *sabre*, *pointe*, *aller*, *parler*, *écouter*, *regarder*, *aboyer*, *crier*, *coutume*, *ensemble*, & plusieurs autres de cette espece. La plûpart des termes de guerre étaient Francs ou Allemands : *Marche*,

Maréchal, *Halte*, *Bivouac*, *Réitre*, *Lansquenet*. Presque tout le reste est Latin ; & les mots Latins furent tous abrégés, selon l'usage & le génie des Nations du Nord : ainsi de *Palatium*, Palais ; de *Lupus*, Loup ; d'*Auguste*, Août ; de *Junius*, Juin ; d'*Unctus*, Oint ; de *Purpura*, Pourpre ; de *Pretium*, Prix, &c..... A peine restait-il quelques vestiges de la Langue Grecque, qu'on avait si long-tems parlée à Marseille.

On commença au douzieme siécle à introduire dans la Langue quelques termes de la Philosophie d'Aristote ; & vers le seizieme, on exprima par des termes Grecs toutes les parties du corps humain, leurs maladies, leurs remedes : de-là les mots de *cardiaque*, *céphalique*, *podagre*, *apoplectique*, *asthmatique*, *iliaque*, *empième*, & tant d'autres. Quoique la Langue s'enrichît alors du Grec, & que depuis Charles VIII, elle tirât beaucoup de secours de l'Italien, déjà perfectionné, cependant elle n'avait pas pris encore une consistance réguliere. François premier abolit l'ancien usage de plaider, de juger, de contracter en Latin ; usage qui attestait la barbarie d'une Langue dont on n'osait se servir dans les Actes publics ; usage pernicieux aux Citoyens, dont le sort était réglé dans une Langue qu'ils n'entendaient pas. On fut alors obligé de cultiver le *Français* ; mais la Langue n'était ni noble, ni réguliere. La Syntaxe était abandonnée au caprice. Le génie de la conversation étant tourné à la plaisanterie, la Langue devint très-féconde en expressions burlesques & naïves, & très-stérile en termes nobles & harmonieux : de-là vient que dans les Dictionnaires de rimes on trouve vingt termes convenables à la Poësie Comique, pour un d'un usage plus relevé ; & c'est encore une raison pour laquelle Marot ne réussit jamais dans le style sérieux, & qu'Amiot ne put rendre qu'avec naïveté l'élégance de Plutarque.

Le *Français* acquit de la vigueur sous la plume de Montagne ; mais il n'eut point encore d'élévation & d'harmonie. Ronsard gâta la Langue en transportant dans la Poësie Française les composés Grecs dont se servaient les Philosophes & les Médecins. Malherbe répara un peu le tort de Ronsard. La Langue devint plus noble & plus harmonieuse par l'établissement de l'Académie Française, & acquit enfin dans le siécle de Louis XIV, la perfection où elle pouvait être portée dans tous les genres.

Le génie de cette Langue est la clarté & l'ordre : car chaque Langue a son génie, & ce génie consiste dans la facilité que donne le langage de s'exprimer plus ou moins heureusement, d'employer ou de rejetter les tours familiers aux autres Langues. Le *Français* n'ayant point de déclinaisons, & étant toujours asservi aux articles, ne peut adopter les inversions Grecques & Latines ; il oblige les mots à s'arranger dans l'ordre naturel des idées. On ne peut dire que d'une seule maniere, *Plancus a pris soin des affaires de César* ; voilà le seul arrangement qu'on puisse donner à ces paroles : exprimez cette phrase en Latin, *Res Cæsaris Plancus diligenter curavit* ; on peut arranger ces mots de cent vingt manieres, sans faire tort au sens & sans gêner la Langue. Les verbes auxiliaires qui allongent & qui énervent les phrases dans les Langues modernes, rendent encore la Langue Française peu propre pour le style lapidaire. Ses verbes auxiliaires, ses pronoms, ses articles, son manque de participes déclinables, & enfin sa marche uniforme, nuisent au grand enthousiasme de la Poësie : elle a moins de ressources en ce genre que l'Italien & l'Anglais ; mais cette gêne & cet esclavage même la rendent plus propre à la Tragédie & à la Comédie, qu'aucune Langue de l'Europe. L'ordre naturel dans lequel on est obligé d'exprimer ses pensées & de construire ses phrases, répand dans cette Langue une douceur & une facilité qui plaît à tous les Peuples; & le génie de la Nation se mêlant au génie de la Langue, a produit plus de Livres agréablement écrits, qu'on n'en voit chez aucun autre Peuple.

La liberté & la douceur de la société n'ayant été long-tems connues qu'en France, le langage en a reçu une délicatesse d'expression, & une finesse pleine de naturel qui ne se trouvent guères ailleurs. On a quelquefois outré cette finesse ; mais les gens de goût ont sçu toujours la réduire dans de justes bornes.

Plusieurs personnes ont cru que la Langue Française s'était appauvrie depuis le tems d'Amiot & de Montagne : en effet, on trouve dans ces Auteurs plusieurs expressions qui ne sont plus recevables ; mais ce sont, pour la plûpart, des termes familiers, auxquels on a substitué des équivalens. Elle s'est enrichie de quantité de termes nobles & énergiques ; & sans parler ici de l'éloquence des choses, elle a acquis l'éloquence des paroles. C'est dans le siécle de Louis XIV, comme on l'a dit, que cette
éloquence

éloquence a eu son plus grand éclat, & que la Langue a été fixée. Quelques changemens que le tems & le caprice lui préparent, les bons Auteurs du dix-septieme & du dix-huitieme siécles serviront toujours de modèle.

On ne devait pas attendre que le *Français* dût se distinguer dans la Philosophie. Un Gouvernement long-tems Gothique étouffa toute lumiere pendant plus de douze cens ans; & des Maîtres d'erreurs, payés pour abrutir la nature humaine, épaissirent encore les ténèbres. Cependant aujourd'hui, il y a plus de Philosophie dans Paris que dans aucune Ville de la Terre, & peut-être que dans toutes les Villes ensemble, excepté Londres. Cet esprit de raison pénètre même dans les Provinces. Enfin, le génie *Français* est peut-être égal aujourd'hui à celui des Anglais en Philosophie; peut-être supérieur à tous les autres Peuples, depuis quatre-vingts ans, dans la Littérature; & le premier, sans doute, pour les douceurs de la société, pour cette politesse si aisée, si naturelle, qu'on appelle improprement *urbanité*.

CHAPITRE XXV.

DU MOT GALANT.

Ce mot vient de *gal*, qui d'abord signifia *gaité & rejouissance*, ainsi qu'on le voit dans Alain Chartier & dans Froissard: on trouve même dans le

Roman de la Rose, *galandé*, pour signifier, *orné, paré.*

<blockquote>
La Belle fut bien atornée,
Et d'un filet d'or *galandée.*
</blockquote>

Il est probable que le *gala* des Italiens & le *galán* des Espagnols, sont dérivés du mot *gal*, qui paraît ordinairement Celtique ; de-là se forma insensiblement *galant*, qui signifie *un homme empressé à plaire*. Ce mot reçut une signification plus noble dans les tems de Chevalerie, où ce desir de plaire se signalait par des combats. *Se conduire galamment, se tirer d'affaire galamment*, veut même encore dire, *se conduire en homme de cœur*. Un *galant homme*, chez les Anglais, signifie un *homme de courage* : en France, il veut dire de plus, *un homme à nobles procédés*. Un *homme galant* est tout autre chose qu'un *galant homme* ; celui-ci tient plus de l'honnête homme, celui-là se rapproche plus du petit-maître, de l'homme à bonnes fortunes. *Etre galant*, en général, c'est chercher à plaire par des soins agréables, par des empressemens flatteurs. *Il a été très-galant avec ces Dames*, veut dire seulement, *il a montré quelque chose de plus que de la politesse* : mais *être le galant d'une Dame*, a une signification plus forte ; cela signifie *être son Amant* : ce mot n'est presque plus d'usage que dans les vers familiers. Un *galant* est non-seulement un homme à bonnes fortunes ; mais ce mot porte avec soi quelque idée de hardiesse, & même d'effronterie : c'est en ce sens que la Fontaine a dit :

<blockquote>
Mais un *galant* chercheur de pucelage.
</blockquote>

Ainsi le même mot se prend en plusieurs sens. Il en est de même de *galanterie*, qui signifie tantôt *coquetterie* dans l'esprit, paroles flatteuses, tantôt présent de petits bijoux, tantôt intrigue avec une femme ou plusieurs; & même, depuis peu, il a signifié ironiquement *faveurs de Vénus*: ainsi *dire des galanteries, donner des galanteries, avoir des galanteries, attraper une galanterie*, sont des choses toutes différentes. Presque tous les termes qui entrent fréquemment dans la conversation, reçoivent ainsi beaucoup de nuances qu'il est difficile de démêler : les mots techniques ont une signification plus précise & moins arbitraire.

CHAPITRE XXVI.

DU MOT GARANT.

GARANT, est celui qui se rend responsable de quelque chose envers quelqu'un, & qui est obligé de l'en faire jouir. Le mot *Garant* vient du Celte & du Tudesque *Warrant*. Nous avons changé en G tous les doubles W des termes que nous avons conservés de ces anciens langages. *Warrant* signifie encore, chez la plûpart des Nations du Nord, *assurance, garantie*; & c'est en ce sens qu'il veut dire en Anglais, *Edit du Roi*, comme signifiant *promesse du Roi*. Lorsque, dans le moyen âge, les Rois faisaient des traités, ils étaient *garantis* de part & d'autre par plusieurs Chevaliers, qui juraient de faire observer le traité, & même qui le fignaient, lorfque par hafard ils fçavaient écrire. Quand l'Empereur Frédéric Barberouffe céda tant de droits au Pape Alexandre III, dans le célebre Congrès de Venife en 1117, l'Empereur mit fon fceau à l'inftrument que le Pape & les Cardinaux fignerent. Douze Princes de l'Empire garantirent le traité par un ferment fur l'Evangile ; mais aucun d'eux ne figna. Il n'eft point dit que le Doge de Venife *garantit* cette paix, qui fe fit dans fon Palais.

Lorfque Philippe-Augufte conclut la paix en 1200 avec Jean, Roi d'Angleterre, les principaux Barons de France & ceux de Normandie en jurerent l'obfervation, comme cautions, comme parties *garantes*. Les Français firent ferment de combattre le Roi de France, s'il manquait à fa parole, & les Normands de combattre leur Souverain, s'il ne tenait pas la fienne.

Un Connétable de Montmorenci ayant traité avec un Comte de la Marche en 1227, pendant la minorité de Louis IX, jura l'obfervation du traité fur l'ame du Roi.

L'ufage de *garantir* les Etats d'un tiers, était très-ancien fous un nom différent. Les Romains garantirent ainfi les poffeffions de plufieurs Princes d'Afie & d'Afrique, en les prenant fous leur protection, en attendant qu'ils s'emparaffent des terres protégées.

On doit regarder comme une *garantie* réciproque, l'alliance ancienne de la France & de la Caftille de Roi à Roi, de Royaume à Royaume, & d'homme à homme.

On ne voit gueres de traité où la *garantie* des

Etats d'un tiers soit expressément stipulée, avant celui que la médiation de Henri IV, fit conclure entre l'Espagne & les Etats-Généraux en 1609. Il obtint que le Roi d'Espagne Philippe III, reconnût les Provinces-Unies pour libres & souveraines. Il signa, & fit même signer au Roi d'Espagne la *garantie* de cette souveraineté des sept Provinces, & la République reconnut qu'elle lui devait sa liberté. C'est sur-tout dans nos derniers tems que les traités de *garantie* ont été plus fréquens. Malheureusement ces *garanties* ont quelquefois produit des ruptures & des guerres; & on a reconnu que la force est le meilleur *garant* qu'on puisse avoir.

CHAPITRE XXVII.
DE LA GAZETTE.

Relation des affaires publiques. Ce fut au commencement du dix-septieme siecle que cet usage utile fut inventé à Venise, dans le tems que l'Italie était encore le centre des négociations de l'Europe, & que Venise était toujours l'asyle de la liberté. On appella ces feuilles, qu'on donnait une fois par semaine, *Gazettes*, du nom de *Gazetta*, petite monnoie revenante à un de nos demi-sols, qui avait cours alors à Venise. Cet exemple fut ensuite imité dans toutes les grandes villes de l'Europe.

De tels Journaux étaient établis à la Chine de

tems immémorial ; on y imprime tous les jours la *Gazette* de l'Empire, par ordre de la Cour. Si cette *Gazette* est vraie, il est à croire que toutes les vérités n'y sont pas. Aussi ne doivent-elles pas y être.

Le Médecin Théophraste Renaudot donna en France les premieres *Gazettes* en 1635, & il en eut le privilége, qui a été long-tems un patrimoine de sa famille. Ce privilége est devenu un objet important dans Amsterdam ; & la plûpart des *Gazettes* des Provinces-Unies sont encore un revenu pour plusieurs familles de Magistrats, qui payent les Ecrivains. La seule ville de Londres a plus de douze *Gazettes* par semaine. On ne peut les imprimer que sur du papier timbré ; ce qui n'est pas une taxe indifférente pour l'Etat.

Les *Gazettes* de la Chine ne regardent que cet Empire ; celles de l'Europe embrassent l'Univers. Quoiqu'elles soient souvent remplies de fausses nouvelles, elles peuvent cependant fournir de bons matériaux pour l'Histoire ; parce que d'ordinaire les erreurs d'une *Gazette* sont rectifiées par les suivantes, & qu'on y trouve presque toutes les pieces authentiques, que les Souverains mêmes y font insérer. Les *Gazettes* de France ont toujours été revûes par le Ministere. C'est pourquoi les Auteurs ont toujours employé certaines formules, qui ne paraissent pas être dans les bienséances de la société, en ne donnant le titre de *Monsieur* qu'à certaines personnes, & celui de *Sieur* aux autres ; les Auteurs ont oublié qu'ils ne parlaient pas au nom du Roi. Ces Journaux publics n'ont d'ailleurs été jamais souillés par la médifance, & ont été toujours affez correctement écrits.

Il n'en eft pas de même des *Gazettes* étrangeres; celles de Londres, excepté celles de la Cour, font fouvent remplies de cette indécence que la liberté de la Nation autorife. Les *Gazettes* Françaifes faites en ce Pays, ont été rarement écrites avec pureté, & n'ont pas peu fervi quelquefois à corrompre la Langue. Un des grands défauts qui s'y font gliffés, c'eft que les Auteurs en voyant la teneur des Arrêts de France, qui s'expriment fuivant les anciennes formules, ont cru que ces formules étaient conformes à notre fyntaxe, & ils les ont imitées dans leur narration; c'eft comme fi un Hiftorien Romain eût employé le ftyle de la Loi des douze tables. Ce n'eft que dans le ftyle des Loix qu'il eft permis de dire, *le Roi aurait reconnu, le Roi aurait établi une Loterie*; mais il faut que le *Gazetier* dife, *nous apprenons que le Roi a établi*, & non pas *aurait établi une Loterie*, &c... *nous apprenons que les Français ont pris Minorque*, & non pas *auraient pris Minorque*. Le ftyle de ces Ecrits doit être de la plus grande fimplicité; les épithetes y font ridicules. Si le Parlement a une audience du Roi, il ne faut pas dire, *cet augufte Corps a eu une audience du Roi, ces Peres de la Patrie font revenus à cinq heures précifes*. On ne doit jamais prodiguer ces titres; il ne faut les donner que dans les occafions où ils font néceffaires. *Son Alteffe dîna avec Sa Majefté, & Sa Majefté mena enfuite fon Alteffe à la Comédie, après quoi fon Alteffe joua avec Sa Majefté; & les autres Alteffes & leurs Excellences Meffieurs les Am-*

bassadeurs assisterent au repas que Sa Majesté donna à leurs Altesses, C'est une affectation servile qu'il faut éviter. Il n'est pas nécessaire de dire que les termes injurieux ne doivent jamais être employés sous quelques prétexte que ce puisse être.

A l'imitation des *Gazettes* politiques, on commença en France à imprimer des *Gazettes* littéraires en 1665 ; car les premiers Journaux ne furent en effet que de simples annonces des nouveaux imprimés en Europe ; bientôt après on y joignit une critique raisonnée. Elle deplut à plusieurs Auteurs, toute moderée qu'elle était. Nous ne voulons point anticiper ici l'article *Journal*; Nous ne parlerons que de ces *Gazettes* littéraires, dont on surchargea le Public, qui avait déjà de nombreux Journaux de tous les Pays de l'Europe, où les sciences sont cultivées. Ces *Gazettes* parurent vers l'an 1723 à Paris sous plusieurs noms différens, *Nouvelliste du Parnasse*, *Observations sur les écrits modernes* &c. La plûpart ont été faites uniquement pour gagner de l'argent ; & comme on n'en gagne point à louer des Auteurs, la satyre fit d'ordinaire le fond de ces écrits. On y mêla souvent des personnalités odieuses ; la malignité en procura le débit: mais la raison & le bon goût qui prévalent toûjours à la longue, les firent tomber dans le mépris & dans l'oubli.

CHAPITRE XXVIII.
DU GENRE DE STYLE.

Comme le *genre* d'éxécution que doit employer tout Artiste dépend de l'objet qu'il traite : comme le *genre* de Poussin n'est point celui de Teniers; ni l'achitecture d'un temple, celle d'une maison commune ; ni la musique d'un Opéra-Tragédie, celle d'un Opera-Bouffon : aussi chaque genre d'écrire a son style propre en prose & en vers. On sçait assez que le style de l'Histoire, n'est pas celui d'une Oraison funebre ; qu'une dépêche d'Ambassadeur ne doit pas être écrite comme un Sermon ; que la Comédie ne doit point se servir des tours hardis de l'Ode, des expressions pathétiques de la Tragédie, ni des métaphores & des comparaisons de l'Epopée.

Chaque *genre* a ses nuances différentes : on peut au fond les réduire à deux, le simple & le relevé. Ces deux genres qui en embrassent tant d'autres, ont des beautés nécessaires qui leur sont également communes ; ces beautés sont la justesse des idées, leur convenance, l'élégance, la propriété des expressions, la pureté du langage. Tout Ecrit de quelque nature qu'il soit, exige ces qualités ; les différences consistent dans les idées propres à chaque sujet, dans les figures, dans les tropes ; ainsi un personnage de Comédie n'aura ni idées sublimes, ni idées philosophiques ; un Berger n'aura point les idées d'un conquérant ; une Epître didactique ne respirera point la passion; & dans aucun de ces Ecrits, on n'employera ni métaphores hardies, ni exclamations pathétiques, ni expressions véhémentes.

Entre le simple & le sublime, il y a plusieurs nuances; & c'est l'art de les assortir, qui contribue à la perfection de l'Eloquence & de la Poësie : c'est par cet art que Virgile s'est élevé quelquefois dans l'Eglogue; ce vers,

Ut vidi ! ut perii ! ut me malus abstulit error!

serait aussi beau dans la bouche de Didon, que dans celle d'un Berger; parce qu'il est naturel, vrai & élégant, & que le sentiment qu'il renferme, convient à toutes sortes d'états; mais ce vers :

Castaneæ que nuces mea quas Amarillis amabat;

ne conviendrait pas à un personnage héroïque, parce qu'il a pour objet une chose trop petite pour un Héros.

Nous n'entendons point par *petit*, ce qui est bas & grossier; car le bas & le grossier n'est point un genre, c'est un défaut.

Ces deux exemples font voir évidemment dans quel cas on doit se permettre le mélange des styles, & quand on doit se le défendre. La Tragédie peut s'abaisser, elle le doit même; la simplicité releve souvent la grandeur, selon le précepte d'Horace:

Et tragicus plerumque dolet sermone pedestri.

Ainsi ces deux beaux vers de Titus, si naturels & si tendres,

Depuis cinq ans entiers chaque jour je la vois;
Et crois toujours la voir pour la premiere fois.

DU GENRE DE STYLE. 75

ne seraient point du tout déplacés dans le haut comique ; mais ce vers d'Antiochus,

Dans l'Orient désert quel devint mon ennui!

ne pourrait convenir à un Amant dans une Comédie, parce que cette belle expression figurée *dans l'Orient désert*, est d'un genre trop relevé pour la simplicité des Brodequins. Nous avons remarqué déjà au mot ESPRIT, qu'un Auteur qui a écrit sur la Physique, & qui prétend qu'il y a eu un Hercule Physicien, ajoute qu'on ne pouvait résister à un Philosophe de cette force. Un autre qui vient d'écrire un petit livre, (lequel il suppose être Physique & moral,) contre l'utilité de l'inoculation, dit *que si on met en usage la petite vérole artificielle, la mort serait bien attrapée*

Ce défaut vient d'une affectation ridicule ; il en est un autre qui n'est que l'effet de la négligence, c'est de mêler au style simple & noble qu'exige l'Histoire, ces termes populaires, ces expressions triviales que la bienséance réprouve. On trouve trop souvent dans Mezeray, & même dans Daniel, qui ayant écrit longtems après lui, devrait être plus correct ; *qu'un Général sur ces entrefaites se mit aux trousses de l'ennemi, qu'il suivit sa pointe, qu'il le battit à plate couture*. On ne voit point de pareille bassesse de style, dans Tite-Live, dans Tacite, dans Guichardin, dans Clarendon.

Remarquons ici qu'un Auteur qui s'est fait un genre de style, peut rarement le changer quand il change d'objet. La Fontaine dans ses Opera employe le même genre qui lui est si naturel dans ses Contes & dans ses Fables. Benserade mit dans sa traduction des Métamorphoses d'Ovide, le *genre* de plaisanterie qui l'avait fait réussir dans des Madrigaux ; la perfection consisterait à sçavoir assortir toûjours son style à la matiere qu'on traite ; mais qui peut être le maître de son habitude, & ployer son génie à son gré ?

CHAPITRE XXIX.

GENS DE LETTRES.

Ce mot répond précisément à celui de *Grammairiens*, chez les Grecs & les Romains, on entendait par *Grammairien*, non-seulement un homme versé dans la Grammaire proprement dite, qui est la base de toutes les connoissances, mais un homme qui n'était pas étranger dans la Géométrie, dans la Philosophie, dans l'Histoire générale & particuliere ; qui sur-tout faisait son étude de la Poësie & de l'Éloquence : c'est ce que sont nos gens de Lettres d'aujourd'hui. On ne donne point ce nom à un homme qui, avec peu de connoissances, ne cultive qu'un seul genre. Celui qui n'ayant lû que des Romans, ne fera que des Romans ; celui qui sans aucune littérature aura composé au hasard quelques Pieces de théâtre, qui dépourvu de science aura fait quelques Sermons, ne sera pas compté parmi les *gens de Lettres*. Ce titre a, de nos jours, encore plus d'étendue que le mot *Grammairien* n'en avait chez les Grecs & chez les Latins. Les Grecs se contentaient de leur Langue, les Romains n'apprenaient que le Grec ; aujourd'hui *l'homme de Lettres* ajoute souvent à l'étude du Grec & du Latin, celle de l'Italien, de l'Espagnol & sur-tout de l'Anglais. La carriere de l'Histoire est cent fois plus immense qu'elle ne l'était pour les Anciens, & l'Histoire naturelle s'est accrue à proportion de celle des Peuples. On n'exige pas qu'un *homme de Lettres* approfondisse toutes ces matieres ; la science universelle n'est plus à la portée de l'homme : mais les véritables *gens de Lettres* se mettent en état de porter leurs pas dans ces différens terreins, s'ils ne peuvent les cultiver tous.

Autrefois dans le seizieme siecle, & bien avant dans le dix-septieme, les Littérateurs s'occupaient beaucoup de la critique grammaticale des Auteurs Grecs & Latins ; & c'est à leurs travaux que nous devons les Dictionnaires, les Editions correctes, les Commentaires des chef-d'œuvres de l'Antiquité ; aujourd'hui cette critique est moins nécessaire, & l'esprit philosophique lui a succédé : c'est cet esprit philosophique qui semble constituer le caractere des *gens de Lettres*, & quand il se joint au bon goût, il forme un Littérateur accompli.

C'est un des grands avantages de notre siecle, que ce nombre d'hommes instruits qui passent des épines des Mathématiques aux fleurs de la Poësie, & qui jugent également bien d'un livre de Métaphysique & d'une Piece de Théâtre. L'esprit du siecle les a rendus pour la plûpart aussi propres pour le Monde que pour le Cabinet ; & c'est en quoi ils sont fort supérieurs à ceux des siecles précédens. Ils furent écartés de la société jusqu'au tems de Balsac & de Voiture ; ils en ont fait depuis une partie devenue nécessaire. Cette raison approfondie & épurée que plusieurs ont répandue dans leurs conversations, a contribué beaucoup à instruire & à polir la Nation : leur critique ne s'est plus consumée sur des mots Grecs & Latins; mais appuyée d'une saine Philosophie, elle a détruit tous les préjugés dont la société étoit infectée : prédictions des Astrologues, divinations des Magiciens, sortiléges de toutes espèces, faux prestiges, faux merveilleux, usages superstitieux. Ils ont relégué dans les Ecoles mille disputes puériles, qui étaient autrefois dangereuses, & qu'ils ont rendues méprisables : par-là ils ont en effet servi l'Etat. On est quelquefois étonné que ce qui bouleversait autrefois le Monde, ne le trouble plus aujourd'hui; c'est aux véritables gens de Lettres qu'on en est redevable.

Ils ont d'ordinaire plus d'indépendance dans l'esprit que les autres hommes; & ceux qui sont nés sans fortune trouvent aisément dans les fondations de Louis XIV, de quoi affermir en eux cette indépendance. On ne voit point, comme autrefois, de ces Epîtres dédicatoires que l'intérêt & la bassesse offraient à la vanité.

Un *Homme de Lettres* n'est pas ce qu'on appelle un *Bel-Esprit* : le bel-esprit seul suppose moins de culture, moins d'étude, & n'exige nulle philosophie; il consiste principalement dans l'imagination brillante, dans les agrémens de la conversation, aidés d'une lecture commune. Un Bel-Esprit peut aisément ne point mériter le titre d'*Homme de Lettres*, & l'*Homme de Lettres* peut ne point prétendre au brillant du Bel-Esprit.

Il y a beaucoup de *Gens de Lettres* qui ne font point Auteurs, & ce font probablement les plus heureux. Ils font à l'abri du dégoût que la profeffion d'Auteur entraîne quelquefois, des querelles que la rivalité fait naître, des animofités de parti, & des faux jugemens; ils jouiffent plus de la fociété; ils font Juges, & les autres font jugés.

CHAPITRE XXX.
DES MOTS GLOIRE ET GLORIEUX.

LA *gloire* eft la réputation jointe à l'eftime; elle eft au comble, quand l'admiration s'y joint. Elle fuppofe toujours des chofes éclatantes, en actions, en vertus, en talens, & toujours de grandes difficultés furmontées. Céfar, Alexandre ont eu de la *gloire*. On ne peut gueres dire que Socrate en ait eue: il attire l'eftime, la vénération, la pitié, l'indignation contre fes ennemis; mais le terme de *gloire* ferait impropre à fon égard. Sa mémoire eft refpectable plutôt que *glorieufe*. Attila eut beaucoup d'éclat; mais il n'a point de *gloire*, parce que l'Hiftoire, qui peut fe tromper, ne lui donne point de vertus. Charles XII. a encore de la *gloire*, parce que fa valeur, fon défintéreffement, fa libéralité ont été extrêmes. Les fuccès fuffifent pour la réputation, mais non pas pour la *gloire*. Celle de Henri IV. augmente tous les jours, parce que le tems a fait connaître toutes ses vertus, qui étaient incomparablement plus grandes que ses défauts.

La *gloire* est aussi le partage des inventeurs dans les beaux Arts ; les imitateurs n'ont que des applaudissemens. Elle est encore accordée aux grands talens, mais dans des Arts sublimes. On dira bien la *gloire* de Virgile, de Cicéron, mais non de Martial & d'Aulu-Gelle.

On a osé dire la *gloire* de Dieu : il travaille pour la *gloire* de Dieu ; Dieu a créé le Monde pour sa *gloire* : ce n'est pas que l'Être suprême puisse avoir de la *gloire* ; mais les hommes n'ayant point d'expressions qui lui conviennent, employent pour lui celles dont ils sont le plus flattés.

La vaine *gloire* est cette petite ambition qui se contente des apparences, qui s'étale dans le grand faste, & qui ne s'élève jamais aux grandes choses. On a vû des Souverains qui, ayant une *gloire* réelle, ont encore aimé la vaine *gloire*, en recherchant trop de louanges, en aimant trop l'appareil de la représentation.

La fausse *gloire* tient souvent à la vaine, mais souvent elle porte à des excès ; & la vaine se renferme plus dans les petitesses. Un Prince qui mettra son honneur à se venger, cherchera une *gloire* fausse, plutôt qu'une *gloire* vaine.

Faire gloire, faire vanité, se faire honneur, se prennent quelquefois dans le même sens, & ont aussi des sens différens. On dit également, *il fait gloire, il fait vanité, il se fait honneur de son luxe, de ses excès*. Alors *gloire* signifie *fausse gloire*. Il fait *gloire* de souffrir pour la bonne cause, & non pas

pas il fait *vanité*. Il se fait *honneur* de son bien, & non pas il fait *gloire*, ou *vanité* de son bien.

Rendre *gloire* signifie reconnaître, attester. *Rendez gloire à la vérité*, reconnaissez la vérité. *Au Dieu que vous servez, Princesse rendez gloire*, (Athal.) attestez le Dieu que vous servez.

La *gloire* est prise pour le ciel; il est au séjour de la *gloire*.

Où le conduisez-vous?... à la mort... à la gloire.
POLIEUCTE.

On ne se sert de ce mot pour désigner le Ciel que dans notre Religion. Il n'est pas permis de dire que Bacchus, Hercule, furent reçus dans la gloire, en parlant de leur apothéose.

Glorieux, quand il est l'épithete d'une chose inanimée, est toujours une louange; bataille, paix, affaire *glorieuse*. Rang *glorieux* signifie *rang élevé*, & non pas *rang qui donne de la gloire*, mais dans lequel on peut en acquérir. Homme *glorieux*, esprit *glorieux*, est toujours une injure; il signifie celui qui se donne à lui-même, ce qu'il devrait mériter des autres : ainsi on dit un *regne glorieux*, & non pas un *Roi glorieux*. Cependant ce ne serait pas une faute de dire au pluriel, les plus *glorieux* Conquérans ne valent pas un Prince bienfaisant; mais on ne dira pas les *Princes glorieux*, pour dire *les Princes illustres*.

Le *glorieux* n'est pas tout-à-fait le fier, ni l'avantageux, ni l'orgueilleux. Le fier tient de l'arrogant & du dédaigneux, & se communique peu. L'avantageux abuse de la moindre déférence qu'on a pour lui. L'orgueilleux étale l'excès de la bonne

F

opinion qu'il a de lui-même. Le *glorieux* est plus rempli de vanité ; il cherche plus à s'établir dans l'opinion des hommes ; il veut réparer par les dehors, ce qui lui manque en effet. L'*orgueilleux* se croit quelque chose ; le *glorieux* veut paraître quelque chose. Les nouveaux parvenus sont d'ordinaire plus *glorieux* que les autres. On a appellé quelquefois les Saints & les Anges, les *glorieux*, comme habitans du séjour de la *gloire*.

Glorieusement est toujours pris en bonne part ; il règne *glorieusement* ; il se tira *glorieusement* d'un grand danger, d'une mauvaise affaire.

Se *glorifier* est tantôt pris en bonne part, tantôt en mauvaise, selon l'objet dont il s'agit. Il se *glorifie* d'une disgrace qui est le fruit de ses talens & l'effet de l'envie. On dit des Martyrs qu'ils *glorifiaient* Dieu, c'est-à-dire, que leur constance rendait respectable aux hommes le Dieu qu'ils annonçaient.

CHAPITRE XXXI.

DU GOUT.

LE *goût*, ce sens, ce don de discerner nos alimens, a produit dans toutes les langues connues, la métaphore qui exprime par le mot *goût*, le sentiment des beautés & des défauts dans tous les Arts : c'est un discernement prompt, comme celui de la langue & du palais, & qui prévient, comme lui, la réflexion ; il est, comme lui, sensible &

voluptueux à l'égard du bon; il rejette, comme lui, le mauvais avec soulevement; il est souvent, comme lui, incertain & égaré, ignorant même si ce qu'on lui présente doit lui plaire, & ayant quelquefois besoin, comme lui, d'habitude pour se former.

Il ne suffit pas pour le *goût*, de voir, de connaître la beauté d'un Ouvrage; il faut la sentir, en être touché. Il ne suffit pas de sentir, d'être touché d'une maniere confuse, il faut démêler les différentes nuances : rien ne doit échapper à la promptitude du discernement; & c'est encore une ressemblance de ce *goût* intellectuel, de ce *goût* des Arts, avec le *goût* sensuel : car le gourmet sent & reconnaît promptement le mélange des deux liqueurs : l'homme de *goût*, le connaisseur, verra d'un coup d'œil prompt le mélange de deux styles; il verra un défaut à côté d'un agrément; il sera saisi d'enthousiasme à ce vers des Horaces :

Que vouliez-vous qu'il fît contre trois? Qu'il mourût!

Il sentira un dégoût involontaire au vers suivant :

Ou qu'un beau désespoir alors le secourût.

Comme le mauvais *goût*, au physique, consiste à n'être flatté que par des assaisonnemens trop piquans & trop recherchés; ainsi le mauvais *goût*, dans les Arts, est de ne se plaire qu'aux ornemens étudiés, & de ne pas sentir la belle nature.

Le *goût* dépravé dans les alimens, est de choisir ceux qui dégoûtent les autres hommes; c'est une espece de maladie. Le *goût* dépravé, dans les Arts, est de se plaire à des sujets qui révoltent les esprits bien faits; de préférer le burlesque au noble, le précieux & l'affecté au beau simple & naturel: c'est une maladie de l'esprit. On se forme le *goût* des Arts beaucoup plus que le *goût* sensuel; car dans le *goût* physique, quoiqu'on finisse quelquefois par aimer les choses pour lesquelles on avait d'abord de la répugnance, cependant la Nature n'a pas voulu que les hommes en général apprissent à sentir ce qui leur est nécessaire; mais le *goût* intellectuel demande plus de tems pour se former. Un jeune homme sensible, mais sans aucune connaissance, ne distingue point d'abord les parties d'un grand chœur de Musique; les yeux ne distinguent point d'abord, dans un tableau, les gradations, le clair-obscur, la perspective, l'accord des couleurs, la correction du dessein: mais peu à peu ses oreilles apprennent à entendre, & ses yeux à voir: il sera ému à la premiere représentation qu'il verra d'une belle Tragédie; mais il n'y démêlera ni le mérite des unités; ni cet art délicat, par lequel aucun personnage n'entre ni ne sort sans raison; ni cet art, encore plus grand, qui concentre des intérêts divers dans un seul; ni enfin les autres difficultés surmontées. Ce n'est qu'avec de l'habitude & des réflexions qu'il parvient à sentir tout d'un coup, avec plaisir, ce qu'il ne démêlait pas auparavant. Le *goût* se forme insensiblement dans une Nation qui n'en avait pas, parce qu'on y prend peu à peu l'esprit des bons Artistes. On s'accoutume à voir des tableaux avec les yeux de le Brun, du Poussin, de le Sueur: on entend la déclamation notée des Scènes de Quinault, avec l'oreille de Lully;

& les airs & les symphonies, avec celle de Rameau. On lit les Livres avec l'esprit des bons Auteurs.

Si toute une Nation s'est réunie dans les premiers tems de la culture des Beaux-Arts, à aimer des Auteurs pleins de défauts, & méprisés avec le tems, c'est que ces Auteurs avaient des beautés naturelles que tout le monde sentait, & qu'on n'était pas encore à portée de démêler leurs imperfections. Ainsi *Lucilius* fut chéri des Romains avant qu'Horace l'eût fait oublier; Regnier fut goûté des Français avant que Boileau parût : & si des Auteurs anciens qui bronchent à chaque pas, ont pourtant conservé leur grande réputation, c'est qu'il ne s'est point trouvé d'Ecrivain pur & châtié chez ces Nations, qui leur ait dessillé les yeux, comme il s'est trouvé un Horace chez les Romains, un Boileau chez les Français.

On dit qu'il ne faut point disputer des *goûts* ; & on a raison, quand il n'est question que du *goût* sensuel ; de la répugnance que l'on a pour une certaine nourriture, de la préférence qu'on donne à une autre : on n'en dispute point, parce qu'on ne peut corriger un défaut d'organes. Il n'en est pas de même dans les Arts ; comme ils ont des beautés réelles, il y a un bon *goût*, qui les discerne ; & un mauvais *goût*, qui les ignore ; & on corrige souvent le défaut d'esprit, qui donne un *goût* de travers. Il y a aussi des ames froides, des esprits faux, qu'on ne peut ni échauffer, ni redresser ; c'est avec eux qu'il ne faut point disputer des *goûts*, parce qu'ils n'en ont point.

Le *goût* est arbitraire dans plusieurs choses, comme dans les étoffes, dans les parures, dans les équipages, dans ce qui n'est pas au rang des Beaux-Arts : alors il mérite plutôt le nom de *fantaisie*. C'est la fantaisie, plutôt que le *goût*, qui produit tant de modes nouvelles.

Le *goût* peut se gâter chez une Nation ; ce malheur arrive d'ordinaire après les siécles de perfection. Les Artistes, craignant d'être imitateurs, cherchent des routes écartées ; ils s'éloignent de la belle Nature, que leurs prédécesseurs ont saisie : il y a du mérite dans leurs efforts ; ce mérite couvre leurs défauts. Le Public amoureux des nouveautés, court après eux ; il s'en dégoûte, & il en paraît d'autres qui font de nouveaux efforts pour plaire ; ils s'éloignent de la Nature encore plus que les premiers : le *goût* se perd, on est entouré de nouveautés, qui sont rapidement effacées les unes par les autres ; le Public ne sçait plus où il en est, & il regrette en vain le siécle du bon *goût*, qui ne peut plus revenir : c'est un dépôt que quelques bons esprits conservent encore loin de la foule.

Il est de vastes pays où le *goût* n'est jamais parvenu ; ce sont ceux où la société ne s'est point perfectionnée, où les hommes & les femmes ne se rassemblent point ; où certains Arts, comme la sculpture, la peinture des êtres animés, sont défendus par la Religion. Quand il y a peu de société, l'esprit est rétréci, sa pointe s'émousse, il n'a pas de quoi se former le *goût*. Quand plusieurs Beaux-Arts manquent, les autres ont rarement de quoi se soutenir ; parce que tous se tiennent par la main, & dépendent les uns des autres. C'est une des raisons pourquoi les Asiatiques n'ont jamais eu d'ouvrages bien faits presque en aucun genre,

& que le *goût* n'a été le partage que de quelques Peuples de l'Europe.

CHAPITRE XXXII.
DU MOT GRACE.

Dans les personnes, dans les ouvrages, *grace* signifie non-seulement *ce qui plaît*, mais *ce qui plaît avec attrait*. C'est pourquoi les Anciens avaient imaginé que la Déesse de la Beauté ne devait jamais paraître sans les *Graces*. La beauté ne déplaît jamais ; mais elle peut être dépourvue de ce charme secret qui invite à la regarder, qui attire, qui remplit l'ame d'un sentiment doux. Les *graces* dans la figure, dans le maintien, dans l'action, dans les discours, dépendent de ce mérite qui attire. Une belle personne n'aura point de *graces* dans le visage, si la bouche est fermée sans sourire, si les yeux sont sans douceur. Le sérieux n'est jamais gracieux ; il n'attire point ; il approche trop du sévere, qui rebute.

Un homme bien fait, dont le maintien est mal assuré ou gêné, la démarche précipitée ou pesante, les gestes lourds, n'a point de *grace* ; parce qu'il n'a rien de doux, de liant dans son extérieur.

La voix d'un Orateur qui manquera d'inflexion & de douceur, sera sans *grace*.

Il en est de même dans tous les Arts. La proportion, la beauté, peuvent n'être point gracieuses. On ne peut dire que les pyramides d'Egypte ayent des *graces*. On ne pourrait le dire du coloſſe de Rhodes comme de la Vénus de Gnide. Tout ce qui eſt uniquement dans le genre fort & vigoureux, a un mérite qui n'eſt pas celui des *graces*.

Ce ſerait mal connaître Michel-Ange & le Caravage; que de leur attribuer les *graces* de l'Albane. Le ſixieme livre de l'Enéide eſt ſublime : le quatrieme a plus de *grace*. Quelques Odes galantes d'Horace reſpirent les *graces*, comme quelques-unes de ſes Épîtres enſeignent la raiſon.

Il ſemble qu'en général le petit, le joli en tout genre, ſoit plus ſuſceptible de *graces* que le grand. On louerait mal une Oraiſon funebre, une Tragédie, un Sermon, ſi on leur donnait l'épithete de *gracieux*.

Ce n'eſt pas qu'il y ait un ſeul genre d'ouvrage qui puiſſe être bon en étant oppoſé aux *graces* ; car leur oppoſé eſt la rudeſſe, le ſauvage, la ſécheresse. L'Hercule Farnèſe ne devait point avoir les *graces* du Belvedere & de l'Antinoüs; mais il n'eſt ni rude, ni agreſte. L'incendie de Troye, dans Virgile, n'eſt point décrit avec les *graces* d'une Elégie de Tibulle; il plaît par des beautés fortes. Un ouvrage peut donc être ſans *graces*, ſans que cet ouvrage ait le moindre déſagrément. Le terrible, l'horrible, la deſcription, la peinture d'un Monſtre, exigent qu'on s'éloigne de tout ce qui eſt gracieux : mais non pas qu'on affecte uniquement l'oppoſé. Car ſi un Artiſte, en quelque genre que ce ſoit, n'exprime que des choſes affreuſes, s'il ne les adoucit pas par des contraſtes agréables, il rebutera.

La *grace*, en Peinture, en Sculpture, conſiſte dans la molleſſe des contours, dans une expreſſion douce; & la Peinture a, par-deſſus la Sculpture, la *grace* de l'union des parties, celle des figures qui s'animent l'une par l'autre, & qui ſe prêtent des agrémens par leurs attributs & par leurs regards.

Les *graces* de la diction, ſoit en Eloquence, ſoit en Poëſie, dépendent du choix des mots, de l'harmonie des phraſes, & encore plus de la délicateſſe des idées & des deſcriptions riantes. L'abus des *graces* eſt l'afféterie, comme l'abus du ſublime eſt l'ampoulé; toute perfection eſt près d'un défaut.

Avoir de la grace, s'entend de la choſe & de la perſonne. *Cet ajuſtement, cet ouvrage, cette femme a de la grace*. La bonne *grace* appartient à la perſonne ſeulement. *Elle ſe préſente de bonne grace. Il a fait de bonne grace ce qu'on attendait de lui. Avoir des graces*, dépend de l'action. *Cette femme a des graces dans ſon maintien, dans ce qu'elle dit, dans ce qu'elle fait.*

Obtenir ſa grace, c'eſt, par métaphore, obtenir ſon pardon, comme *faire grace* eſt pardonner. On fait *grace* d'une choſe, en s'emparant du reſte. *Les Commis lui prirent tous ſes effets, & lui firent grace de ſon argent. Faire des graces, répandre des graces*, eſt le plus bel appanage de la Souveraineté; c'eſt faire du bien: c'eſt plus que juſtice. *Avoir les bonnes graces de quelqu'un*, ne ſe dit que par rapport à un ſupérieur; *avoir les bonnes graces d'une Dame*, c'eſt être ſon Amant favoriſé. *Être en grace*, ſe dit d'un Courtiſan qui a été en diſgrace: on ne doit pas faire dépendre ſon bonheur de l'un, ni ſon malheur de l'autre. On appelle *bonnes-graces*, ces demi-rideaux d'un lit qui ſont aux deux côtés du chevet. Les *graces*, en Latin *charites*, terme qui ſignifie aimable.

Les *Graces*, Divinités de l'Antiquité, sont une des plus belles allégories de la Mythologie des Grecs. Comme cette Mythologie varia toujours, tantôt par l'imagination des Poëtes, qui en furent les Théologiens, tantôt par les usages des Peuples; le nombre, les noms, les attributs des *Graces* changerent souvent. Mais enfin on s'accorda à les fixer au nombre de trois, & à les nommer *Aglaé*, *Thalie*, *Euphrosine*, c'est-à-dire, *brillant*, *fleur*, *gaité*. Elles étaient toujours auprès de Vénus. Nul voile ne devait couvrir leurs charmes. Elles presidaient aux bienfaits, à la concorde, aux réjouissances, aux amours, à l'éloquence même; elles étaient l'emblême sensible de tout ce qui peut rendre la vie agréable. On les peignait dansantes, & se tenant par la main : on n'entrait dans leurs temples que couronné de fleurs. Ceux qui ont consulté la Mythologie fabuleuse, devaient au moins avouer le mérite de ces fictions riantes, qui annoncent des vérités dont résulterait la félicité du genre humain.

CHAPITRE XXXIII.
DU MOT GRACIEUX.

G*RACIEUX* est un terme qui manquait à notre Langue, & qu'on doit à Ménage. Bouhours, en avouant que Ménage en est l'Auteur, prétend qu'il en a fait aussi l'emploi le plus juste, en disant :

Pour moi, de qui les vers n'ont rien de *gracieux*.

Le mot de Ménage n'en a pas moins réussi. Il vent

DES MOTS, GRAND ET GRANDEUR. 91
dire plus qu'*agréable* ; il indique l'envie de plaire : des manieres *gracieuses*, un air *gracieux*. Boileau, dans son *Ode sur Namur*, semble l'avoir employé d'une façon impropre, pour signifier *moins fier, abaissé, modeste* :

> Et désormais *gracieux*,
> Allez à Liége, à Bruxelles,
> Porter les humbles nouvelles
> De Namur pris à vos yeux.

La plûpart des Peuples du Nord disent, *notre gracieux Souverain* : apparemment qu'ils entendent *bienfaisant*. De *gracieux* on a fait *disgracieux*, comme de *grace* on a formé *disgrace* ; des paroles *disgracieuses*, une aventure *disgracieuse*. On dit *disgracié*, & on ne dit pas *gracié*. On commence à se servir du mot *gracieuser*, qui signifie *recevoir, parler obligeamment* ; mais ce mot n'est pas employé par les bons Ecrivains dans le style noble.

CHAPITRE XXXIV.

GRAND ET GRANDEUR.

De ce qu'on entend par ces mots.

GRAND est un des mots les plus fréquemment employés dans le sens moral & avec le moins de circonspection. *Grand* Homme, *grand* Génie, *grand* Esprit, *grand* Capitaine, *grand* Philosophe, *grand* Orateur, *grand* Poëte ; on entend par cette expression, *quiconque dans son Art passe de loin les bornes ordinaires*. Mais comme il eſt difficile de poſer ces bornes, on donne ſouvent le nom de *grand* au médiocre.

On ſe trompe moins dans les ſignifications de ce terme au Phyſique. On ſçait ce que c'eſt qu'un *grand* orage, un *grand* malheur, une *grande* maladie, de *grands* biens, une *grande* miſere.

Quelquefois le terme *gros* eſt mis au Phyſique pour *grand*, mais jamais au moral. On dit de *gros biens*, pour *grandes richeſſes*; une *groſſe pluye*, pour *grande pluye*; mais non pas *gros Capitaine*, pour *grand Capitaine*; *gros Miniſtre*, pour *grand Miniſtre*; *grand Financier*, ſignifie *un homme très-intelligent dans les finances de l'Etat*; *gros Financier*, ne veut dire *qu'un homme enrichi dans la finance*.

Le *grand homme* eſt plus difficile à définir que le *grand Artiſte*. Dans un Art, dans une Profeſſion, celui qui a paſſé de loin ſes rivaux, ou qui a la réputation de les avoir ſurpaſſés, eſt appellé *grand* dans ſon Art, & ſemble n'avoir eu beſoin que d'un ſeul mérite; mais le *grand Homme* doit réunir des mérites différens. Gonſalve ſurnommé le *grand Capitaine*, qui diſoit *la toile d'honneur doit être groſſierement tiſſue*, n'a jamais été appellé *grand Homme*. Il eſt plus aiſé de nommer ceux à qui l'on doit refuſer l'épithete de *grand Homme*, que de trouver ceux à qui on doit l'acccorder. Il ſemble que cette dénomination ſuppoſe quelques *grandes* vertus. Tout le monde convient que Cromwel était le Général le plus intrépide de ſon tems, le plus profond politique, le plus capable de conduire un Parti, un Parlement, une Armée; nul Ecrivain cependant ne lui donne le titre de *grand Homme*, parce qu'avec de *grandes* qualités, il n'eut aucune *grande* vertu.

Il paraît que ce titre n'est le partage que du petit nombre d'hommes dont les vertus, les travaux & les succès ont éclaté. Les succès sont nécessaires, parce qu'on suppose qu'un homme toujours malheureux l'a été par sa faute.

Grand tout court exprime seulement une *dignité* ; c'est en Espagne un nom appellatif, honorifique, distinctif, que le Roi donne aux personnes qu'il veut honorer. Les *Grands* se couvrent devant le Roi, ou avant de lui parler, ou après lui avoir parlé, ou seulement en se mettant en leur rang avec les autres.

Charles-Quint confirma à 16 principaux Seigneurs les Priviléges de la *Grandesse* ; cet Empereur, Roi d'Espagne, accorda les mêmes honneurs à beaucoup d'autres. Ses successeurs en ont toujours augmenté le nombre. Les *Grands* d'Espagne ont long-tems prétendu être traités comme les Electeurs & les Princes d'Italie. Ils ont à la Cour de France les mêmes honneurs que les Pairs.

Le titre de *Grand* a toujours été donné en France à plusieurs premiers Officiers de la Couronne, comme *Grand*-Sénéchal, *Grand*-Maître, *Grand*-Chambellan, *Grand*-Ecuyer, *Grand*-Echanson, *Grand*-Panetier, *Grand*-Veneur, *Grand*-Louvetier, *Grand*-Fauconier. On leur donna ces titres par prééminence, pour les distinguer de ceux qui servaient sous eux. On ne le donna ni au Connétable, ni au Chancelier, ni aux Maréchaux, quoique le Connétable fût le premier des Grands Officiers, le Chancelier le second Officier de l'Etat, & le Maréchal le second Officier de l'Armée. La raison en est qu'ils n'avaient point de Vice-Gérens, de Sous-Connétables, de Sous-Maréchaux, de Sous-Chanceliers, mais des Officiers d'une autre dénomination, qui exécutaient leurs ordres; au-lieu qu'il y avait des Maîtres-d'Hôtel sous le *Grand*-Maître, des Chambellans, sous le *Grand*-Chambellan, des Ecuyers sous le *Grand*-Ecuyer, &c.

Grand, qui signifie *Grand-Seigneur*, a une signification plus étendue & plus incertaine; nous donnons ce titre au Sultan des Turcs, qui prend celui de *Padisha*, auquel *Grand-Seigneur* ne répond point. On dit, un *Grand*, en parlant d'un homme d'une naissance distinguée, revêtu de dignités; mais il n'y a que les petits qui le disent. Un homme de quelque naissance, ou un peu illustré, ne donne ce nom à personne. Comme on appelle communément *Grand Seigneur*, celui qui a de la naissance, des dignités & des richesses, la pauvreté semble ôter ce titre. On dit un *pauvre Gentil-homme*, & non pas un *pauvre Grand Seigneur*.

Grand est autre que *Puissant*; on peut être l'un & l'autre; mais le *Puissant* désigne une place importante; le *Grand* annonce plus d'extérieur & moins de réalité; le *Puissant* commande, le *Grand* a des honneurs.

On a de la grandeur dans l'esprit, dans les sentimens, dans les manieres, dans la conduite. Cette expression n'est point employée pour les hommes d'un rang médiocre, mais pour ceux qui par leur

DES MOTS, GRAVE ET GRAVITÉ.

état, font obligés à montrer de l'élévation. Il est bien vrai que l'homme le plus obscur peut avoir plus de *grandeur* d'ame qu'un Monarque ; mais l'usage ne permet pas qu'on dise, *ce Marchand, ce Fermier s'est conduit avec grandeur*; à moins que dans une circonstance singuliere, & par opposition, on ne dise, par exemple, *le fameux Négociant qui reçut Charles-Quint dans sa maison, & qui alluma un fagot de canelle avec une obligation de cinquante mille ducats qu'il avait de ce Prince, montra plus de grandeur d'ame que l'Empereur.*

On donnait autrefois le titre de *Grandeur* aux hommes constitués en dignité. Les Curés en écrivant aux Evêques, les appellaient encore *Votre Grandeur*. Ces titres que la bassesse prodigue, & que la vanité reçoit, ne sont plus gueres en usage.

La *hauteur* est souvent prise pour la *grandeur*. Qui étale la *grandeur*, montre la vanité. On s'est épuisé à écrire sur la *grandeur*, selon ce mot de Montagne : *nous ne pouvons y atteindre, vengeons-nous par en médire.*

CHAPITRE XXXV.

DES MOTS GRAVE ET GRAVITÉ.

GRAVE, au sens moral, tient toujours du physique : il exprime quelque chose de poids ; c'est pourquoi on dit, *un homme, un auteur, des maximes de poids*, pour *homme, auteur, maximes graves*. Le *grave* est au sérieux, ce que le plaisant est à l'enjoué : il a un degré de plus, & ce degré est considérable. On peut être sérieux par humeur, & même faute d'idées. On est *grave* ou par bienséance, ou par l'importance des idées qui donnent de la *gravité*. Il y a de la différence entre être *grave* & être un homme *grave*. C'est un défaut d'être *grave* hors de propos. Celui qui est *grave* dans la société, est rarement recherché. Un homme grave est celui qui s'est concilié de l'autorité, plus par sa sagesse que par son maintien.

Pietate gravem ac meritis si forte virum quem.

L'air décent est nécessaire par-tout ; mais l'air *grave* n'est convenable que dans les fonctions d'un ministere important, dans un Conseil. Quand la *gravité* n'est que dans le maintien, comme il arrive très-souvent, on dit *gravement* des inepties : cette espece de ridicule inspire de l'aversion. On ne pardonne pas à qui veut en imposer par cet air d'autorité & de suffisance.

Le Duc de la Rochefoucauld a dit que, *la gravité est un mystere du corps, inventé pour cacher les défauts de l'esprit*. Sans examiner si cette expression, *mystere du corps*, est naturelle & juste, il suffit de remarquer que la réflexion est vraie, pour tous ceux qui affectent de la *gravité* ; mais non pour ceux qui ont dans l'occasion une *gravité* convenable à la place qu'ils tiennent, au lieu où ils sont, aux matieres qu'on traite.

Un Auteur *grave* est celui dont les opinions sont suivies dans les matieres contentieuses ; on ne le dit pas d'un Auteur qui a écrit sur des choses hors de doute. Il serait ridicule d'appeller Euclide, Archimède, des Auteurs graves.

Il y a de la *gravité* dans le style. Tite-Live, de Thou ont écrit avec *gravité* : on ne peut pas dire la même chose de Tacite, qui a recherché la précision & qui laisse voir de la malignité ; encore moins du Cardinal de Retz, qui met quelquefois dans ses récits une gaité déplacée, & qui s'écarte quelquefois des bienséances.

Le style *grave* évite les saillies, les plaisanteries ; s'il s'élève quelquefois au sublime, si dans l'occasion il est touchant, il rentre bientôt dans cette sagesse, dans cette simplicité noble qui fait son caractere ; il a de la force, mais peu de hardiesse. Sa plus grande difficulté est de n'être point monotone.

Affaire *grave*, cas *grave*, se dit plutôt d'une Cause criminelle, que d'un Procès civil ; maladie *grave* suppose du danger.

LA VOIX
DU SAGE ET DU PEUPLE.

LA bonté d'un Gouvernement consiste à protéger & à contenir également toutes les professions d'un Etat.

Le Gouvernement ne peut être bon, s'il n'y a une Puissance unique.

Dans les Etats les plus mixtes, la puissance résulte du consentement de plusieurs Ordres, & alors elle acquiert son unité, sans laquelle tout est confusion.

G

Dans un Etat quelconque, le plus grand malheur est que l'autorité législative soit combattue. Les années heureuses de la Monarchie ont été les dernieres de Henri IV; celles de Louis XIV & de Louis XV, quand ces Rois ont gouverné par eux-mêmes.

Il ne doit pas y avoir deux Puissances dans un Etat.

On abuse de la distinction entre Puissance spirituelle & Puissance temporelle : dans ma maison reconnait-on deux Maîtres, moi qui suis le Pere de famille, & le Précepteur de mes Enfans, à qui je donne des gages ?

Je veux qu'on ait de très-grands égards pour le Précepteur de mes Enfans ; mais je ne veux point du tout qu'il ait la moindre autorité dans ma maison.

Il y a dans le Monde entier quatre Etats qui sont de la Communion Romaine, la France, les Espagnes, la moitié de l'Allemagne, la Pologne. Dans les Espagnes, le Gouvernement s'accomimode avec le Pape pour imposer des taxes sur le Clergé. L'Impératrice, Reine de Hongrie, en use de même : elle a obtenu dans la derniere Guerre, la permission de prendre l'argenterie des Eglises. En Pologne, l'Armée de la Couronne vit à discrétion sur les Terres du Clergé, parce que le Clergé payée trop peu à la République.

En France, où la raison se perfectionne tous les jours, cette raison nous apprend que l'Eglise doit contribuer aux charges de l'Etat, à proportion de ses revenus, & que le corps destiné particulierement à enseigner la Justice, doit commencer par en donner l'exemple.

Ce Gouvernement serait digne des Hottentots, dans lequel il seroit permis à un certain nombre d'hommes de dire : *c'est à ceux qui travaillent à payer ; nous ne devons rien payer, parce que nous sommes oisifs.*

Ce Gouvernement outragerait Dieu & les hommes, dans lequel des Citoyens pourraient dire : *l'Etat nous a tout donné, & nous ne lui devons que des prieres.*

La raison en se perfectionnant, détruit le germe des Guerres de Religion. C'est l'esprit philosophique, qui a banni cette peste du monde.

Si Luther & Calvin revenaient au monde, ils ne feraient pas plus de bruit que les Scotistes & les Thomistes. Pourquoi ? Parce que les lumieres répandues dans toutes les conditions, ont appris qu'il ne faut jamais s'élever contre la Religion du Prince, & que quand on s'éleve contr'elle, il en naît des calamités affreuses pour des siécles.

Ce n'est que dans des tems de barbarie qu'on voit des Sorciers, des Possedés, des Rois excommuniés, des Sujets déliés de leur serment de fidélité par des Docteurs.

La raison nous apprend que le Prince peut laisser subsister quelques anciens abus, comme de laisser décider en Cour de Rome certaines affaires qu'on pourrait très-bien décider dans son Conseil.

Elle nous montre que, quand le Prince voudra abroger ces coûtumes, elles tomberont comme un bâtiment Gothique qu'on détruit pour le rebâtir à la moderne.

G 2

Elle nous montre que, quand le Prince voudra extirper un abus préjudiciable, les Peuples doivent y concourir, & y concourront, l'abus eût-il quatre mille ans d'ancienneté.

Cette raison nous enseigne que le Prince doit être maître absolu de toute Police Ecclésiastique, sans aucune restriction, puisque cette Police Ecclésiastique est une partie du Gouvernement ; & de même que le Pere de famille prescrit au Précepteur de ses Enfans les heures du travail & le genre des études, &c. de même le Prince peut prescrire à tous Ecclésiastiques, sans exception, tout ce qui a le moindre rapport à l'ordre public.

Cette raison nous dit à tous que, quand le Prince voudra donner à ceux qui ont versé leur sang pour l'Etat, des pensions sur des bénéfices, lesquels bénéfices sont une partie du patrimoine de l'Etat, non-seulement tous les Officier de Guerre, mais tous les Magistrats, tous les Cultivateurs, tous les Citoyens béniront le Prince ; & quiconque s'opposerait à une institution si salutaire, serait regardé comme un ennemi de la Patrie.

De même, quand le Prince qui est le Pasteur de son Peuple, voudra augmenter son troupeau comme il le doit ; quand il voudra rendre aux Loix de la Nature les Imprudens & les Imprudentes qui se sont voués à l'extinction de l'espece, & qui ont fait un vœu fatal à la société, dans un âge où il n'est pas permis de disposer de son bien, la société benira ce Prince dans la suite des siecles.

Il y a tel Couvent inutile au Monde à tous égards, qui jouit de deux cent mille livres de rente. La raison démontre que, si on donnait ces deux cent mille livres à cent Officiers qu'on marierait, il y aurait cent bons Citoyens récompensés, cent filles pourvues, quatre cent personnes au moins de plus dans l'Etat au bout de dix ans, au lieu de cinquante Fainéans; elle démontre encore que ces cinquante Fainéans, rendus à la Patrie, cultiveraient la terre, la peupleraient, & qu'il y aurait plus de Laboureurs & de Soldats. Voilà ce que tout le monde desire, depuis le Prince du sang jusqu'au Vigneron. La superstition seule s'y opposait autrefois; mais la raison soumise à la foi écrase la superstition.

Le Prince peut, d'un seul mot, empêcher au moins qu'on ne fasse des vœux avant l'âge de vingt-cinq ans : & si quelqu'un dit au Souverain : *que deviendront les filles de Condition, que nous sacrifions d'ordinaire aux Aînés de nos familles ?* Le Prince répondra, *elles deviendront ce qu'elles deviennent en Suede, en Dannemarck, en Prusse, en Angleterre, en Hollande : elles feront des Citoyens; elles font nées pour la propagation, & non pour réciter du Latin qu'elles n'entendent point.* Une femme qui nourrit deux Enfans & qui file, rend plus de service à la Patrie, que tous les Couvents n'en peuvent jamais rendre.

C'est un très-grand bonheur pour le Prince & pour l'Etat, qu'il y ait beaucoup de Philosophes, qui impriment ces maximes dans la tête des hommes.

Les Philosophes n'ayant aucun intérêt particulier, ne peuvent parler qu'en faveur de la raison & de l'intérêt public.

Les Philosophes rendent service aux Princes en

détruisant la superstition, qui est toujours l'ennemie des Princes.

C'est la superstition qui a fait assassiner Henri III, Henri IV, Guillaume, Prince d'Orange, & tant d'autres. C'est elle qui a fait couler des rivieres de sang depuis Constantin.

La superstition est le plus horrible ennemi du genre humain. Quand elle domine le Prince, elle l'empêche de faire le bien de son Peuple ; quand elle domine le Peuple, elle le souleve contre son Prince.

Il n'y a pas un seul exemple, sur la terre, de Philosophes qui se soient opposés aux Loix du Prince; il n'y a pas un seul siecle, où la superstition & l'enthousiasme n'ayent causé des troubles qui font horreur.

Il n'y a pas un seul exemple de trouble & de dissension, quand le Prince a été le Maître absolu de la Police Ecclésiastique. Il n'y a que des exemples de désordre & de calamités, quand les Ecclésiastiques n'ont pas été entierement soumis au Prince.

Ce qui peut arriver de plus heureux aux hommes, c'est que le Prince soit Philosophe.

Le Prince Philosophe sçait que plus la raison fera de progrès dans ses Etats, moins les disputes, les querelles Théologiques, l'enthousiasme, la superstition feront de mal ; il encouragera donc les progrès de la raison.

Ces progrès seuls suffiront pour anéantir, par exemple, dans quelques années toutes les disputes sur la Grace ; parce que le nombre des hommes raisonnables étant augmenté, le nombre des esprits de travers, qui fe nourriffent d'opinions abfurdes, diminuera.

Ce qu'on appelle un Janféniste, eft réellement un fou, un mauvais Citoyen & un rebelle. Il eft fou, parce qu'il prend pour des vérités démontrées, des idées particulieres. S'il fe fervait de fa raifon, il verrait que les Philofophes n'ont jamais difputé, ni pu difputer fur une vérité démontrée. S'il fe fervait de fa raifon, il verrait qu'une Secte qui mene à des convulfions, eft une Secte de fous. Il eft mauvais Citoyen, parce qu'il trouble l'ordre de l'Etat. Il eft rebelle, parce qu'il défobéit.

Les Moliniftes font des foux plus doux. Il ne faut être ni à Apollon, ni à Céphas; mais à Dieu & au Roi. Il eft certain que plus il y aura de Philofophes, plus les foux feront à portée d'être guéris.

Le Prince Philofophe encouragera la Religion, qui enfeigne toujours une morale pure & très-utile aux hommes; il empêchera qu'on ne difpute fur le dogme, parce que ces difputes n'ont jamais produit que du mal.

Il rendra autant qu'il le pourra, la juftice diftributive, plus uniforme & moins lente, & rougira pour nos ancêtres, que ce qui eft vrai à Dreux, foit faux à Pontoife.

Le Prince Philofophe fera convaincu, que plus un Peuple eft laborieux, plus il eft riche : il aura foin que fes Villes foient embellies, parce qu'alors il y aura plus de travaux, & qu'il en réfultera l'utile & l'agréable.

On compoferoit un gros livre de tout le bien qu'on peut faire; mais un Prince Philofophe n'a pas befoin d'un gros livre.

RESCRIT DE L'EMPEREUR
DE LA CHINE.

Nous, l'Empereur de la Chine, Nous étant fait représenter dans notre Conseil d'Etat, les mille & une Brochures qu'on débite journellement dans le renommé Village de Paris, pour l'instruction de l'Univers ; nous avons remarqué avec une satisfaction Impériale, qu'on imprime plus de pensées, en façon de pensées, ou expressions sans pensées, dans ledit Village, situé sur le petit ruisseau de la Seine, contenant environ cinq cens mille Plaisans, ou gens voulant l'être, que l'on ne fabrique de porcelaines dans notre Bourg de *King-tzin* sur le fleuve Jaune, lequel Bourg possede le double d'Habitans, lesquels ne sont pas la moitié si plaisans que ceux de Paris.

Nous avons lû attentivement la Brochure de notre amé Jean-Jacques, Citoyen de Genève ; lequel Jean-Jacques a extrait un *Projet de Paix perpétuelle* du Bonze Saint-Pierre, lequel Bonze Saint-Pierre l'avait extrait d'un Clerc Mandarin Marquis de Rosny, Duc de Sully, excellent Œconome, lequel l'avait extrait du creux de son cerveau.

Nous avons été sensiblement affligés de voir que dans ledit extrait rédigé par notre amé Jean-Jacques, où l'on expose les moyens faciles de donner à l'Europe une Paix perpétuelle, on avait oublié le reste de l'*Univers*, qu'il faut toujours avoir en vûe dans toutes ses Brochures ; Nous avons connu que la Monarchie de France, qui est la premiere des Monarchies, l'Anarchie d'Allemagne qui est la premiere des Anarchies, l'Espagne, l'Angleterre, la Pologne, la Suede (suivant leurs Historiens), chacune en son genre la premiere Puissance de l'*Univers*, sont toutes requises d'accéder au Traité de JEAN-JACQUES. Nous avons été édifiés de voir que notre chere Cousine l'Imperatrice de Toutes Russies était pareillement requise de fournir son contingent ; mais grande a été notre surprise Impériale, quand nous avons en vain cherché notre nom dans la liste. Nous avons jugé qu'étant si proche voisin de notre chere Cousine, nous devions être nommé avec elle ; que le Grand-Turc voisin de la Hongrie & de Naples, le Roi de Perse voisin du Grand-Turc, le Grand-Mogol voisin du Roi de Perse ont pareillement les mêmes droits, & que ce serait faire au Japon une injustice criante, de l'oublier dans la Confédération générale.

Nous avons pensé de nous-même, après l'avis de notre Conseil, que si le Grand-Turc attaquait la Hongrie ; si la Diéte Europaine, Européenne, ou Européane ne se trouvait pas alors en argent comptant ; si tandis que la Reine d'Hongrie s'opposerait au Turc vers Belgrade, le Roi de Prusse marchait à Vienne ; si les Russes pendant ce tems-là attaquaient la Silésie, si les Français se jettaient alors sur les Pays-Bas, l'Angleterre sur la France, le Roi de Sardaigne sur l'Italie, l'Espagne sur les Maures, ou les Maures sur l'Espagne, ces petites combinaisons pourraient déranger la Paix perpétuelle.

Notre accession étant donc d'une nécessité absolue, nous avons résolu de co-opérer de toutes nos forces au bien général, qui est évidemment le but de tout Empereur, comme de tout Faiseur de Brochures.

A cet effet, ayant remarqué qu'on avait oublié la Ville dans laquelle les Plénipotentiaires de l'*Univers* doivent s'assembler, nous avons résolu d'en bâtir une sans délai. Nous nous sommes fait représenter le plan d'un Ingénieur de Sa Majesté le Roi de Narsingue, lequel proposa, il y a déjà quelques années, de creuser un trou jusqu'au centre de la Terre, pour y faire des expériences de Physique ; notre intention étant de perfectionner cette idée, nous ferons percer le Globe de part en part. Et comme les Philosophes les plus éminens du Village de Paris sur le ruisseau de la Seine, croyent que *le noyau du Globe est de verre*, qu'ils l'ont écrit, & qu'ils ne l'auraient pas écrit, s'ils n'en avaient été sûrs ; notre Ville de ladite Diéte de l'*Univers* sera toute de crystal, & recevra continuellement le jour par un bout ou par un autre ; de sorte que la conduite des Plénipotentiaires sera toujours éclairée.

Pour mieux affermir l'ouvrage de la Paix perpétuelle, nous aboucherons ensemble dans notre Ville transparente notre Saint Pere le Grand Lama, notre Saint Pere le Grand Dairo, notre Saint Pere le Muphti, & notre Saint Pere le Pape, qui feront tous aisément d'accord, moyennant les exhortations de quelques Jésuites Portugais. Nous terminerons tout d'un tems l'ancien procès de la Justice Ecclésiastique & Séculiere, du Fisc & du Peuple, des

Nobles & des Roturiers, de l'Epée & de la Robe, des Maîtres & des Valets, des Maris & des Femmes, des Auteurs & des Lecteurs.

Nos Plénipotentiaires enjoindront à tous les Souverains de n'avoir jamais aucune querelle, sous peine d'une Brochure de JEAN-JACQUES, pour la premiere fois; & du Ban de l'*Univers*, pour la seconde.

Nous prions la République de Genève & celle de Saint-Marin de nommer, conjointement avec nous, le Sieur JEAN-JACQUES pour premier Président de la Diéte, attendu que ledit Sieur ayant déjà jugé les Rois & les Républiques sans en être prié, il les jugera tout aussi-bien, quand il sera à la tête de la Chambre; & notre avis est qu'il soit payé régulierement de ses honoraires sur le produit net des cent soixante & treize Journaux qui se débitent par semaine sur les bords du ruisseau de la Seine. Priant le *Tien* qu'il ait en sa sainte garde ledit JEAN-JACQUES, comme aussi le Sieur WOLMAR, la Demoiselle JULIE, & son faux-germe. DONNÉ à Pekin, le premier du mois de Hihan, l'an 1898436500 de la fondation de notre Monarchie.

LETTRE
A M. ALBERGATI CAPACELLI,
SÉNATEUR DE BOLOGNE,

Sur plusieurs sujets différens.

Au Château de Ferney en Bourgogne, 23 Décembre 1760.

Monsieur, nous sommes unis par les mêmes goûts, nous cultivons les mêmes Arts; & ces Beaux-Arts ont produit l'amitié dont vous m'honorez; ce sont eux qui lient les ames bien nées, quand tout divise le reste des hommes.

J'ai sçu dès long-tems, que les principaux Seigneurs de vos belles Villes d'Italie se rassemblent souvent, pour représenter sur des théâtres élevés avec goût, tantôt des Ouvrages dramatiques Italiens, tantôt même les nôtres. C'est aussi ce qu'ont fait quelquefois les Princes des Maisons les plus augustes & les plus puissantes; c'est ce que l'esprit humain a jamais inventé de plus noble & de plus utile pour former les mœurs, & pour les polir; c'est-là le chef-d'œuvre de la société; car, Monsieur, pendant que le commun des hommes est obligé de travailler aux Arts Méchaniques, & que leur tems est heureusement occupé, Les Grands & les Riches ont le malheur d'être abandonnés à eux-mêmes, à l'ennui inséparable de l'oisiveté, au jeu plus funeste que l'ennui, aux petites factions plus dangereuses que le jeu & que l'oisiveté.

Vous êtes, Monsieur, un de ceux qui ont rendu le plus de service à l'esprit humain dans votre Ville de Bologne, cette mere des Sciences; vous avez représenté à la campagne, sur le théâtre de votre Palais, plus d'une de nos Pieces Françaises, élégamment traduites en vers Italiens: vous daignez traduire actuellement la Tragédie de *Tancrède*, & moi qui vous imite de loin, j'aurai bientôt le plaisir de voir représenter chez moi, la traduction d'une Piece de votre célèbre *Goldoni*, que j'ai nommé, & que je nommerai toujours le Peintre de la Nature : digne Réformateur de la Comédie Italienne, il en a banni les farces insipides, les sottises grossieres, lorsque nous les avions adoptées sur quelques théâtres de Paris. Une chose m'a frappé surtout dans les Pieces de ce génie fécond, c'est qu'elles finissent toutes par une moralité qui rappelle le sujet & l'intrigue de la Piece, & qui prouve que ce sujet & cette intrigue sont faits pour rendre les hommes plus sages & plus gens de bien.

Qu'est-ce en effet que la vraie Comédie? C'est l'art d'enseigner la vertu & les bienséances en action & en dialogues. Que l'éloquence du monologue est froide en comparaison! A-t-on jamais retenu une seule phrase de trente ou quarante mille discours moraux? Et ne sçait-on pas par cœur ces sentences admirables, placées avec art dans des dialogues intéressans?

Homo sum, humani nihil à me alienum puto.
Apprimè in vita est utile, ut ne quid nimis.
Naturâ tu illi pater es, consilii ego. &c.

C'est ce qui fait un des grands mérites de Térence ; c'est celui de nos bonnes Tragédies, de nos Comédies ; elles n'ont pas produit une admiration stérile ; elles ont souvent corrigé les hommes. J'ai vû un Prince pardonner une injure après une représentation de la clémence d'*Auguste*. Une Princesse qui avait méprisé sa mere, alla se jetter à ses pieds, en sortant de la scene où *Rodope* demande pardon à sa mere. Un homme connu se raccommoda avec sa femme, en voyant *le Préjugé à la mode* ; j'ai vu l'homme du monde le plus fier, devenir modeste après la Comédie du *Glorieux* ; & je pourrais citer plus de six fils de famille que la Comédie de l'*Enfant Prodigue* a corrigés. Si les Financiers ne sont plus grossiers ; si les Gens de Cour ne sont plus de vains Petits Maîtres ; si les Médecins ont abjuré la robe, le bonnet, les consultations en Latin ; si quelques Pédans sont devenus hommes, à qui en a-t-on l'obligation ? Au théâtre, au seul théâtre.

Quelle pitié ne doit-on donc pas avoir de ceux qui s'elevent contre ce premier Art de la Littérature, qui s'imaginent qu'on doit juger du théâtre d'aujourd'hui par les tréteaux de nos siecles d'ignorance, & qui confondent les *Sophocles* & les *Ménandres*, les *Varius* & les *Térences*, avec les *Tabarins* & les *Polichinelles* !

Mais que ceux-là sont encore plus à plaindre, qui admettent les *Tabarins* & les *Polichinelles*, & qui rejettent les *Polieuctes*, les *Athalies*, les *Zaïres* & les *Alzires* ! Ce sont-là de ces contradictions où l'esprit humain tombe tous les jours.

Pardonnons aux sourds qui parlent contre la Mufique, aux aveugles qui haïssent la beauté ; ce sont moins des ennemis de la société, conjurés pour en détruire la consolation & le charme, que des malheureux à qui la Nature a refusé des organes.

Nos vero dulces teneant ante omnia Musæ.

J'ai eu le plaisir de voir chez moi à la campagne, représenter *Alzire*, cette Tragédie où le Christianisme & les droits de l'humanité triomphent également. J'ai vû dans *Mérope* l'amour maternel faire répandre des larmes, sans le secours de l'amour galant. Ces sujets remuent l'ame la plus grossiere, comme la plus délicate ; & si le Peuple assistait à des spectacles honnêtes, il y aurait bien moins d'ames grossieres & dures. C'est ce qui fit des Athéniens une Nation si supérieure. Les Ouvriers n'allaient point porter à des farces indécentes, l'argent qui devait nourrir leurs familles ; mais les Magistrats appellaient, dans des fêtes célebres, la Nation entiere à des représentations qui enseignaient la vertu & l'amour de la Patrie : les spectacles que nous donnons chez nous, sont une bien plus faible imitation de cette magnificence ; mais enfin, elles en retracent quelque idée : c'est la plus belle éducation qu'on puisse donner à la Jeunesse, le plus noble délassement du travail, la meilleure instruction pour tous les ordres des Citoyens. C'est presque la seule maniere d'assembler les hommes pour les rendre sociables.

Emollit mores, nec sinit esse feros.

Aussi, je ne me lasserai point de répéter que parmi vous le Pape *Léon* X, l'Archevêque *Trissino*, le Cardinal *Bibiena*, & parmi nous les Cardinaux de *Richelieu* & *Mazarin*, reſſuſciterent la ſcene; ils ſçavaient qu'il vaut mieux voir l'*Œdipe* de *Sophocle*, que de perdre au jeu la nourriture de ſes enfans, ſon tems dans un caffé, ſa raiſon dans un cabaret, ſa ſanté dans des réduits de débauche, & toute la douceur de ſa vie dans le beſoin & dans la privation des plaiſirs de l'eſprit.

Il ſerait à ſouhaiter, Monſieur, que les Spectacles fuſſent dans les grandes Villes, ce qu'ils ſont dans vos terres & dans les miennes, & dans celles de tant d'Amateurs; qu'ils ne fuſſent point mercénaires; que ceux qui ſont à la tête des Gouvernemens, fiſſent ce que nous faiſons, & ce qu'on fait dans tant de Villes. C'eſt aux Ediles à donner les jeux publics; s'ils deviennent une marchandiſe, ils riſquent d'être avilis. Les hommes ne s'accoutument que trop à mépriſer les ſervices qu'ils payent. Alors l'intérêt plus fort encore que la jalouſie, enfante les cabales. Les *Claverets* cherchent à perdre les *Corneilles*; les *Pradons* veulent écraſer les *Racines*.

C'eſt une guerre toujours renaiſſante, dans laquelle la méchanceté, le ridicule & la baſſeſſe ſont ſans ceſſe ſous les armes.

Un Entrepreneur des Spectacles de la Foire, tâche, à Paris, de miner les Comédiens qu'on nomme Italiens: ceux-ci veulent anéantir les Comédiens Français par des Parodies; les Comédiens Français ſe défendent comme ils peuvent. L'Opéra eſt jaloux d'eux tous; chaque Compoſiteur a pour ennemis tous les autres Compoſiteurs, & leurs Protecteurs, & les Maîtreſſes des Protecteurs.

Souvent pour empêcher une Piece nouvelle de
paraître

paraître, pour la faire tomber au Théâtre ; & si elle réussit, pour la décrier à la lecture, & pour abîmer l'Auteur, on employe plus d'intrigues que les *Wihgs* n'en ont tramées contre les *Toris*, les *Guelfes* contre les *Gibelins*, les *Molinistes* contre les *Jansénistes*, les *Cocceiens* contre les *Voetiens*, &c. &c. &c. &c.

Je sçais de science certaine, qu'on accusa *Phédre* d'être Janséniste. Comment (disaient les ennemis de l'Auteur) sera-t-il permis de débiter à une Nation Chrétienne ces maximes diaboliques ?

Vous aimez : on ne peut vaincre sa destinée ;
Par un charme fatal vous fûtes entraînée.

N'est-ce pas là évidemment un Juste à qui la Grace a manqué ? J'ai entendu tenir ces propos dans mon enfance, non pas une fois, mais trente. On a vû une cabale de canailles, & un Abbé *Des F......* à la tête de cette cabale, au sortir de Bissètre, forcer le Gouvernement à suspendre les représentations de *Mahomet*, joué par ordre du Gouvernement ; ils avaient pris pour prétexte que dans cette Tragédie de *Mahomet*, il y avait plusieurs traits contre ce faux Prophéte, qui pouvaient réjaillir sur les Convulsionnaires ; ainsi, ils eurent l'insolence d'empêcher pour quelque tems les représentations d'un Ouvrage dédié à un Pape, approuvé par un Pape.

Si M. de l'*Empirée*, Auteur de Province, est jaloux de quelques autres Auteurs, il ne manque pas d'assurer dans un long Discours public, que Messieurs ses rivaux sont tous des ennemis de l'Etat & de l'Eglise Gallicane. Bientôt *Arlequin* accusera

H

Polichinelle d'être Janséniste, Moliniste, Calviniste, Athée, collectivement.

Je ne fçais quels Ecrivains fubalternes fe font avifés, dit-on, de faire un Journal Chrétien, comme fi les autres Journaux de l'Europe étaient idolâtres. M. de *Saint-Foix*, Gentilhomme Breton, célébre par la charmante Comédie de l'*Oracle*, avait fait un Livre très-utile & très-agréable fur plufieurs points curieux de notre Hiftoire de France. La plûpart de ces petits Dictionnaires ne font que des Extraits des fçavans Ouvrages du fiécle paffé. Celui-ci eft d'un homme d'efprit qui a vû & penfé. Mais qu'eft-il arrivé? Sa Comédie de l'*Oracle*, & fes recherches fur l'Hiftoire, étaient fi bonnes, que Meflieurs du Journal Chrétien l'ont accufé de n'être pas Chrétien. Il eft vrai qu'ils ont effuyé un procès criminel, & qu'ils ont été obligés de demander pardon; mais rien ne rebute ces honnêtes gens.

La France fourniffait à l'Europe un Dictionnaire Encyclopédique, dont l'utilité était reconnue. Une foule d'articles excellens rachetaient bien quelques endroits qui n'étaient pas des mains des Maîtres. On le traduifait dans votre langue; c'était un des plus grands monumens des progrès de l'efprit humain. Un Convulfionnaire s'avife d'écrire contre ce vafte dépôt des Sciences. Vous ignorez peut-être, Monfieur, ce que c'eft qu'un Convulfionnaire; c'eft un de ces Energumènes de la lie du Peuple, qui, pour prouver qu'une certaine Bulle d'un Pape eft erronée, vont faire des miracles de grenier en grenier, rôtiffant de petites filles fans leur faire du mal, leur donnant des coups de buche & de fouet pour l'amour de Dieu, & criant contre le Pape. Ce Monsieur Convulsionnaire se croit prédestiné, par la grace de Dieu, à détruire l'Encyclopédie; il accuse, selon l'usage, les Auteurs de n'être pas Chrétiens; il fait un illisible libelle en forme de dénonciation; il attaque à tort & à travers tout ce qu'il est incapable d'entendre. Ce pauvre homme s'imaginant que l'article *Ame* de ce Dictionnaire n'a pu être composé que par un homme d'esprit, & n'écoutant que sa juste aversion pour les gens d'esprit, se persuade que cet article doit absolument prouver le matérialisme de son ame; il dénonce donc cet article comme impie, comme Epicurien, enfin, comme l'Ouvrage d'un Philosophe.

Il se trouve que l'article, loin d'être d'un Philosophe, est d'un Docteur en Théologie, qui établit l'immatérialité, la spiritualité, l'immortalité de l'ame de toutes ses forces; . . . . Il combat le matérialisme tant qu'il peut; il attaque même le systême de *Locke*, supposant que ce systême peut favoriser le matérialisme; . . . . Notre Convulsionnaire défère donc cet article de l'*Ame*, & probablement sans l'avoir lû. Il demande la suppression du Livre; il l'obtient, & on trompe mille Souscripteurs qui ont avancé leur argent, on ruine cinq ou six Libraires considérables qui travaillaient sur la foi d'un privilége du Roi, on détruit un objet de commerce de trois cent mille écus. Et d'où est venu tout ce grand bruit & cette persécution? De ce qu'il s'est trouvé un homme ignorant, orgueilleux & passionné.

Voilà, Monsieur, ce qui s'est passé, je ne dis pas

aux yeux de l'Univers, mais au moins aux yeux de tout Paris. Plusieurs aventures pareilles que nous voyons assez souvent, nous rendraient les plus méprisables de tous les Peuples policés, si d'ailleurs nous n'étions pas assez aimables. Et dans ces belles querelles, les partis se cantonnent, les factions se heurtent, chaque parti a pour lui un Folliculaire, (faiseur de feuilles ;) maître *Aliboron*, par exemple, est le Folliculaire de M. de l'*Empirée* : ce maître *Aliboron* ne manque pas de décrier tous ses camarades Folliculaires, pour mieux débiter ses feuilles ; l'un gagne à ce métier cent écus par an, l'autre mille, l'autre deux mille ; ainsi l'on combat *pro focis*. Il faut bien que je vive, disoit l'Abbé *Des Fontaines* à un Ministre d'Etat ; le Ministre eut beau lui dire qu'il n'en voyait pas la nécessité, *Des Fontaines* vécut ; & tant qu'il y aura une pistole à gagner dans ce métier, il y aura des **** qui décrieront les Beaux-Arts & les bons Artistes.

L'envie veut mordre, l'intérêt veut gagner ; c'est-là ce qui excita tant d'orages contre le *Tasse*, contre le *Guarini* en Italie, contre *Driden*, & contre *Pope* en Angleterre ; contre *Corneille*, *Racine*, *Moliere*, *Quinault*, en France. Que n'a point essuyé de nos jours votre célébre *Goldoni !* & si vous remontez aux Romains & aux Grecs, voyez les Prologues de *Térence*, dans lesquels il apprend à la postérité, que les hommes de son tems étaient faits comme ceux du nôtre, *tutto l' mondo e fatto com' la nostra famiglia*. Mais remarquez, Monsieur, pour la consolation des grands Artistes, que les persécuteurs sont assurés du mépris & de l'horreur du genre humain, & que les bons ouvrages demeurent. Où sont les Ecrits des ennemis de *Térence* & les feuilles des *Bavius* qui insultèrent *Virgile*? Où sont les impertinences des rivaux du *Tasse*, & des rivaux de *Corneille* & de *Moliere*?

Qu'on est heureux, Monsieur, de ne point voir toutes ces miseres, toutes ces indignités, & de cultiver en paix les arts d'*Apollon*, loin des *Marsias* & des *Midas*! Qu'il est doux de lire *Virgile* & *Homere*, en foulant à ses pieds les *Bavius* & les *Zoïles*; & de se nourrir d'ambroisie, quand l'Envie mange des couleuvres.

Despréaux disait autrefois en parlant de la rage des cabales:

Qui méprise Cotin, n'estime point son Roi,
Et n'a, selon Cotin, ni Dieu, ni Foi, ni Loi.

Le grand *Corneille*, c'est-à-dire, le premier homme par qui la France littéraire commença à être estimée en Europe, fut obligé de répondre ainsi à ses ennemis littéraires, (car les Auteurs n'en ont point d'autres.) *Je déclare que je soumets tous mes Ecrits au jugement de l'Eglise: je doute fort qu'ils en fassent autant.*

Je prends la liberté de dire ici la même chose que le grand *Corneille*, & il m'est agréable de le dire à un Sénateur de la seconde Ville de l'Etat du Saint-Pere; il est doux encore de le dire dans des terres aussi voisines des hérétiques que les miennes. Plus je suis rempli de charité pour leurs personnes & d'indulgence pour leurs erreurs, plus je suis ferme dans ma foi. Mes ouvrages sont la *Henriade*, qui peut-être ne déplairait pas au Roi qui en est le Héros, s'il revenait dans le monde; & qui ne déplait pas au digne héritier de ce bon Roi. J'ai donné quelques Tragédies, médiocres à la vérité, mais qui toutes sont morales, & dont quelques-unes sont Chrétiennes ; j'ai écrit l'Histoire de *Louis XIV.*, dans laquelle j'ai célébré ma Nation sans la flatter ; j'ai fait un essai sur l'Histoire Générale, dans lequel je n'ai eu d'autre intention que de rendre une exacte justice à toutes les vertus, & à tous les vices ; une Histoire de *Charles XII*; une de *Pierre le Grand*, fondées toutes les deux sur les monumens les plus authentiques ; ajoutez-y une légere explication des découvertes de *Newton* dans un tems où elles étaient très-peu connues en France. Ce sont-là, s'il m'en souvient, à peu près tous mes véritables Ouvrages, dont le seul mérite consiste dans l'amour de la vérité & de l'humanité.

Presque tout le reste est un recueil de bagatelles, que les Libraires ont souvent imprimées sans ma participation. On donne tous les jours sous mon nom des choses que je ne connais pas. Je ne réponds de rien. Si *Chapelain* a composé dans le siécle passé le beau poëme de la *Pucelle* ; si dans celui-ci une société de jeunes gens s'amusa, il y a trente ans, à faire une autre *Pucelle* ; si je fus admis dans cette société ; si j'eus peut-être la complaisance de me prêter à ce badinage, en y insérant les choses honnêtes & pudiques qu'on trouve par-ci, par-là dans ce rare ouvrage dont il ne me souvient plus du tout, je ne réponds en aucune façon d'aucune *Pucelle* : je nie d'avance à tout délateur que j'aie jamais vû une *Pucelle*. On en a imprimé une qui a été faite apparemment à la place Maubert ou aux Halles. Ce sont les aventures & le langage de ce

A M. ALBERGATI CAPACELLI.

pays-là; ceux qui ont été assez idiots pour s'imaginer qu'ils pouvaient me nuire en publiant sous mon nom cette rapsodie, devraient sçavoir que quand on veut imiter la maniere d'un peintre de l'école du *Titien* & du *Corrége*, il ne faut pas lui attribuer une enseigne de cabaret de village (1).

On sçait assez quel est le malheureux qui a voulu gagner de l'argent, en imprimant sous le titre de la *Pucelle d'Orleans* un ouvrage abominable; on le reconnaît assez au nom de *Luther* & de *Calvin* dont il parle sans cesse, & qui certainement ne devaient pas être placés sous le regne de *Charles VII*. On sçait que c'est un Calviniste du Languedoc, qui a

---

(1) Voici des vers de ce prétendu Poëme, intitulé *la Pucelle.*

Chandos suant & soufflant comme un bœuf.

. . . .
. . . .
. . . .
. . . .

Monsieur de Voltaire rapporte quelques vers; mais on nous permettra de les supprimer, par la même raison qu'ils sont d'une licence extrême, & certainement indignes du pinceau d'un tel maître. On n'a qu'à voir ce qui en a été dit dans le Journal Encyclopédique du premier Janvier 1756, & qui se trouve vérifié par l'assertion de M. de Voltaire. Après la citation, il ajoute la note suivante.

» Il y a mille autres vers plus infames, & plus encore
» dans le style de la plus vile canaille, & que l'honnêteté
» ne permet pas de rapporter. C'est-là ce qu'un miséra-
» ble ose imputer à l'Auteur de *la Henriade*, de *Mérope*,
» & d'*Alzire*.

falsifié les Lettres de Madame de *Maintenon*, qui l'outrage indignement dans sa rapsodie de la *Pucelle* ; qui a inséré dans cette infamie des vers contre les personnes les plus respectables, contre le Roi même, qui a été deux fois en prison à Paris pour de pareilles horreurs, & qui est aujourd'hui exilé ; les hommes qui se distinguent dans les Arts, n'ont presque jamais que de tels ennemis.

Quant à quelques Messieurs, qui sans être Chrétiens, inondent le Public depuis quelques années de satyres Chrétiennes, qui nuiraient, s'il était possible, à notre Religion, par les ridicules appuis qu'ils osent prêter à cet édifice inébranlable ; enfin, qui la deshonorent par leurs impostures : si on faisait jamais quelque attention aux libelles de ces nouveaux *Garasses*, on pourrait leur faire voir qu'on est aussi ignorant qu'eux, mais beaucoup meilleur Chrétien qu'eux.

C'est une plaisante idée qui a passé par la tête de quelques barbouilleurs de notre siécle, de crier sans cesse que tous ceux qui ont quelque esprit ne sont pas Chrétiens ! Pensent-ils rendre en cela un grand service à notre Religion ? Quoi ! la saine doctrine, c'est-à-dire, la Doctrine Apostolique & Romaine, ne seroit-elle, selon eux, que le partage des sots ? *Sans penser être quelque chose*, je ne pense pas être un sot ; mais il me semble que si je me trouvais jamais avec l'Abbé G*** dans la rue (1), (car je ne peux le rencontrer que là) je lui

---

(1) L'Abbé G*** auteur d'un libelle détestable, intitulé l'*Oracle des Philosophes*.

dirais, mon ami, de quel droit prétends-tu être meilleur Chrétien que moi ? Est-ce parce que tu affirmes dans un livre aussi plat que calomnieux, que je t'ai fait bonne chere, quoique tu n'ayes jamais dîné chez moi ? Est-ce parce que tu as révélé au public, c'est-à-dire à quinze ou seize lecteurs oisifs, tout ce que je t'ai dit du Roi de Prusse, quoique je ne t'aye jamais parlé, & que je ne t'aye jamais vu ? Ne sçais-tu pas que ceux qui mentent sans esprit, ainsi que ceux qui mentent avec esprit, n'entreront jamais dans le Royaume des Cieux ?

Je te prie d'exprimer l'unité de l'Eglise, & l'invocation des Saints mieux que moi.

> L'Eglise toujours une, & par-tout étendue;
> Libre, mais sous un chef, adorant en tout lieu;
> Dans le bonheur des Saints, la grandeur de son Dieu.

Tu me feras encore plaisir de donner une idée plus juste de la Transsubstantiation que celle que j'en ai donnée.

> Le Christ, de nos péchés victime renaissante;
> De ses élus chéris nourriture vivante,
> Descend sur les autels à ses yeux éperdus;
> Et lui découvre un Dieu sous un pain qui n'est plus.

Crois-tu définir plus clairement la Trinité qu'elle ne l'est dans ces vers ?

> La puissance, l'amour, avec l'intelligence;
> Unis & divisés, composent son essence.

Je t'exhorte, toi & tes semblables, non-seulement à croire les dogmes que j'ai chantés en vers; mais à remplir tous les devoirs que j'ai enseignés en prose, à ne te jamais écarter du centre de l'unité, sans quoi il n'y a plus que trouble, confusion, anarchie. Mais ce n'est pas assez de croire, il faut faire : il faut être soumis dans le spirituel à son Evêque, entendre la Messe de son Curé, communier à sa Paroisse, procurer du pain aux Pauvres. Sans vanité, je m'acquitte mieux que toi de ces devoirs, & je conseille à tous les polissons qui crient, d'être Chrétiens, & de ne point crier. Ce n'est pas encore assez, je suis en droit de te citer *Corneille*.

Servez bien votre Dieu, servez votre Monarque.

Il faut pour être bon Chrétien, être surtout bon Sujet, bon Citoyen; or, pour être tel, il faut n'être ni Janséniste, ni Moliniste, ni d'aucune faction; il faut respecter, aimer, servir son Prince; il faut quand notre Patrie est en guerre, ou aller se battre pour elle, ou payer ceux qui se battent pour nous. Il n'y a pas de milieu. Je ne peux pas plus m'aller battre à l'âge de soixante & sept ans, qu'un Conseiller de Grand-Chambre; il faut donc que je paye sans la moindre difficulté, ceux qui vont se faire estropier pour le service de mon Roi, & pour ma sûreté particuliere.

J'oubliais vraiment l'article du pardon des injures. Les injures les plus sensibles, dit-on, sont les railleries; je pardonne de tout mon cœur à tous ceux dont je me suis moqué.

Voilà, Monsieur, à peu près ce que je dirais à tous ces petits Prophétes du coin, qui écrivent contre le Roi, contre le Pape, & qui daignent quelquefois écrire contre moi & contre des personnes qui valent mieux que moi. J'ai le malheur de ne point regarder du tout comme des Peres de l'Eglise, ceux qui prétendent qu'on ne peut croire en Dieu sans croire aux convulsions, & qu'on ne peut gagner le Ciel qu'en avalant des cendres du cimetiere de *Saint Médard*, en se faisant donner des coups de buche dans le ventre, & des claques sur les fesses. (1) Pour moi, je crois que si on gagne le Ciel, c'est en obéissant aux puissances établies de Dieu, & en faisant du bien à son prochain.

Un Journaliste a remarqué que je n'étais pas adroit, puisque je n'épousais aucune faction, & que je me déclarais également contre tous ceux qui veulent former des partis. Je fais gloire de cette maladresse ; ne soyons ni à *Apollo*, ni à *Paul*, mais à Dieu seul, & au Roi que Dieu nous a donné. Il y a des gens qui entrent dans un parti pour être quelque chose ; il y en a d'autres qui existent sans avoir besoin d'aucun parti.

Adieu, Monsieur, je pensais ne vous envoyer qu'une Tragédie, & je vous ai envoyé ma profession de foi. Je vous quitte pour aller à la Messe de minuit avec ma famille & la petite niéce du grand *Corneille*. Je suis fâché d'avoir chez moi quelques Suisses qui n'y vont pas ; je travaille à les ramener au giron, & si Dieu veut que je vive encore deux ans, j'espere aller baiser les pieds du

---

(1) Ce sont les mysteres des Janfénistes convulsionnaires.

St. Pere avec les Huguenots que j'aurai convertis, & gagner les indulgences.

In tanto la prego di gradire gli auguri di felicità ch'io le reco nella congiuntura delle proffime fante feste Natalizie.

LETTRE A M. D'ARGET.

De Laufanne, le 8 Janvier 1758.

Vous demandez, mon cher ami & compagnon de Postdam, comment Cynéas s'est accommodé avec Pyrrhus. C'est premierement, que Pyrrhus fit un Opéra de ma Tragédie de *Mérope*, & me l'envoya : c'est qu'ensuite il eut la bonté de m'offrir sa Clef, qui n'est pas celle du Paradis; & toutes ses faveurs, qui ne conviennent plus à mon âge : c'est qu'une de ses sœurs, qui m'a toujours conservé ses bontés, a été le lien de ce petit commerce qui se renouvelle entre le Héros, Poëte, Philosophe, Guerrier brillant, fier, modeste Roi, & le Suisse Cynéas, retiré du monde. Vous devriez bien venir faire quelque tour dans nos retraites, soit de Lausanne, soit des Délices ; nos conversations pourraient être amusantes. Il n'y a point de plus bel aspect dans le Monde, que celui de ma maison. Figurez-vous quinze croisées de face, en ceintre; un canal de douze grandes lieues de long, que l'œil enfile d'un côté, & un autre de quatre à cinq lieues ; une terrasse qui domine sur cent jardins ; ce même lac qui présente un vaste miroir au bout des miens ; les campagnes de Savoye au-delà du même lac, couronnées des Alpes, qui s'élevent jusqu'au ciel en amphithéâtre ; enfin, une maison où je ne suis incommodé que des mouches au milieu des plus rigoureux hivers. Madame Denis l'a ornée avec le goût d'une Parisienne. Nous y faisons beaucoup meilleure chere que Pyrrhus ; mais il faudrait un estomac : c'est un point sans lequel il est difficile à Pyrrhus & à Cynéas d'être heureux. Nous répétâmes hier une Tragédie ; si vous voulez un rôle, vous n'avez qu'à venir. C'est ainsi que nous oublions les querelles des Rois & celles des gens de Lettres, les unes affreuses, les autres ridicules. On nous a donné la nouvelle prématurée d'une bataille entre M. le Maréchal de Richelieu & le Prince de Brunswick. Il est vrai que j'ai gagné aux échecs, à ce Prince, une cinquantaine de louis ; mais on peut perdre aux échecs, & gagner à un jeu où l'on a pour seconds trente mille bayonnettes. Je conviens, avec vous, que le Roi de Prusse a la vûe basse ; mais il a le premier des talens au jeu qu'il joue, la célérité. Le fonds de son armée a été discipliné pendant quarante ans. Songez comment doivent combattre des machines régulieres, vigoureuses, aguerries, qui voient leur Roi tous les jours, qui sont connues de lui, & qu'il exhorte chapeau bas à faire leur devoir. Souvenez-vous comment ces drôles-là font le pas de côté & le redoublé ; comment ils escamottent la cartouche ; comment ils tirent six à sept coups par minute. Enfin, leur Maître croyait tout perdu il y a trois mois ; il voulait mourir ; il me faisait ses adieux en vers & en prose ; & le voilà qui, par sa célérité

& la discipline de ses soldats, gagne deux grandes batailles dans un mois; court aux Français, vole aux Autrichiens, reprend Breslau, fait quarante mille prisonniers, & des Epigrammes. Nous verrons comment finira cette sanglante tragédie, si vive & si compliquée. Heureux qui regarde d'un œil tranquille ces grands événemens du meilleur des Mondes possibles! Je suis, &c.

LETTRE

A M. LE MARQUIS D'ADEMANT,

Grand-Maître de la Maison de Madame la Margrave de BAREITH.

IL n'est chere que de vilain, M. le Grand-Maître. Vous écrivez rarement; mais aussi, quand vous vous y mettez, vous écrivez des Lettres charmantes. Vous n'avez pas perdu le talent de faire de jolis vers; les talens ne se rouillent pas auprès de votre adorable Princesse.

Pour moi dans la retraite où la raison m'attire,
  Je goûte en paix la liberté;
  Cette sage Divinité
 Que tout Mortel, ou regrette, ou désire,
  Fait ici ma félicité.
Indépendant, heureux, au sein de l'abondance,
  Et dans les bras de l'amitié,
Je ne puis regretter ni Berlin, ni la France;

A M. D'ADEMANT.

  Et je regarde avec pitié
Les Traités frauduleux, la sourde inimitié,
  Et les fureurs de la vengeance.
Mes vins, mes fruits, mes fleurs, ces campagnes, les eaux,
Mes fertiles vergers & mes rians berceaux,
Trois fleuves que de loin mon œil charmé contemple,
Mes Pénates brillans fermés aux envieux ;
  Voilà mes Rois, voilà mes Dieux ;
Je n'ai point d'autre Cour, je n'ai point d'autre Temple,
  Loin des Courtisans dangéreux,
  Loin des Fanatiques affreux,
L'étude me soutient, la raison m'illumine ;
Je dis ce que je pense & fais ce que je veux ;
  Mais vous êtes bien plus heureux,
  Vous vivez près de Wilhelmine.

Vous devez recevoir inceſſamment un Chambellan de S. A. R., qui eſt preſque auſſi malade que moi ; mais qui eſt preſque auſſi aimable que vous : j'ai eu l'honneur de le poſſéder quelquefois dans mon Hermitage des Délices, où nous avons bû à votre ſanté. Madame Denis, compagne de ma retraite & de ma vie heureuſe, vous aime toujours, & vous fait les plus tendres complimens. Je vous fais les miens ſur votre dignité de Grand-Maître. Souvenez-vous que j'ai été aſſez heureux pour poſer les premieres piéces de cet édifice ; ne m'oubliez jamais auprès de Monſeigneur & de S. A. R. Je voudrais leur pouvoir faire ma cour encore une fois avant que de mourir. Ils ont un frere qu'il faudra toujours regarder comme un grand homme, quoi qu'il en arrive ; & dont j'ambitionnerai toujours les bontés, quoi qu'il soit arrivé. Comptez, Monsieur, sur ma tendre amitié, & sur tous les sentimens qui m'attacheront à vous pour jamais. Le Suisse VOLTAIRE.

LETTRE
A M. L'ABBÉ DE VOISENON,

Qui avait envoyé à l'Auteur son Motet Français :
LES ISRAÉLITES SUR LA MONTAGNE D'OREB.

Mon cher Evêque (1), j'ai été enchanté de votre souvenir, & de votre beau Mandement Israélite. On ne peut pas mieux demander à boire : c'est dommage que Moïse n'ait donné à boire que de l'eau à ces pauvres gens ; mais je me flatte que vous ferez, pour Pâques prochain, au moins une Nôce de Cana. Ce miracle est bien au-dessus de l'autre ; & rien ne vous manquera plus, quand vous aurez appaisé la soif des buveurs de l'Ancien & du Nouveau Testament. Franchement, votre petit ouvrage est très-bien fait & très-lyrique. Mondonville doit vous avoir beaucoup d'obligation ; & j'ai plus de soif de vous revoir, que vous n'en avez de venir à mes petites Délices. Mais ce n'est pas aux Délices qu'il fallait venir ; c'est à Lausanne. Madame Denis

---

(1) L'Abbé de Voisenon avait signé sa Lettre l'*Evêque de Montrouge*, maison qui appartient à M. le Duc de la Valiere.

A M. L'ABBÉ DE VOISENON.

y à la même réputation que Mademoiselle Clairon a dans votre pays. Vous seriez assez étonné de voir des Pieces nouvelles en Suisse, & mieux jouées en général qu'elles ne le seraient à Paris : c'est à quoi nous avons passé notre hiver, pour nous dépiquer du malheur de nos armées. Nous vous aurions très-bien logé ; nous vous aurions fait manger force gélinotes & de grosses-têtes ; nous vous aurions crevé, & M. Tronchin vous aurait guéri. Mais vous n'êtes pas un Prêtre à faire une mission chez nous autres hérétiques ; jamais votre zele ne sera assez grand pour venir sur notre beau lac de Geneve. Je vous avertis pourtant qu'il y a de très-jolies femmes à convertir dans Lausanne. Madame Denis se souvient toujours de vous avec bien de l'amitié, & n'en compte pas sur vous davantage. Vous nous écrivez une fois en cinq ans; nous reconnaissons là les mœurs de Paris : encore est-ce beaucoup que dans vos dissipations, vous vous soyez ressouvenu de vos amis, qui ne vous oublient jamais ; & qui sçavent, autant que vos Parisiennes, combien vous êtes aimable. Nous ne regrettons pas beaucoup de choses ; mais nous regrettons toujours le très-aimable & très-volage Evêque de Montrouge.

LETTRE
AU SIEUR JORE, LIBRAIRE.

Vous me mandez, Monsieur, qu'on vous donnera des Lettres de grace, qui vous rétabliront dans votre maîtrise, en cas que vous disiez la vérité qu'on exige de vous sur le Livre en question (1), ou plutôt dont il n'est plus question.

Un de mes amis, très-connu, ayant fait imprimer ce Livre en Angleterre, uniquement pour son profit, suivant la permission que je lui en avais donnée, vous en fites de concert avec moi une édition en 1730.

Un des hommes les plus respectables du Royaume, sçavant en Théologie comme dans les belles Lettres, m'avait dit en présence de dix personnes, chez Madame de Fontaine Martel, qu'en changeant seulement vingt lignes dans l'ouvrage, il mettrait son Approbation au bas. Sur cette confiance, je vous fis achever l'édition. Six mois après, j'appris qu'il se formait un parti pour me perdre, & que d'ailleurs M. le G. D. S. ne voulait pas que l'ouvrage parût. Je priai alors un Conseiller au Parlement de Rouen de vous engager à lui remettre toute l'édition. Vous ne voulûtes pas la lui confier, vous lui dites que vous la déposeriez ailleurs, & qu'elle ne paraîtrait jamais sans la permission des Supérieurs.

Mes allarmes redoublerent quelque tems après, sur-tout lorsque vous vintes à Paris. Alors, je vous fis venir chez M. le Duc de R***, je vous avertis que vous seriez perdu si l'édition paraissait, & je vous dis expressément que je serais obligé de vous dénoncer moi-même. Vous me jurâtes qu'il ne paraîtrait aucun exemplaire ; mais vous me dites que vous aviez besoin de 1500 livres ; je vous les fis prêter sur le champ par le sieur Paquier, Agent de

---

(1) Les Lettres Philosophiques.

AU SIEUR JORE.

Change, rue Quinquempoix, & vous renouvellâtes la promesse d'ensévelir l'édition.

Vous me donnâtes seulement deux exemplaires, dont l'un fut prêté à Madame de ***; & l'autre, tout décousu, fut donné à F**, Libraire, qui se chargea de le faire relier pour Monsieur ***, à qui il devait être confié pour quelques jours.

F**, par la plus lâche des perfidies, copia le Livre toute la nuit, avec R** petit Libraire de Paris; & tous deux le firent imprimer secretement. Ils attendirent que je fusse à la campagne, à soixante lieues de Paris, pour mettre au jour leur larcin. La premiere édition qu'ils en firent était presque débitée, & je ne sçavais pas que le Livre parût. J'appris cette triste nouvelle, & l'indignation du Gouvernement. Je vous écrivis sur le champ plusieurs Lettres, pour vous dire de remettre toute votre édition à M. Rouillé, & pour vous en offrir le prix. Je ne reçus point de réponse : vous étiez à la Bastille. J'ignorais le crime de F**. Tout ce que je pus faire alors fut de me renfermer dans mon innocence & de me taire.

Cependant R**, ce petit Libraire, fit en secret une nouvelle édition, & F** jaloux du gain que son cousin allait faire, joignit à son premier crime celui de faire dénoncer son cousin R**. Ce dernier fut arrêté, cassé de Maîtrise, & son édition confisquée.

Je n'appris ce détail que dans un séjour de quelques semaines que je vins faire, malgré moi, à Paris pour mes affaires.

J'eus la conviction du crime de F**. J'en dressai un Mémoire pour M. Rouillé. Cependant cet homme a joui du fruit de sa méchanceté impunément. Voilà tout ce que je sçais de cette affaire. Voilà la vérité devant Dieu & devant les hommes. Si vous en retranchiez la moindre chose, vous seriez coupable d'imposture. Vous y pouvez ajoûter des faits que j'ignore ; mais tous ceux que je viens d'articuler sont essentiels. Vous pouvez supplier votre Protecteur de montrer ma Lettre à Monseigneur le Garde des Sceaux ; mais sur-tout prenez bien garde à votre démarche, & songez qu'il faut dire la vérité à ce Ministre.

Pour moi, je suis si las de la méchanceté & de la perfidie des hommes, que j'ai résolu de vivre désormais dans la retraite, & d'oublier leurs injustices & mes malheurs.

A l'égard d'Alzire, c'est au Sieur des ** qu'il faut s'adresser. Je ne vends point mes ouvrages, je ne m'occupe que du soin de les corriger : ceux à qui j'en ai donné le profit s'accommoderont sans doute avec vous. Je suis entierement à vous, &c.

A Cirey, ce 24 Mars 1736.

LETTRE

A M. DE MAUPERTUIS.

A Cirey Kitis, 22 Mai 1738.

Je viens de lire, Monsieur, une histoire & un morceau de Physique plus intéressans que tous les Romans : Madame du Châtelet va le lire, elle en

A M. DE MAUPERTUIS.

est plus digne que moi ; il faut au moins pendant qu'elle aura le plaisir de s'instruire, avoir celui de vous remercier.

Il me semble que votre Préface est très-adroite ; qu'elle fait naître dans l'esprit du Lecteur du respect pour l'importance de l'entreprise ; qu'elle intéresse les Navigateurs, à qui la figure de la Terre était assez indifférente ; qu'elle insinue sagement les erreurs des anciennes mesures, & l'infaillibilité des vôtres ; qu'elle donne une impatience extrême de vous suivre en Laponie.

Dès que le Lecteur y est avec vous, il croit être dans un pays enchanté, dont les Philosophes sont les Fées. Les Argonautes qui s'en allèrent commercer dans la Crimée, & dont la bavarde Grece a fait des Demi-Dieux, valoient-ils, je ne dis pas les Clairauts, les Camus & les Moniers, mais les Dessinateurs qui vous ont accompagné ? On les a divinisés ; & vous, quelle est votre récompense ? Je vais vous la dire ; l'estime des connaisseurs, qui vous répond de celle de la postérité. Soyez sûr que les suffrages des Etres pensans du dix-huitieme siécle sont fort au-dessus des Apothéoses de la Grece.

Je vous suis avec transport, & avec crainte, à travers vos cataractes, & sur vos montagnes de glaces. Certainement vous sçavez peindre ; il ne tenait qu'à vous d'être notre plus grand Poëte, comme notre plus grand Mathématicien ; si vos opérations sont d'Archimede, & votre courage de Christophle Colomb, votre description des neiges de Tornea est de Michel-Ange, & celle des especes d'aurores boréales est de l'Albane. Tout ce qui m'étonne, c'est que vous n'avez pas voulu nous dire la raison pourquoi un ciel si charmant couvroit une terre si affreuse. Eh ! bien, moi qui la sçais, (& c'est la seule chose que je sçache mieux que vous,) je vais vous la dire.

    Lorsque la Vérité sur les gouffres de l'onde,
Dirigeait votre course aux limites du Monde,
Tout le Nord tressaillit, tout le Conseil des Dieux
Descendit de l'Olympe, & vint sur l'Hémisphere,
Contempler à quel point les enfans de la Terre
Oseraient pénétrer dans les secrets des Cieux.
Iris y déployait sa charmante parure,
Dans cet arc lumineux que nous peint la Nature;
Prodige pour le Peuple, & charme de nos yeux.

Pour la seconde fois oubliant sa carriere,
Détournant ses chevaux, & son char de rubis,
Le pere des Saisons franchissait sa barriere;
Il vint, il tempéra les traits de sa lumiere;
Il avança vers nous, tel qu'il parut jadis,
Lorsque dans son palais il embrassa son fils;
Son fils qui, moins que vous, lui parut téméraire.

Atlas par qui le Ciel fut, dit-on, soutenu,
Aux champs de Tornea parut avec Hercule;
On vante en vain leurs noms chez la Grece crédule;
Ils ont porté le Ciel, & vous l'avez connu.
Hercule, en vous voyant, s'étonna que l'Envie,
Dans les glaces du Nord, expirât sous vos coups;
Lui qui ne put jamais terrasser dans sa vie
Cet ennemi des Dieux, des Héros, & de vous.

A M. DE MAUPERTUIS.

Dans ce Conseil divin, Newton parut sans doute.
Descartes précédait, incertain dans sa route,
Tel qu'une faible aurore, après la triste nuit,
Annonce les clartés du soleil qui la suit.
Il cherchait vainement dans le sein de l'espace,
Ces Mondes infinis qu'enfanta son audace,
Ces tourbillons divers, & ces trois élémens,
Chimériques appuis du plus beau des Romans ;
Mais le Sage de Londre, & celui de la France,
S'unissaient à vanter votre entreprise immense.
Tous les tems à venir en parleront comme eux ;
Poursuivez, éclairez ce siécle & nos neveux,
Et que vos seuls travaux soient votre récompense.
Il n'appartient qu'à vous, après de tels exploits,
De ne point accepter les dons des plus grands Rois. (1)
Est-ce à vous d'écouter l'ambition funeste,
Et la soif des faux biens dont on est captivé ?
Un instant les détruit ; mais la vérité reste ;
Voilà le seul trésor, & vous l'avez trouvé.

Je laisse à Madame du Châtelet, la plus digne amie assurément que vous ayez, le soin de vous dire combien de sortes de plaisirs votre excellent ouvrage nous causa ; ce qu'il y a de très-triste, c'est que son succès infaillible vous arrêtera dans Paris, & nous privera de vous.

Nous apprenons dans l'instant par votre Lettre, que vos succès ne vous retiennent point à Paris ; mais que la sensibilité de votre cœur vous fait partir

---

(1) M. de Maupertuis avait refusé une pension.

pour Saint-Malo. Comment faites-vous avec cet esprit sublime, pour avoir aussi un cœur ? Je ne vous ai point envoyé mon ouvrage (1), parce que je ne l'avais point ; il vient enfin de m'en venir un exemplaire de Paris : on ne peut pas imprimer un Livre avec moins d'exactitude ; cela fourmille de fautes. Les ignorans pour lesquels il était destiné, ne pourront les corriger, & les Sçavans me les attribueront.

Je ne suis ni surpris, ni fâché que l'Abbé Desfontaines essaye de donner des ridicules à l'attraction. Un homme entiché comme lui, & qui est d'ailleurs aussi peu Physicien, doit toujours pécher contre nature.

J'ai lû le Livre de M. Algaroti. Il y a, comme de raison, plus de tours & de pensées, que de vérités. Je crois qu'il réussira en Italien ; mais je doute qu'en Français, l'amour d'un Amant qui décroît en raison du cube de la distance de sa Maîtresse, & du quarré de l'absence, plaise aux esprits bien faits, qui ont été choqués de la beauté blonde du Soleil, & de la beauté brune de la Lune, dans le Livre *des Mondes* (2). Ce Livre a besoin d'un Traducteur excellent ; mais celui qui est capable de traduire bien, s'amuse-t-il à traduire ?

J'apprends dans le moment qu'on réimprime mon maudit ouvrage ; je vais sur le champ me mettre à le corriger ; il y a mille contre-sens dans

―――――――――――――――――――――――――――

(1) Les Elémens de la Philosophie de Newton.
(2) M. de Fontenelle n'a point dit la beauté blonde du Soleil, & la beauté brune de la Lune ; mais la beauté blonde du Jour, & la beauté brune de la Nuit.

À M. DE MAUPERTUIS.

l'impression : j'ai déjà corrigé les fautes de l'Editeur sur la lumiere; mais si vous vouliez consacrer deux heures à me corriger les miennes, & sur la lumiere & sur la pesanteur, vous me rendriez un service dont je ne perdrais jamais le souvenir. Je suis si pressé par le tems, que j'en ai la vûe toute éblouie : le torrent de l'avidité des Libraires m'entraîne; je m'adresse à vous pour n'être point noyé. La femme de l'Europe la plus digne, & la seule digne peut-être de votre société, joint ses prieres aux miennes. On ne vous supplie point de perdre beaucoup de tems ; & d'ailleurs est-ce le perdre que de catéchiser son Disciple ? C'est à vous à dire, quand vous n'aurez pas instruit quelqu'un, *amici, diem perdidi.*

Comptez que Cirey sera à jamais le très-humble serviteur de Kittis. Ma main ne vous a point écrit, parce que je suis dans mon lit; mais mon cœur vous dit que je vous aimerai toute ma vie, autant que je vous admirerai.

Je crois que je viens de corriger assez exactement les fautes touchant la lumiere : je tremble de vous importuner ; mais au nom de Newton, & d'Emilie, un petit mot sur la pesanteur & sur la fin de l'ouvrage (1).

---

(1) Ces cinq lignes étaient de la main de Madame du Châtelet.

LETTRE
DE M. DE LA CONDAMINE
A M. DE VOLTAIRE.

TANDIS que ta rapide plume
Comprend LOUIS LE GRAND dans un petit volume,
Mon triste voyage à *Quito*,
Chez moi, devient un *in-quarto* ;
Un fils de saint Benoît, j'en jure,
En eût fait un *in-folio* ;
Voltaire, inspiré par Clio,
A peine une mince brochure :
Encor de mon heureux destin
Je pourrais au Ciel rendre grace,
Si jugeant l'Auteur par la masse
Du Livre qui sort de sa main,
On reglait son rang & sa place ;
J'aurais alors sur le Parnasse
Mon logis à moitié chemin
De Voltaire au Bénédictin.

En vous envoyant mon Voyage, Monsieur, je me garderai bien de vous prier d'entreprendre la lecture de ma Relation, moins encore celle des Pieces justificatives. Je sens trop combien vous y perdriez de tems ; & si je croyais que vous pussiez en être tenté, je vous dirais :

De jours si bien remplis les momens sont trop courts ;
Ne me lisez jamais, mais écrivez toujours.

DE M. DE LA CONDAMINE.

C'est à Voltaire seul d'écrire,
A nous de lire, & de relire,
Jour & nuit, sa prose & ses vers;
Tous les momens où repose sa lyre
Sont dûs à FRÉDÉRIC, le reste à l'Univers.

RÉPONSE DE M. DE VOLTAIRE.

GRAND-MERCI, cher *la Condamine*,
Du beau présent de l'Equateur,
Et de votre Lettre badine,
Jointe à la profonde doctrine
De votre esprit calculateur.
Eh! bien, vous avez vû l'Afrique,
Constantinople, l'Amérique,
Tous vos pas ont été perdus.
Voulez-vous faire enfin fortune;
Hélas! il ne vous reste plus
Qu'à faire un voyage à la Lune.
On dit qu'on trouve en son pourpris
Ce qu'on perd aux lieux où nous sommes;
Les services rendus aux hommes,
Et les biens faits à son pays.

PROLOGUE
A L'OCCASION DU MARIAGE
DE MONSEIGNEUR
LE DAUPHIN.

*L'INVENTEUR des Beaux-Arts, le Dieu de la lumiere,
Descend du haut des Cieux dans le plus beau séjour
Qu'il puisse contempler en sa vaste carriere.
  La Gloire, l'Hymen & l'Amour,
  Astres charmans de cette Cour,
  Y répandent plus de lumiere
  Que le flambeau du Dieu du Jour.
J'envisage en ces lieux le bonheur de la France,
Dans ce Dieu qui commande à tant de cœurs soumis :
Mais, tout Dieu que je suis, & Dieu de l'Eloquence,
  Je ressemble à ses ennemis,
  Je suis timide en sa présence.
  Faut-il qu'ayant tant d'assurance,
  Quand je fais entendre son nom,
Il ne m'inspire ici que de la défiance ?
  Tout grand homme a de l'indulgence,
  Et tout Héros aime Apollon.

---

* C'est le Soleil qui parle.

PROLOGUE.

Qui rend son siécle heureux, veut vivre en la mémoire.
Pour mériter Homere, Achille a combattu.
  Si l'on dédaignait trop la gloire,
  On chérirait peu la vertu.

  O vous, qui lui rendez tant de divers hommages, (1)
Vous qui le couronnez, & dont il est l'appui;
N'espérez pas pour vous avoir tous les suffrages
  Que vous réunissez pour lui.
Je sçais que de la Cour la science profonde
  Serait de plaire à tout le monde :
C'est un art qu'on ignore; & peut-être les Dieux
En ont cédé l'honneur au Maître de ces lieux.
Muses, contentez-vous de chercher à lui plaire;
Ne vantez point ici d'une voix téméraire
La douceur de ses loix, les efforts de son bras :
  Thémis, la Prudence, Bellone,
  Conduisant son cœur & ses pas;
La Bonté généreuse assise sur son Trône,
Le Rhin libre par lui, l'Escaut épouvanté,
Les Appenins fumans que sa foudre environne;
Laissons ces entretiens à la Postérité,
Ces leçons à son Fils, cet exemple à la Terre.
Vous graverez ailleurs dans les fastes des tems
  Tous ces horribles monumens,
  Dressés par les mains de la Guerre.
Célébrez aujourd'hui l'hymen de ses enfans,
Déployez l'appareil de vos jeux innocens.

---

(1) Ces Vers s'adressent aux Beaux-Arts & aux Muses personnifiés.

*

PROLOGUE.

L'objet qu'on desirait, qu'on admire & qu'on aime,
Jette déjà sur vous des regards bienfaisans.
On est heureux sans vous ; mais le bonheur suprême
  Veut encor des amusemens.
Cueillez toutes les fleurs, & parez-en vos têtes ;
Mêlez tous les plaisirs, unissez tous les jeux,
Souffrez le plaisant même ; il faut de tout aux fêtes,
Et toujours les Héros ne sont pas sérieux.
Enchantez un loisir, hélas ! trop peu durable ;
Ce peuple de Guerriers, qui ne paraît qu'aimable,
Vous écoute un moment & revole aux dangers.
Leur Maître, en tous les tems, veille sur la Patrie.
Les soins sont éternels, ils consument la vie ;
  Les plaisirs sont trop passagers.
Il n'en est pas ainsi de la vertu solide,
Cet hymen l'éternise ; il assure à jamais
A cette race auguste, à ce peuple intrépide
  Des victoires & des bienfaits.

 Muses, que votre zele à mes ordres réponde,
Le cœur plein des beautés dont cette Cour abonde,
Et que ce jour illustre assemble autour de moi,
Je vais voler au Ciel, à la source féconde
  De tous les charmes que je voi ;
  Je vais, ainsi que votre Roi,
Recommencer mon cours pour le bonheur du Monde.

LETTRES

Ecrites en 1719, qui contiennent la Critique de l'ŒDIPE de Sophocle, de celui de Corneille, & de celui de l'Auteur.

LETTRE PREMIERE.

Je vous envoie, Monsieur, ma Tragédie d'Œdipe, que vous avez vû naître. Vous sçavez que j'ai commencé cette Piéce à dix-neuf ans. Si quelque chose pouvait faire pardonner la médiocrité d'un ouvrage, ma jeunesse me servirait d'excuse. Du moins malgré les défauts dont cette Tragédie est pleine, & que je suis le premier à reconnaître, j'ose me flatter que vous verrez quelque différence entre cet ouvrage & ceux que l'ignorance & la malignité m'ont imputés. Je sens combien il est dangereux de parler de soi : mais mes malheurs ayant été publics, il faut que ma justification le soit aussi. La réputation d'honnête homme m'est plus chere que celle d'Auteur : ainsi je crois que personne ne trouvera mauvais qu'en donnant au Public un ouvrage pour lequel il a eu tant d'indulgence, j'essaie de mériter entierement son estime, en détruisant l'imposture qui pourrait me l'ôter.

Je sçais que tous ceux avec qui j'ai vécu sont persuadés de mon innocence : mais aussi bien des gens qui ne connaissent ni la poësie, ni moi, m'imputent encore les ouvrages les plus indignes d'un honnête homme & d'un Poëte.

Il y a peu d'Ecrivains célébres qui n'ayent essuyé de pareilles disgraces; presque tous les Poëtes qui ont réussi ont été calomniés, & il est bien triste pour moi de ne leur ressembler que par mes malheurs.

Vous n'ignorez pas que la Cour & la Ville ont de tout tems été remplies de critiques obscènes, qui, à la faveur des nuages qui les couvrent, lancent, sans être apperçus, les traits les plus envénimés contre les Femmes & contre les Puissances, & qui n'ont que la satisfaction de blesser adroitement, sans goûter le plaisir dangereux de se faire connaître. Leurs Epigrammes & leurs Vaudevilles sont toujours des enfans supposés, dont on ne connaît point les vrais parens: ils cherchent à charger de ces indignités quelqu'un qui soit assez connu pour que le monde puisse l'en soupçonner, & qui soit assez peu protégé pour ne pouvoir se défendre. Telle était la situation où je me suis trouvé en entrant dans le monde. Je n'avais pas plus de dix-huit ans. L'imprudence, attachée d'ordinaire à la jeunesse, pouvait aisément autoriser les soupçons que l'on faisait naître sur moi. J'étais d'ailleurs sans appui, & je n'avais jamais songé à me faire des protecteurs, parce que je ne croyais pas que je dusse jamais avoir des ennemis.

Il parut à la mort de Louis XIV une petite Piéce imitée des *J'ai vû* de l'Abbé *Regnier*. C'était un ouvrage où l'Auteur passait en revue tout ce qu'il avait vu dans sa vie. Cette Piéce est aussi négligée
aujourd'hui

aujourd'hui, qu'elle était alors recherchée. C'est le sort de tous les ouvrages qui n'ont d'autre mérite que celui de la satyre. Cette Piéce n'en avait point d'autre ; elle n'était remarquable que par les injures grossieres qui y étaient indignement répandues, & c'est ce qui lui donna un cours prodigieux : on oublia la bassesse du style en faveur de la malignité de l'ouvrage. Elle finissait ainsi : *J'ai vu ces maux, & je n'ai pas vingt ans.*

Comme je n'avais pas vingt ans alors, plusieurs personnes crurent que j'avais mis par-là mon cachet à cet indigne ouvrage ; on ne me fit pas l'honneur de croire que je pusse avoir assez de prudence pour me déguiser. L'Auteur de cette misérable satyre ne contribua pas peu à la faire courir sous mon nom, afin de mieux cacher le sien. Quelques-uns m'imputerent cette Piéce par malignité, pour me décrier & pour me perdre. Quelques autres qui l'admiraient bonnement, me l'attribuerent pour m'en faire honneur. Ainsi un ouvrage que je n'avais point fait, & même que je n'avais point encore vu alors, m'attira de tous côtés des malédictions & des louanges.

Je me souviens que passant alors par une petite ville de Province, les beaux esprits du lieu me prierent de leur réciter cette Piéce, qu'ils disaient être un chef-d'œuvre. J'eus beau leur répondre que je n'en étais point l'Auteur, & que la Piéce était misérable, ils ne m'en crurent point sur ma parole ; ils admirerent ma retenue, & j'acquis ainsi auprès d'eux, sans y penser, la réputation d'un grand Poëte & d'un homme fort modeste.

Cependant ceux qui m'avaient attribué ce malheureux ouvrage, continuaient à me rendre responsable de toutes les sottises qui se débitaient dans Paris, & que moi-même je dédaignais de lire: quand un homme a eu le malheur d'être calomnié une fois, il est sûr de l'être toujours, jusqu'à ce que son innocence éclate, ou que la mode de le persécuter soit passée; car tout est mode en ce pays-là, & on se lasse de tout à la fin, même de faire du mal.

Heureusement ma justification est venue, quoique un peu tard; celui qui m'avait calomnié, & qui m'avait causé ma disgrace, m'a signé lui-même, les larmes aux yeux, le désaveu de sa calomnie, en présence de deux personnes de considération qui ont signé après lui. M. le Marquis de la V *** a eu la bonté de faire voir ce certificat à Monseigneur le Régent.

Ainsi il ne manquoit à ma justification que de la faire connaître au Public. Je le fais aujourd'hui parce que je n'ai pas eu occasion de le faire plutôt; & je le fais avec d'autant plus de confiance, qu'il n'y a personne en France qui puisse avancer que je sois l'Auteur d'aucune des choses dont j'ai été accusé, ni que j'en aye débité aucune, ni même que j'en aye jamais parlé, que pour marquer le mépris souverain que je fais de ces indignités.

Je m'attends bien que plusieurs personnes, accoutumées à juger de tout sur le rapport d'autrui, seront étonnées de me trouver si innocent, après m'avoir cru si criminel sans me connaître. Je souhaite que mon exemple puisse leur apprendre à ne plus précipiter leurs jugemens sur les apparences les plus frivoles, & à ne plus condamner ce qu'ils ne connaissent pas. On rougirait bientôt de ses décisions, si on voulait réfléchir sur les raisons par lesquelles on se détermine. Il s'est trouvé des gens qui ont cru sérieusement que l'Auteur de la Tragédie d'*Atrée* était un méchant homme, parce qu'il avait rempli la coupe d'*Atrée* du sang du fils de *Thyeste* ; & aujourd'hui il y a des consciences timorées qui prétendent que je n'ai point de religion, parce que *Jocaste* se défie des oracles d'*Apollon*. Voilà comme on décide presque toujours dans le monde ; & ceux qui sont accoutumés à juger de la sorte, ne se corrigeront pas par la lecture de cette Lettre, peut-être même ne la liront-ils point.

Je ne prétends donc point ici faire taire la calomnie ; elle est trop inséparable des succès : mais du moins il m'est permis de souhaiter que ceux qui ne sont en place que pour rendre justice, ne fassent point des malheureux sur le rapport vague & incertain du premier calomniateur. Faudra-t-il donc qu'on regarde désormais comme un malheur, d'être connu par les talens de l'esprit, & qu'un homme soit persécuté dans sa patrie, uniquement parce qu'il court une carriere dans laquelle il peut faire honneur à sa patrie même ?

Ne croyez pas, Monsieur, que je compte parmi les preuves de mon innocence le présent dont Monseigneur le Régent a daigné m'honorer : cette bonté pourrait n'être qu'une marque de sa clémence ; il est au nombre des Princes, qui, par des bienfaits, sçavent lier à leur devoir ceux même qui s'en sont écartés. Une preuve plus sûre de mon innocence, c'est qu'il a daigné dire que je n'étais point coupable, & qu'il a reconnu la calomnie, lorsque le tems a permis qu'il pût la découvrir.

Je ne regarde point non plus cette grace que Monseigneur le Duc d'Orléans m'a faite comme une récompense de mon travail, qui ne méritait tout au plus que son indulgence. Il a moins voulu me récompenser que m'engager à mériter sa protection : l'envie de lui plaire me tiendra lieu désormais de génie.

Sans parler de moi, c'est un grand bonheur pour les Lettres, que nous vivions sous un Prince qui aime les Beaux-Arts autant qu'il hait la flatterie, & dont on peut obtenir la protection plutôt par de bons ouvrages que par des louanges, pour lesquelles il a un dégoût peu ordinaire dans ceux, qui, par leur naissance & par leur rang, sont destinés à être loués toute leur vie.

LETTRE II.

Monsieur, avant que de vous faire lire ma Tragédie, souffrez que je vous prévienne sur le succès qu'elle a eu, non pas pour m'en applaudir, mais pour vous assurer combien je m'en défie.

Je sçais que les premiers applaudissemens du Public ne sont pas toujours de sûrs garans de la bonté d'un ouvrage. Souvent un Auteur doit le succès de sa Piece, ou à l'art des Acteurs qui la jouent, ou à la décision de quelques amis acrédités dans le monde, qui entraînent pour un tems les suffrages de la multitude ; & le Public est étonné quelques mois après, de s'ennuyer à la lecture du même ouvrage, qui lui arrachait des larmes dans la représentation. Je me garderai donc bien de me prévaloir d'un succès peut-être passager, & dont les Comédiens ont plus à s'applaudir que moi-même.

On ne voit que trop d'Auteurs dramatiques qui impriment à la tête de leurs ouvrages des Préfaces pleines de vanité, *qui comptent les Princes & les Princesses qui sont venus pleurer aux représentations, qui ne donnent d'autres réponses à leurs Censeurs que l'approbation du Public*; & qui enfin, après s'être placés à côté de *Corneille* & de *Racine*, se retrouvent confondus dans la foule des mauvais Auteurs, dont ils sont les seuls qui s'exceptent.

J'éviterai du moins ce ridicule : je vous parlerai de ma Piéce plus pour avouer mes défauts que pour les excuser ; mais aussi je traiterai *Sophocle* & *Corneille* avec autant de liberté que je me traiterai avec justice.

J'examinerai les trois Œdipes avec une égale exactitude. Le respect que j'ai pour l'antiquité de *Sophocle* & pour le mérite de *Corneille*, ne m'aveuglera pas sur leurs défauts ; l'amour-propre ne m'empêchera pas non plus de trouver les miens. Au reste, ne regardez point ces Dissertations comme les décisions d'un critique orgueilleux, mais comme les doutes d'un jeune homme qui cherche à s'éclairer. La décision ne convient ni à mon âge, ni à mon peu de génie ; & si la chaleur de la composition m'arrache quelques termes peu mésurés, je les désavoue d'avance, & je déclare que je ne prétends parler affirmativement que sur mes fautes.

LETTRE III.
Contenant la Critique de l'Œdipe de Sophocle.

Monsieur, Mon peu d'érudition ne me permet pas d'examiner *si la Tragédie de* (1) *Sophocle fait son imitation par le discours, le nombre & l'harmonie ; ce qu'*Aristote *appelle expressément un discours agréablement assaisonné.* Je ne discuterai pas non plus *si c'est une Piéce du premier genre simple & implexe ; simple, parce qu'elle n'a qu'une simple catastrophe ; & implexe, parce qu'elle a la reconnaissance avec la péripétie.*

Je vous rendrai seulement compte, avec simplicité, des endroits qui m'ont révolté, & sur lesquels j'ai besoin des lumieres de ceux qui connaissant mieux que moi les Anciens, peuvent mieux excuser tous leurs défauts.

La Scene ouvre dans *Sophocle* par un Chœur de Thébains prosternés au pied des Autels, & qui, par leurs larmes & par leurs cris, demandent aux Dieux la fin de leurs calamités. Œdipe leur libérateur & leur Roi paraît au milieu d'eux.

Je suis Œdipe, leur dit-il, *si vanté par tout le monde.* Il y a quelque apparence que les Thébains n'ignoraient pas qu'il s'appellait *Œdipe*.

A l'égard de cette grande réputation dont il se vante, M. *Dacier* dit que c'est une adresse de *Sophocle*, qui veut fonder par-là le caractere d'Œdipe qui est orgueilleux.

---
(1) M. Dacier, Préface sur l'Œdipe de Sophocle.

Mes enfans, dit Œdipe, *quel est le sujet qui vous amene ici ?* Le grand Prêtre lui répond : *Vous voyez devant vous des jeunes gens & des vieillards. Moi qui vous parle, je suis le Grand-Prêtre de Jupiter. Votre ville est comme un vaisseau battu de la tempête, elle est prête d'être abîmée, & n'a pas la force de surmonter les flots qui fondent sur elle.* De-là le Grand-Prêtre prend occasion de faire une description de la peste, dont Œdipe étoit aussi bien informé que du nom & de la qualité du Grand-Prêtre de Jupiter.

Tout cela n'est gueres une preuve de cette perfection, où on prétendait, il y a quelques années, que *Sophocle* avait poussé la Tragédie ; & il ne paraît pas qu'on ait si grand tort dans ce siécle de refuser son admiration à un Poëte, qui n'emploie d'autre artifice pour faire connaître ses personnages, que de faire dire à l'un : *Je m'appelle Œdipe, si vanté par tout le monde* ; & à l'autre : *Je suis le Grand-Prêtre de Jupiter.* Cette grossiereté n'est plus regardée aujourd'hui comme une noble simplicité.

La description de la peste est interrompue par l'arrivée de *Créon*, frere de *Jocaste*, que le Roi avait envoyé consulter l'Oracle, & qui commence par dire à Œdipe :

Seigneur, nous avons eu autrefois un Roi qui s'appellait Laïus.

ŒDIPE.

Je le sçais, quoique je ne l'aie jamais vû.

CRÉON.

Il a été assassiné, & Apollon veut que nous punissions ses meurtriers.

LETTRES

ŒDIPE.

Fut-ce dans sa maison ou à la campagne que Laïus fut tué ?

Il est déjà contre la vraisemblance, qu'Œdipe, qui regne depuis si long-tems, ignore comment son prédécesseur est mort : mais qu'il ne sçache pas même si c'est aux champs ou à la ville que ce meurtre a été commis, & qu'il ne donne pas la moindre raison, ni la moindre excuse de son ignorance, j'avoüe que je ne connais point de terme pour exprimer une pareille absurdité.

C'est une faute du sujet, dit-on, & non de l'Auteur, comme si ce n'était pas à l'Auteur à corriger son sujet, lorsqu'il est défectueux. Je sçais qu'on peut me reprocher à peu près la même faute : mais aussi je ne me ferai pas plus de grace qu'à *Sophocle*, & j'espere que la sincérité avec laquelle j'avoüerai mes défauts, justifiera la hardiesse que je prends de relever ceux d'un Ancien.

Ce qui suit me paraît également éloigné du sens commun. Œdipe demande s'il ne revint personne de la suite de *Laïus* à qui on puisse en demander des nouvelles. On lui répond, *qu'un de ceux qui accompagnaient ce malheureux Roi s'étant sauvé, vint dire dans Thèbes que Laïus avait été assassiné par des voleurs, qui n'étaient pas en petit, mais en grand nombre.*

Comment se peut-il faire qu'un témoin de la mort de Laïus dise que son maître a été accablé sous le nombre, lorsqu'il est pourtant vrai que c'est un homme seul qui a tué Laïus & toute sa suite ?

Pour comble de contradiction, Œdipe dit, au

SUR ŒDIPE.

second Acte, qu'il a ouï dire que Laïus avait été tué par des voyageurs; mais qu'il n'y a personne qui dise l'avoir vû : & Jocaste, au troisieme Acte, en parlant de la mort de ce Roi, s'explique ainsi à Œdipe :

Soyez bien persuadé, Seigneur, que celui qui accompagnait Laïus a rapporté que son Maître avait été assassiné par des voleurs; il ne sçaurait changer présentement, ni parler d'une autre maniere : toute la Ville l'a entendu comme moi.

Les Thébains auraient été bien plus à plaindre, si l'énigme du Sphinx n'avait pas été plus aisée à deviner que tout ce galimathias.

Mais ce qui est encore plus étonnant, ou plutôt ce qui ne l'est point, après de telles fautes contre la vraisemblance, c'est qu'Œdipe, lorsqu'il apprend que Phorbas vit encore, ne songe pas seulement à le faire chercher; il s'amuse à faire des imprécations & à consulter les Oracles, sans donner ordre qu'on amene devant lui le seul homme qui pouvait lui donner des lumieres. Le Chœur lui-même, qui est si intéressé à voir finir les malheurs de Thebes, & qui donne toujours des conseils à Œdipe, ne lui donne pas celui d'interroger ce témoin de la mort du feu Roi; il le prie seulement d'envoyer chercher Tirésie.

Enfin Phorbas arrive au quatrieme Acte. Ceux qui ne connaissent point Sophocle, s'imaginent sans doute qu'Œdipe, impatient de connaître le meurtrier de Laïus, & de rendre la vie aux Thébains, va l'interroger avec empressement sur la mort du feu Roi. Rien de tout cela. Sophocle oublie que la vengeance de la mort de Laïus est le sujet de sa Piece. On ne dit pas un mot à Phorbas de cette aventure, & la Tragédie finit sans que Phorbas ait seulement ouvert la bouche sur la mort du Roi son maître. Mais continuons à examiner de suite l'ouvrage de Sophocle.

Lorsque Créon a appris à Œdipe que Laïus a été assassiné par des voleurs, qui n'étaient pas en petit, mais en grand nombre, Œdipe répond, au sens de plusieurs Interpretes : *Comment des voleurs auraient-ils pû entreprendre cet attentat, puisque Laïus n'avait point d'argent sur lui ?* La plûpart des autres Scholiastes entendent autrement ce passage, & font dire à Œdipe : *Comment des voleurs auraient-ils pû entreprendre cet attentat, si on ne leur avait donné de l'argent ?* Mais ce sens-là n'est gueres plus raisonnable que l'autre. On sçait que des voleurs n'ont pas besoin qu'on leur promette de l'argent pour les engager à faire un mauvais coup.

Et puisqu'il dépend souvent des Scholiastes de faire dire tout ce qu'ils veulent à leurs Auteurs, que leur coûterait-il de leur donner un peu de bon sens ?

Œdipe, au commencement de son second Acte, au lieu de mander Phorbas, fait venir devant lui Tiréfie. Le Roi & le Devin commencent par se mettre en colere l'un contre l'autre ; Tiréfie finit par lui dire :

C'est vous qui êtes le meurtrier de Laïus ; vous vous croyez fils de Polybe, Roi de Corinthe : vous ne l'êtes point, vous êtes Thébain. La malédiction de votre pere & de votre mere vous a autrefois éloigné de cette terre ; vous y êtes revenu, vous avez tué votre pere, vous avez épousé votre mere, vous êtes l'auteur d'un inceste & d'un parricide ; & si vous trouvez que je mente, dites que je ne suis pas Prophete.

Tout cela ne ressemble gueres à l'ambiguité ordinaire des Oracles. Il était difficile de s'expliquer moins obscurément : & si vous joignez aux paroles de Tirésie le reproche qu'un yvrogne a fait autrefois à Œdipe, qu'il n'était pas fils de Polybe, & l'Oracle d'Apollon qui lui prédit qu'il tuerait son pere & qu'il épouserait sa mere, vous trouverez que la Piece est entierement finie au commencement de ce second Acte.

Nouvelle preuve que Sophocle n'avait pas perfectionné son art, puisqu'il ne sçavait pas même préparer les événemens, ni cacher sous le voile le plus mince la catastrophe de ses Pieces.

Allons plus loin. Œdipe traite Tirésie *de fou & de vieux enchanteur*. Cependant, à moins que l'esprit ne lui ait tourné, il doit le regarder comme un véritable Prophete. Eh ! de quel étonnement & de quelle horreur ne doit-il point être frappé, en apprenant de la bouche de Tirésie tout ce qu'Apollon lui a prédit autrefois ? Quel retour ne doit-il point faire sur lui-même, en apprenant ce rapport fatal qui se trouve entre les reproches qu'on lui a faits à Corinthe, qu'il était un fils supposé, & les Oracles de Thebes qui lui disent qu'il est Thébain ; entre Apollon qui lui a prédit qu'il épouserait sa mere & qu'il tuerait son pere, & Tirésie qui lui apprend que ses destins affreux sont remplis ? Cependant, comme s'il avait perdu la mémoire de ces événemens épouvantables ; il ne lui vient d'autre idée que de soupçonner Créon, *son fidele & ancien ami*, (comme il l'appelle,) d'avoir tué Laïus; & cela sans aucune raison, sans aucun fondement, sans que le moindre jour puisse autoriser ses soupçons, & (puisqu'il faut appeler les choses par leur nom) avec une extravagance dont il n'y a gueres d'exemples parmi les Modernes, ni même parmi les Anciens.

Quoi! tu oses paraître devant moi, dit-il à Créon? *Tu as l'audace d'entrer dans ce palais, toi qui es assurément le meurtrier de Laïus, & qui as manifestement conspiré contre moi pour me ravir ma Couronne?*

Voyons, dis-moi, au nom des Dieux, as-tu remarqué en moi de la lâcheté ou de la folie, pour que tu ayes entrepris un si hardi dessein? N'est-ce pas la plus folle de toutes les entreprises, que d'aspirer à la Royauté sans troupes & sans amis, comme si, sans ce secours, il était aisé de monter au Thrône.

CRÉON lui répond:

Vous changerez de sentiment, si vous me donnez le tems de parler. Pensez-vous qu'il y ait un homme au monde qui préférât d'être Roi avec toutes les frayeurs & toutes les craintes qui accompagnent la Royauté, à vivre dans le sein du repos avec toute la sûreté d'un Particulier, qui, sous un autre nom, posséderait la même puissance?

Un Prince qui serait accusé d'avoir conspiré contre son Roi, & qui n'aurait d'autre preuve de son innocence que le verbiage de Créon, aurait besoin de la clémence de son Maître.

Après tous ces grands discours étrangers au sujet, Créon demande à Œdipe :
Voulez-vous me chasser du Royaume ? (1)

ŒDIPE.
Ce n'est pas ton exil que je veux ; je te condamne à la mort.

CRÉON.
Il faut que vous fassiez voir auparavant si je suis coupable.

ŒDIPE.
Tu parles en homme résolu de ne pas obéir.

CRÉON.
C'est parce que vous êtes injuste.

ŒDIPE.
Je prends mes sûretés.

CRÉON.
Je dois prendre aussi les miennes.

ŒDIPE.
O Thebes ! Thebes !

CRÉON.
Il m'est permis de crier aussi : Thebes ! Thebes !

Jocaste vient pendant ce beau discours, & le Chœur la prie d'emmener le Roi : proposition très-sage ; car, après toutes les folies qu'Œdipe vient de faire, on ne ferait point mal de l'enfermer.

JOCASTE.
J'emmenerai mon mari, quand j'aurai appris la cause de ce désordre.

---

(1) On avertit qu'on a suivi par-tout la traduction de M. Dacier.

Le Choeur.

Œdipe & Créon ont eu ensemble des paroles sur des rapports fort incertains. On se pique souvent sur des soupçons très-injustes.

Jocaste.

Cela est-il venu de l'un & de l'autre ?

Le Choeur.

Oui, Madame.

Jocaste.

Quelles paroles ont-ils donc eues ?

Le Choeur.

C'est assez, Madame ; les Princes n'ont pas poussé la chose plus loin, & cela suffit.

Effectivement, comme si cela suffisait, Jocaste n'en demande pas davantage au Chœur.

C'est dans cette Scene qu'Œdipe raconte à Jocaste, qu'un jour, à table, un homme yvre lui reprocha qu'il était un fils supposé : *J'allai*, continue-t-il, *trouver le Roi & la Reine ; je les interrogeai sur ma naissance ; ils furent tous deux très-fâchés du reproche qu'on m'avait fait. Quoique je les aimasse avec beaucoup de tendresse, cette injure, qui était devenue publique, ne laissa pas de me demeurer sur le cœur, & de me donner des soupçons. Je partis donc, à leur insçu, pour aller à Delphes : Apollon ne daigna pas répondre précisément à ma demande ; mais il me dit les choses les plus affreuses & les plus épouvantables dont on ait jamais ouï parler ; que j'épouserais infailliblement ma propre mere ; que je ferais voir aux hommes une race malheureuse qui les remplirait d'horreur ; & que je ferais le meurtrier de mon pere.*

Voilà encore la Piece finie. On avait prédit à Jocaste que son fils tremperait ses mains dans le sang de Laïus, & porterait ses crimes jusqu'au lit de sa mere. Elle avait fait exposer ce fils sur le mont Cithéron, & lui avait fait percer les talons, (comme elle l'avoue dans cette même Scene :) Œdipe porte encore les cicatrices de cette blessure ; il sçait qu'on lui a reproché qu'il n'était point fils de Polybe : tout cela n'est-il pas pour Œdipe & pour Jocaste une démonstration de leurs malheurs, & n'y a-t-il pas un aveuglement ridicule à en douter ?

Je sçais que Jocaste ne dit point dans cette Scene qu'elle dût un jour épouser son fils : mais cela même est une nouvelle faute.

Car lorsqu'Œdipe dit à Jocaste : *On m'a prédit que je souillerais le lit de ma mere, & que mon pere serait massacré par mes mains*, Jocaste doit répondre sur le champ : *on en avait prédit autant à mon fils* ; ou du moins elle doit faire sentir au spectateur qu'elle est convaincue dans ce moment de son malheur.

Tant d'ignorance dans Œdipe & dans Jocaste n'est qu'un artifice grossier du Poëte, qui, pour donner à sa Piece une juste étendue, fait filer jusqu'au cinquieme Acte une reconnaissance déjà manifestée au second, & qui viole les regles du sens commun, pour ne point manquer en apparence à celles du Théâtre.

Cette même faute subsiste dans tout le cours de la Piece.

Cet Œdipe qui expliquait les énigmes, n'entend pas les choses les plus claires. Lorsque le Pasteur de Corinthe lui apporte la nouvelle de la mort de Polybe, & qu'il lui apprend que Polybe n'était pas son pere, qu'il a été exposé par un Thébain sur le mont Cithéron, que ses pieds avaient été percés & liés avec des courroies, Œdipe ne soupçonne rien encore. Il n'a d'autre crainte que d'être né d'une famille obscure : & le Chœur toujours présent dans le cours de la Piece, ne prête aucune attention à tout ce qui aurait dû instruire Œdipe de sa naissance ; le Chœur, qu'on donne pour une assemblée de gens éclairés, montre aussi peu de pénétration qu'Œdipe ; & dans le tems que les Thébains devraient être saisis de pitié & d'horreur à la vûe des malheurs dont ils sont témoins, ils s'écrient : *Si je puis juger de l'avenir, & si je ne me trompe dans mes conjectures, Cithéron, le jour de demain ne se passera pas que vous ne nous fassiez connaître la patrie & la mere d'Œdipe, & que nous ne menions des danses en votre honneur, pour vous rendre graces du plaisir que vous aurez fait à nos Princes. Et vous, Prince, duquel des Dieux êtes-vous donc fils ? Quelle Nymphe vous a eu de Pan, Dieu des montagnes ? Etes-vous le fruit des amours d'Apollon ? Car Apollon se plaît aussi sur les montagnes ? Est-ce Mercure, ou Bacchus qui se tient aussi sur les sommets des montagnes ? &c.*

Enfin celui qui a autrefois exposé Œdipe, arrive sur la scene. Œdipe l'interroge sur sa naissance. Curiosité que M. Dacier condamne après Plutarque, & qui me paraîtrait la seule chose raisonnable qu'Œdipe eût faite dans toute la Piece, si cette juste envie de se connaître n'était pas accompagnée d'une ignorance ridicule de lui-même.

Œdipe

Œdipe sçait donc enfin tout son sort au quatrieme Acte. Voilà donc encore la Piece finie.

Monsieur Dacier, qui a traduit l'Œdipe de Sophocle, prétend que le Spectateur attend avec beaucoup d'impatience le parti que prendra Jocaste, & la maniere dont Œdipe accomplira sur lui-même les malédictions qu'il a prononcées contre le meurtrier de Laïus. J'avais été séduit là-dessus par le respect que j'ai pour ce sçavant homme, & j'étais de son sentiment, lorsque je lus sa traduction. La représentation de ma Piece m'a bien détrompé, & j'ai reconnu qu'on peut sans péril louer tant qu'on veut les Poëtes Grecs, mais qu'il est dangereux de les imiter.

J'avais pris dans Sophocle une partie du récit de la mort de Jocaste & de la catastrophe d'Œdipe. J'ai senti que l'attention du Spectateur diminuait avec son plaisir au récit de cette catastrophe ; les esprits remplis de terreur au moment de la reconnaissance n'écoutaient plus qu'avec dégoût la fin de la Piece. Peut-être que la médiocrité des vers en était la cause ; peut-être que le Spectateur, à qui cette catastrophe est connue, regrettait de n'entendre rien de nouveau ; peut-être aussi que la terreur ayant été poussée à son comble, il était impossible que le reste ne parût languissant. Quoi qu'il en soit, j'ai été obligé de retrancher ce récit, qui n'était pas de plus de quarante vers, & dans Sophocle il tient tout le cinquieme Acte. Il y a grande apparence qu'on ne doit point passer à un Ancien deux ou trois cens vers inutiles, lorsqu'on n'en passe pas quarante à un Moderne.

Monsieur Dacier avertit dans ses notes que la

L

Piéce de Sophocle n'eſt point finie au quatrieme Acte. N'eſt-ce pas avouer qu'elle eſt finie, que d'être obligé de prouver qu'elle ne l'eſt pas? On ne ſe trouve pas dans la néceſſité de faire de pareilles notes ſur les Tragédies de Racine & de Corneille; il n'y a que les Horaces qui auraient beſoin d'un tel commentaire : mais le cinquieme Acte des Horaces n'en paraîtrait pas moins défectueux.

Je ne puis m'empêcher de parler ici d'un endroit de ce cinquieme Acte que Longin a admiré, & que Deſpréaux a traduit.

Hymen, funeſte hymen, tu m'as donné la vie;
Mais dans ces mêmes flancs où je fus renfermé,
Tu fais rentrer ce ſang dont tu m'avais formé;
Et par-là tu produis & des fils & des peres,
Des freres, des maris, des femmes & des meres,
Et tout ce que du ſort la maligne fureur,
Fit jamais voir au jour & de honte & d'horreur.

Premierement, il fallait exprimer que c'eſt dans la même perſonne qu'on trouve ces meres & ces maris; car il n'y a point de mariage qui ne produiſe de tout cela. En ſecond lieu, on ne paſſerait point aujourd'hui à Œdipe de faire une ſi curieuſe recherche des circonſtances de ſon crime, & d'en combiner ainſi toutes les horreurs; tant d'exactitude à compter tous ſes titres inceſtueux, loin d'ajoûter à l'atrocité de l'action, ſemble plutôt l'affoiblir.

Ces deux vers de Corneille diſent beaucoup plus.

Ce ſont eux qui m'ont fait l'aſſaſſin de mon pere,
Ce ſont eux qui m'ont fait le mari de ma mere.

SUR ŒDIPE.

Les vers de Sophocle sont d'un Déclamateur, & ceux de Corneille sont d'un Poëte.

Vous voyez que dans la critique de l'Œdipe de Sophocle, je ne me suis attaché à relever que les défauts qui sont de tous les tems & de tous les lieux ; les contradictions, les absurdités, les vaines déclamations sont des fautes par tout pays.

Je ne suis point étonné que, malgré tant d'imperfections, Sophocle ait surpris l'admiration de son siecle. L'harmonie de ses vers, & le pathétique qui regne dans son style, ont pû séduire les Athéniens, qui avec tout leur esprit & toute leur politesse, ne pouvaient avoir une juste idée de la perfection d'un art qui était encore dans son enfance.

Sophocle touchait au tems où la Tragédie fut inventée. Eschyle, contemporain de Sophocle, était le premier qui s'était avisé de mettre plusieurs personnages sur la Scene. Nous sommes aussi touchés de l'ébauche la plus grossiere dans les premieres découvertes d'un art, que des beautés les plus achevées, lorsque la perfection nous est une fois connue. Ainsi Sophocle & Euripide, tout imparfaits qu'ils sont, ont autant réussi chez les Athéniens que Corneille & Racine parmi nous. Nous devons nous-mêmes, en blâmant les Tragédies des Grecs, respecter le génie de leurs Auteurs ; leurs fautes sont sur le compte de leur siecle ; leurs beautés n'appartiennent qu'à eux, & il est à croire que s'ils étaient nés de nos jours, ils auraient perfectionné l'art qu'ils ont presque inventé de leur tems.

Il est vrai qu'ils sont bien déchus de cette haute estime où ils étaient autrefois ; leurs ouvrages sont aujourd'hui ou ignorés ou méprisés ; mais je crois que cet oubli & ce mépris sont au nombre des injustices dont on peut accuser notre siecle ; leurs ouvrages méritent d'être lus sans doute, & s'ils sont trop défectueux pour qu'on les approuve, ils sont aussi trop pleins de beautés pour qu'on les méprise entierement.

Euripide sur-tout, qui me paraît si supérieur à Sophocle, & qui serait le plus grand des Poëtes, s'il était né dans un tems plus éclairé, a laissé des ouvrages qui décelent un génie parfait, malgré les imperfections de ses Tragédies.

Eh ! quelle idée ne doit-on point avoir d'un Poëte qui a prêté des sentimens à Racine même ? Les endroits que ce grand homme a traduits d'Euripide dans son inimitable Tragédie de Phèdre, ne sont pas les moins beaux de son ouvrage.

Dieux ; que ne suis-je assise à l'ombre des forêts ?
Quand pourrai-je, au travers d'une noble poussière,
Suivre de l'œil un char fuyant dans la carriere ?
. . . Insensée, où suis-je, & qu'ai-je dit ?
Où laissé-je égarer mes vœux & mon esprit ?
Je l'ai perdu, les Dieux m'en ont ravi l'usage.
Œnone, la douleur me couvre le visage ;
Je te laisse trop voir mes honteuses douleurs,
Et mes yeux, malgré moi, se remplissent de pleurs.

Presque toute cette Scene est traduite mot pour mot d'Euripide. Il ne faut pas cependant que le Lecteur séduit par cette traduction, s'imagine que la Piece d'Euripide soit un bon ouvrage. Voilà le seul bel endroit de sa Tragédie, & même le seul raisonnable ; car c'est le seul que Racine ait imité :

& comme on ne s'avisera jamais d'approuver l'Hippolite de Senéque, quoique Racine ait pris dans cet Auteur toute la déclaration de Phèdre, aussi ne doit-on pas admirer l'Hippolite d'Euripide, pour trente ou quarante vers qui se sont trouvés dignes d'être imités par le plus grand de nos Poëtes.

Moliere prenait quelquefois des Scenes entieres dans Cyrano de Bergerac, & disait pour son excuse : *Cette Scene est bonne, elle m'appartient de droit ; je reprens mon bien par-tout où je le trouve.*

Racine pouvait à peu-près en dire autant d'Euripide.

Pour moi, après vous avoir dit bien du mal de Sophocle, je suis obligé de vous en dire le peu de bien que j'en sçais ; tout différent en cela des médisans, qui commencent toujours par louer un homme, & qui finissent par le rendre ridicule.

J'avoue que peut-être, sans Sophocle, je ne serais jamais venu à bout de mon Œdipe. Je lui dois l'idée de la premiere Scene de mon quatriéme Acte. Celle du Grand-Prêtre qui accuse le Roi, est entierement de lui ; la Scene des deux Vieillards lui appartient encore. Je voudrais lui avoir d'autres obligations, je les avouerais avec la même bonne foi. Il est vrai que comme je lui dois des beautés, je lui dois aussi des fautes, & j'en parlerai dans l'examen de ma Piece, où j'espere vous rendre compte des miennes.

LETTRE IV.

Contenant la critique de l'ŒDIPE de Corneille.

MONSIEUR, après vous avoir fait part de mes sentimens sur l'Œdipe de Sophocle, je vous dirai ce que je pense de celui de Corneille : je respecte beaucoup plus, sansdoute, ce Tragique Français, que le Grec : mais je respecte encore plus la vérité à qui je dois les premiers égards. Je crois même que quiconque ne sçait pas connaître les fautes des grands hommes, est incapable de sentir le prix de leurs perfections. J'ose donc critiquer l'Œdipe de Corneille, & je le ferai avec d'autant plus de liberté, que je ne crains point que vous me soupçonniez de jalousie, ni que vous me reprochiez de vouloir m'égaler à lui. C'est en l'admirant que je hasarde ma censure ; & je crois avoir une estime plus véritable pour ce fameux Poëte, que ceux qui jugent de l'Œdipe par le nom de l'Auteur, & non par l'ouvrage même, & qui eussent méprisé dans tout autre ce qu'ils admirent dans l'Auteur de Cinna.

Corneille sentit bien que la simplicité, ou plutôt la sécheresse de la Tragédie de Sophocle, ne pouvait fournir toute l'étendue qu'exigent nos Pieces de Théâtre. On se trompe fort, lorsqu'on pense que tous ces sujets, traités autrefois avec succès par Sophocle & par Euripide, *l'Œdipe, le Philoctete, l'Electre, l'Iphigenie en Tauride,* sont des sujets heureux & aisés à manier ; ce sont les plus ingrats & les plus impraticables; ce sont des sujets d'une ou de deux Scenes tout au plus, & non pas d'une Tragédie. Je sçais qu'on ne peut gueres voir sur le Théâtre des évenemens plus affreux ni plus attendrissans, & c'est cela même qui rend le succès plus difficile. Il faut joindre à ces évenemens des passions qui les préparent : si ces passions sont trop fortes, elles étouffent le sujet; si elles sont trop faibles, elles languissent. Il fallait que Corneille marchât entre ces deux extrémités, & qu'il suppléât par la fécondité de son génie à l'aridité de la matiere. Il choisit donc l'Episode de Thésée & de Dircé; & quoique cet Episode ait été universellement condamné, quoique Corneille eût pris dès long-tems la glorieuse habitude d'avouer ses fautes, il ne reconnut point celle-ci; & parce que cet Episode était tout entier de son invention, il s'en applaudit dans sa préface : tant il est difficile aux plus grands hommes, & même aux plus modestes, de se sauver des illusions de l'amour propre.

Il faut avouer que Thésée joue un étrange rôle pour un Héros, au milieu des maux les plus horribles dont un Peuple puisse être accablé; il débute par dire que :

> Quelque ravage affreux que fasse ici la peste,
> L'absence aux vrais Amans est encor plus funeste.

Et parlant dans la seconde Scene à Œdipe :

> Il veut lui faire voir un beau feu dans son sein,
> Et tâcher d'obtenir un aveu favorable,
> Qui peut faire un heureux d'un Amant misérable.

.... Il est vrai, j'aime en votre Palais;
Chez vous est la Beauté qui fait tous mes souhaits;
Vous l'aimez à l'égal d'Antigone & d'Ismene;
Elle tient même rang chez vous & chez la Reine;
En un mot, c'est leur sœur, la Princesse Dircé,
Dont les yeux....

Œdipe répond :

Quoi ! ses yeux, Prince, vous ont blessé!
Je suis fâché, pour vous, que la Reine sa mere
Ait sçu vous prévenir pour un fils de son frere.
Ma parole est donnée, & je n'y puis plus rien :
Mais je crois qu'après tout ses sœurs la valent bien.

T H É S É E.

Antigone est parfaite, Ismene est admirable;
Dircé, si vous voulez, n'a rien de comparable;
Elles sont, l'une & l'autre, un chef-d'œuvre des cieux;
Mais.....
Ce n'est pas offenser deux si charmantes sœurs,
Que voir en leur aînée aussi quelques douceurs.

Cependant l'ombre de Laïus demande un Prince ou une Princesse de son Sang pour victime ; Dircé, seul reste du Sang de ce Roi, est prête à s'immoler sur le tombeau de son pere ; Thésée qui veut mourir pour elle, lui fait accroire qu'il est son frere, & ne laisse pas de lui parler d'amour, malgré la nouvelle parenté.

J'ai mêmes yeux encore; & vous, mêmes appas.
Mon cœur n'écoute point ce que le sang veut dire ;
C'est d'amour qu'il gémit, c'est d'amour qu'il soupire;

Et pour pouvoir sans crime en goûter la douceur,
Il se révolte exprès contre le nom de sœur.

Cependant, qui le croirait ! Thésée dans cette même Scene, se lasse de son stratagême. Il ne peut plus soûtenir davantage le personnage de frere ; & sans attendre que le frere de Dircé soit connu, il lui avoue toute la feinte, & la remet par-là dans le péril dont il voulait la tirer, en lui disant pourtant :

Que l'amour, pour défendre une si chere vie,
Peut faire vanité d'un peu de tromperie.

Enfin, lorsqu'Œdipe reconnaît qu'il est le meurtrier de Laïus, Thésée, au lieu de plaindre ce malheureux Roi, lui propose un duel pour le lendemain ; il épouse Dircé à la fin de la Piece, & ainsi la passion de Thésée fait tout le sujet de la Tragédie, & les malheurs d'Œdipe n'en sont que l'Episode.

Dircé, personnage plus défectueux que Thésée, passe tout son tems à dire des injures à Œdipe & à sa mere ; elle dit à Jocaste, sans détour, qu'elle est indigne de vivre.

Votre second hymen peut avoir d'autres causes ;
Mais j'oserai vous dire, à bien juger des choses,
Que pour avoir puisé la vie en votre flanc,
J'y dois avoir sucé fort peu de votre sang.
Celui du grand Laïus, dont je m'y suis formée,
Trouve bien qu'il est doux d'aimer & d'être aimée ;
Mais il ne trouve pas qu'on soit digne du jour,
Lorsqu'aux soins de sa gloire on préfére l'amour.

Il est étonnant que Corneille, qui a senti ce

défaut, ne l'ait connu que pour l'excuſer. *Ce manque de reſpect*, dit-il, *de Dircé envers ſa mere, ne peut être une faute de Théâtre, puiſque nous ne ſommes pas obligés de rendre parfaits ceux que nous y faiſons voir.* Non ſans doute, on n'eſt pas obligé de faire des gens de bien de tous ſes perſonnages ; mais les bienſéances exigent du moins qu'une Princeſſe qui a aſſez de vertu pour vouloir ſauver ſon Peuple aux dépens de ſa vie, en ait aſſez pour ne point dire des injures atroces à ſa mere.

Pour Jocaſte, dont le rôle devrait être intéreſſant, puiſqu'elle partage tous les malheurs d'Œdipe, elle n'en eſt pas même le témoin ; elle ne paraît point au cinquieme Acte, lorſqu'Œdipe apprend qu'il eſt ſon fils : en un mot, c'eſt un perſonnage abſolument inutile, qui ne ſert qu'à raiſonner avec Théſée, & à excuſer les inſolences de ſa fille, qui agit, dit-elle :

En Amante à bon titre, en Princeſſe aviſée.

Finiſſons par examiner le rôle d'Œdipe & avec lui la contexture du Poëme.

Il commence par vouloir marier une de ſes filles, avant que de s'attendrir ſur les malheurs des Thébains ; bien plus condamnable en cela que Théſée, qui n'étant point chargé comme lui du ſalut de tout ce Peuple, peut ſans crime écouter ſa paſſion.

Cependant comme il fallait bien dire au premier Acte quelque choſe du ſujet de la Piece, on en touche un mot dans la cinquieme Scene. Œdipe ſoupçonne que les Dieux ſont irrités contre les Thébains, parce que Jocaſte avait autrefois fait expoſer ſon fils, & trompé par-là les Oracles des

Dieux, qui prédisaient que ce fils tüerait son pere & épouserait sa mere.

Il me semble qu'il doit croire plutôt que les Dieux sont satisfaits que Jocaste ait étouffé un monstre au berceau ; & vrai-semblablement ils n'ont prédit les crimes de ce fils, qu'afin qu'on l'empêchât de les commettre.

Jocaste soupçonne, avec aussi peu de fondement, que les Dieux punissent les Thébains de n'avoir pas vengé la mort de Laïus ; elle prétend qu'on n'a jamais pû venger cette mort. Comment donc peut-elle croire que les Dieux la punissent de n'avoir pas fait l'impossible ?

Avec moins de fondement encore Œdipe répond :

Pourrons-nous en punir des brigands inconnus,
Que peut-être jamais en ces lieux on n'a vûs ?
Si vous m'avez dit vrai, peut-être ai-je moi-même
Sur trois de ces brigands vengé le diadême.

. . . .

Au lieu même, au tems même, attaqué seul par trois,
J'en laissai deux sans vie, & mis l'autre aux abois.

Œdipe n'a aucune raison de croire que ces trois Voyageurs fussent des brigands, puisqu'au quatrieme Acte, lorsque Phorbas paraît devant lui, il lui dit:

Et tu fus un des trois que je sçus arrêter,
Dans ce passage étroit qu'il fallut disputer.

S'il les a arrêtés lui-même, & s'il ne les a combattus que parce qu'ils ne voulaient pas lui céder le pas, il n'a point dû les prendre pour des voleurs, qui font ordinairement très-peu de cas des cérémonies, & qui songent plutôt à détrousser les gens, qu'à leur disputer le haut du pavé.

Mais il me semble qu'il y a dans cet endroit une faute encore plus grande. Œdipe avoue à Jocaste qu'il s'est battu contre trois inconnus au tems même & au lieu même où Laïus a été tué. Jocaste sçait que Laïus n'avoit avec lui que deux Compagnons de voyage. Ne devait-elle donc pas soupçonner que Laïus est peut-être mort de la main d'Œdipe ? Cependant elle ne fait nulle attention à cet aveu ; & de peur que la Piece ne finisse au premier acte, elle ferme les yeux sur les lumieres qu'Œdipe lui donne, & jusqu'à la fin du quatrieme acte, il n'est pas dit un mot de la mort de Laïus, qui pourtant est le sujet de la Piece. Les Amours de Thésée & de Dircé occupent toute la Scene.

C'est au quatrieme Acte qu'Œdipe en voyant Phorbas, s'écrie :

C'est un de mes brigands à la mort échappé,
Madame, & vous pouvez lui choisir des supplices :
S'il n'a tué Laïus, il fut un des complices.

Pourquoi prendre Phorbas pour un brigand ? Et pourquoi affirmer avec tant de certitude qu'il est complice de la mort de Laïus ? Il me paraît que l'Œdipe de Corneille accuse Phorbas avec autant de légereté que l'Œdipe de Sophocle accuse Créon.

Je ne parle point de l'Acte gigantesque d'Œdipe qui tue trois hommes tout seul dans Corneille, & qui en tue sept dans Sophocle. Mais il est bien étrange qu'Œdipe se souvienne, après seize ans, de tous les traits de ces trois hommes ; *que l'un avoit le poil noir, la mine assez farouche, le front cicatrisé, & le regard un peu louche ; que l'autre avait le teint frais & l'œil perçant, qu'il était chauve sur le devant, & mêlé sur le derriere*, & pour rendre la chose encore moins vraisemblable, il ajoûte :

On en peut voir en moi la taille & quelques traits.

Ce n'était point à Œdipe à parler de cette ressemblance ; c'était à Jocaste, qui ayant vécu avec l'un & avec l'autre, pouvait en être bien mieux informée qu'Œdipe, qui n'a jamais vû Laïus qu'un moment en sa vie. Voilà comme Sophocle a traité cet endroit : mais il fallait que Corneille, ou n'eût point lû du tout Sophocle, ou le méprisât beaucoup, puisqu'il n'a rien emprunté de lui, ni beautés ni défauts.

Cependant, comment se peut-il faire qu'Œdipe ait seul tué Laïus, & que Phorbas, qui a été blessé à côté de ce Roi, dise pourtant qu'il a été tué par des voleurs ? Il étoit difficile de concilier cette contradiction, & Jocaste pour toute réponse, dit que :

C'est un conte,
Dont Phorbas, au retour, voulut cacher sa honte.

Cette petite tromperie de Phorbas devait-elle être le nœud de la Tragédie d'Œdipe ? Il s'est pourtant trouvé des gens qui ont admiré cette puérilité ; & un homme distingué à la Cour par son esprit, m'a dit que c'était-là le plus bel endroit de Corneille.

Au cinquieme Acte, Œdipe, honteux d'avoir épousé la veuve d'un Roi qu'il a massacré, dit qu'il veut se bannir & retourner à Corinthe; & cependant il envoye chercher Thésée & Dircé:

> Pour lire dans leur ame,
> S'ils prêteroient la main à quelque sourde trame.

Et que lui importent les sourdes trames de Dircé, & les prétentions de cette Princesse sur une couronne à laquelle il renonce pour jamais?

Enfin, il me paraît qu'Œdipe apprend avec trop de froideur son affreuse aventure. Je sçais qu'il n'est point coupable, & que sa vertu peut le consoler d'un crime involontaire; mais s'il a assez de fermeté dans l'esprit pour sentir qu'il n'est que malheureux, doit-il se punir de son malheur? Et s'il est assez furieux & assez désesperé pour se crever les yeux, doit-il être assez froid pour dire à Dircé dans un moment si terrible?

> Votre frere est connu, le sçavez-vous, Madame?
> Votre amour pour Thésée est dans un plein repos.
> . . . .
> Aux crimes, malgré moi, l'ordre du Ciel m'attache;
> Pour m'y faire tomber à moi-même il me cache;
> Il offre, en m'aveuglant sur ce qu'il a prédit,
> Mon peré à mon épée, & ma mére à mon lit.
> Hélas! qu'il est bien vrai qu'en vain on s'imagine
> Dérober notre vie à ce qu'il nous destine;
> Les soins de l'éviter font courir au-devant,
> Et l'adresse à le fuir y plonge plus avant.

Doit-il rester sur le Théâtre à débiter plus de quatre-vingts vers avec Dircé & Thésée qui sont deux Étrangers pour lui, tandis que Jocaste, sa femme & sa mere, ne sçait encore rien de son aventure, & ne paraît pas même sur la Scene.

Voilà à peu près les principaux défauts que j'ai cru appercevoir dans l'Œdipe de Corneille. Je m'abuse peut-être : mais je parle de ses fautes avec la même sincérité que j'admire les beautés qui y sont répandues ; & quoique les beaux morceaux de cette Piéce me paraissent très-inférieurs aux grands traits de ses autres Tragédies, je désespere pourtant de les égaler jamais : car ce grand homme est toujours au-dessus des autres, lors même qu'il n'est pas entierement égal à lui-même.

Je ne parle point de la versification ; on sçait qu'il n'a jamais fait de vers si faibles & si indignes de la Tragédie. En effet, Corneille ne connaissait gueres la médiocrité, & il tombait dans le bas avec la même facilité qu'il s'élevait au sublime.

J'espere que vous me pardonnerez, Monsieur, la témérité avec laquelle je parle ; si pourtant c'en est une de trouver mauvais ce qui est mauvais, & de respecter le nom de l'Auteur sans en être l'esclave.

Et quelles fautes voudrait-on que l'on relevât ? Serait-ce celles des Auteurs médiocres dont on ignore tout jusqu'aux défauts ? C'est sur les imperfections des grands hommes qu'il faut attacher sa critique ; car si le préjugé nous faisait admirer leurs fautes, bientôt nous les imiterions, & il se trouverait peut-être que nous n'aurions pris de ces célebres Ecrivains que l'exemple de mal faire.

LETTRE V.

Qui contient la critique du nouvel Œdipe.

Monsieur, me voilà enfin parvenu à la partie de ma Dissertation la plus aisée, c'est-à-dire, à la critique de mon ouvrage, & pour ne point perdre de tems, je commencerai par le premier défaut qui est celui du sujet. Régulierement, la Piece d'Œdipe devrait finir au premier Acte. Il n'est pas naturel qu'Œdipe ignore comment son prédécesseur est mort. Sophocle ne s'est point mis du tout en peine de corriger cette faute. Corneille, en voulant la sauver, a fait encore plus mal que Sophocle, & je n'ai pas mieux réussi qu'eux. Œdipe, chez moi, parle ainsi à Jocaste :

> On m'avait toujours dit que ce fut un Thébain
> Qui leva sur son Prince une coupable main.
> Pour moi qui, sur son thrône élevé par vous-même,
> Deux ans après sa mort, ai ceint le diadême,
> Madame, jusqu'ici respectant vos douleurs,
> Je n'ai point rappellé le sujet de vos pleurs ;
> Et de vos seuls périls chaque jour allarmée,
> Mon ame à d'autres soins semblait être formée.

Ce compliment ne me paraît point une excuse valable de l'ignorance d'Œdipe. La crainte de déplaire à sa femme en lui parlant de son premier mari, ne doit point du tout l'empêcher de s'informer des circonstances de la mort de son prédécesseur. C'est avoir trop de discrétion & trop

peu

peu de curiosité ; il ne lui est pas permis non plus de ne point sçavoir l'histoire de Phorbas. Un Ministre d'Etat ne sçaurait jamais être un homme assez obscur pour être en prison plusieurs années sans qu'on n'en sçache rien. Jocaste a beau dire :

Dans un château voisin conduit secretement,
Je dérobaï sa tête à leur emportement.

On voit bien que ces deux vers ne sont mis que pour prévenir la critique ; c'est une faute qu'on tâche de déguiser, mais qui n'en est pas moins faute.

Voici un défaut plus considérable qui n'est pas du sujet, & dont je suis seul responsable. C'est le personnage de Philoctete. Il semble qu'il ne soit venu à Thebes que pour y être accusé ; encore est-il soupçonné peut-être un peu légerement. Il arrive au premier acte, & s'en retourne au troisieme. On ne parle de lui que dans les trois premiers Actes, & on n'en dit pas un seul mot dans les derniers. Il contribue un peu au nœud de la Piece, & le dénouement se fait absolument sans lui : ainsi il paraît que ce sont deux Tragédies, dont l'une roule sur Philoctete, & l'autre sur Œdipe.

J'ai voulu donner à Philoctete le caractere d'un Héros, & j'ai bien peur d'avoir poussé la grandeur d'ame jusqu'à la fanfaronade. Heureusement j'ai lû dans Madame Dacier, qu'un homme peut parler avantageusement de soi, lorsqu'il est calomnié : voilà le cas où se trouve Philoctete. Il est réduit par la calomnie à la nécessité de dire du bien de lui-même. Dans une autre occasion, j'aurais tâché

M

de lui donner plus de politesse que de fierté ; & s'il s'était trouvé dans les mêmes circonstances que Sertorius & Pompée, j'aurais pris la conversation héroïque de ces deux grands hommes pour modele, quoique je n'eusse pas esperé de l'atteindre. Mais comme il est dans la situation de Nicomede, j'ai crû devoir le faire parler à peu-près comme ce jeune Prince, & qu'il lui était permis de dire, *un homme tel que moi*, lorsqu'on l'outrage. Quelques personnes s'imaginent que Philoctete était un pauvre Ecuyer d'Hercule, qui n'avait d'autre mérite que d'avoir porté ses fleches, & qui veut s'égaler à son maître dont il parle toujours. Cependant il est certain que Philoctete était un Prince de la Grece, fameux par ses exploits, Compagnon d'Hercule, & de qui même les Dieux avaient fait dépendre le destin de Troye. Je ne sçais si je n'en ai point fait en quelques endroits un fanfaron ; mais il est certain que c'était un Héros.

Pour l'ignorance où il est, en arrivant, sur les affaires de Thebes, je ne la trouve pas moins condamnable que celle d'Œdipe. Le mont Œta où il avait vu mourir Hercule, n'était pas si éloigné de Thebes, qu'il ne pût sçavoir aisément ce qui se passait dans cette Ville. Heureusement cette ignorance vicieuse de Philoctete m'a fourni une exposition du sujet qui m'a paru assez bien reçue ; & c'est ce qui me persuade que les beautés d'un ouvrage naissent quelquefois d'un défaut.

Dans toutes les Tragédies, on tombe dans un écueil tout contraire. L'exposition du sujet se fait ordinairement à un personnage qui en est aussi bien informé que celui qui lui parle. On est obligé, pour mettre les auditeurs au fait, de faire dire aux principaux Acteurs ce qu'ils ont dû vraisemblablement déjà dire mille fois. Le point de perfection serait de combiner tellement les évènemens, que l'Acteur qui parle n'eût jamais dû dire ce qu'on met dans sa bouche que dans le tems même où il le dit. Telle est, entre autres exemples de cette perfection, la premiere Scene de la Tragédie de Bajazet. Acomat ne peut être instruit de ce qui se passe dans l'armée. Osmin ne peut sçavoir de nouvelles du Serrail. Ils se font l'un à l'autre des confidences réciproques, qui instruisent & qui intéressent également le spectateur ; & l'artifice de cette exposition est conduit avec un ménagement dont je crois que Racine seul était capable.

Il est vrai qu'il y a des sujets de Tragédie où l'on est tellement gêné par la bisarrerie des évenemens, qu'il est presque impossible de réduire l'exposition de sa Piece à ce point de sagesse & de vraisemblance. Je crois, pour mon bonheur, que le sujet d'Œdipe est de ce genre ; & il me semble que lorsqu'on se trouve si peu maître du terrein, il faut toujours songer à être intéressant plutôt qu'exact ; car le Spectateur pardonne tout, hors la longueur, & lorsqu'il est une fois ému, il examine rarement s'il a raison de l'être.

A l'égard de l'amour de Jocaste & de Philoctete, j'ose encore dire que c'est un défaut nécessaire ; le sujet ne me fournissait rien par lui-même pour remplir les trois premiers Actes. A peine même avais-je de la matiere pour les deux derniers. Ceux qui connaissent le Théâtre, c'est-à-dire ceux qui

M 2

sentent les difficultés de la composition aussi-bien que les fautes, conviendront de ce que je dis. Il faut toujours donner des passions aux principaux personnages. Eh ! quel rôle insipide aurait joué Jocaste, si elle n'avait eu du moins le souvenir d'un amour légitime, & si elle n'avait craint pour les jours d'un homme qu'elle avait autrefois aimé.

Il est surprenant que Philoctete aime encore Jocaste, après une si longue absence : il ressemble assez aux Chevaliers errans, dont la profession était d'être toujours fideles à leurs maîtresses. Mais je ne puis être de l'avis de ceux qui trouvent Jocaste trop âgée pour faire naître encore des passions ; elle a pû être mariée si jeune, & il est si souvent répeté dans la Piece qu'Œdipe est dans une grande jeunesse, que sans trop presser les tems, il est aisé de voir qu'elle n'a pas plus de trente cinq ans. Les femmes seraient bien malheureuses, si on n'inspirait plus de sentiment à cet âge.

Je veux que Jocaste ait plus de soixante ans dans Sophocle & dans Corneille. La construction de leur fable n'est pas une regle pour la mienne. Je ne suis pas obligé d'adopter leurs fictions ; & s'il leur a été permis de faire revivre dans plusieurs de leurs Pieces des personnes mortes depuis long-tems, & d'en faire mourir d'autres qui étaient encore vivantes, on doit bien me passer d'ôter à Jocaste quelques années.

Mais je m'apperçois que je fais l'apologie de ma Piece, au lieu de la critique que j'en avais promise. Revenons vîte à la censure.

Le troisieme Acte n'est point fini ; on ne sçait

pourquoi les Acteurs sortent de la Scene. Œdipe dit à Jocaste :

Suivez mes pas, rentrons ; il faut que j'éclaircisse
Un soupçon que je forme avec trop de justice.
. . . . Suivez-moi,
Et venez dissiper ou combler mon effroi.

Mais il n'y a pas de raison pour éclaircir son doute plutôt derriere le Théâtre que sur la Scene : aussi Œdipe après avoir dit à Jocaste de le suivre, revient avec elle le moment d'après, & il n'y a nulle distinction entre le troisieme & le quatrieme Acte, que le coup d'archet qui les sépare.

La premiere Scene du quatrieme Acte est celle qui a le plus réussi : mais je ne me reproche pas moins d'avoir fait dire dans cette Scene à Jocaste & à Œdipe tout ce qu'ils avaient dû s'apprendre depuis long-tems. L'intrigue n'est fondée que sur une ignorance bien peu vraisemblable. J'ai été obligé de recourir à un miracle pour couvrir ce défaut du sujet. Je mets dans la bouche d'Œdipe :

Enfin je me souviens qu'aux champs de la Phocide,
(Et je ne conçois pas par quel enchantement
J'oubliais jusqu'ici ce grand événement ;
La main des Dieux sur moi si long-tems suspendue,
Semble ôter le bandeau qu'ils mettaient sur ma vûe,)
Dans un chemin étroit je trouvai deux guerriers, &c.

Il est manifeste que c'était au premier Acte qu'Œdipe devait raconter cette aventure de la Phocide ; car dès qu'il apprend par la bouche du Grand-Prêtre que les Dieux demandent la punition du meurtrier de Laïus, son devoir est de s'informer scrupuleusement & sans délai de toutes les circonstances de ce meurtre. On doit lui répondre que Laïus a été tué en Phocide, dans un chemin étroit par deux Etrangers ; & lui qui sçait que dans ce tems-là même, il s'est battu contre deux Etrangers en Phocide, doit soupçonner dès ce moment que Laïus a été tué de sa main. Il est triste d'être obligé, pour cacher cette faute, de supposer que la vengeance des Dieux ôte dans un tems la mémoire à Œdipe, & la lui rend dans un autre.

La Scene suivante d'Œdipe & de Phorbas me paraît bien moins intéressante chez moi que dans Corneille. Œdipe, dans ma Piece est déjà instruit de son malheur, avant que Phorbas acheve de l'en persuader. Phorbas ne laisse l'esprit du Spectateur dans aucune incertitude, il ne lui inspire aucune surprise, & ainsi il ne doit point l'intéresser : au contraire, dans Corneille, Œdipe, loin de se douter d'être le meurtrier de Laïus, croit en être le vengeur, & il se convainc lui-même en voulant convaincre Phorbas. Cet artifice de Corneille serait admirable, si Œdipe avait quelque lieu de croire que Phorbas est coupable, & si le nœud de la Piece n'était pas fondé sur un mensonge puéril.

C'est un conte
Dont Phorbas, au retour, voulut cacher sa honte.

Je ne pousserai pas plus loin la critique de mon ouvrage ; il me semble que j'en ai reconnu les défauts les plus importans. On ne doit pas en exiger davantage d'un Auteur, & peut-être un censeur ne m'aurait-il pas plus maltraité. Si on me demande

SUR ŒDIPE.

pourquoi je n'ai pas corrigé ce que je condamne, je répondrai qu'il y a souvent dans un ouvrage des défauts qu'on est obligé de laisser malgré soi; & d'ailleurs il y a peut-être autant d'honneur à avouer ses fautes qu'à les corriger. J'ajoûterai encore que j'en ai ôté autant qu'il en reste. Chaque représentation de mon Œdipe était pour moi un examen sévere, où je recueillais les suffrages & les censures du Public, & j'étudiais son goût pour former le mien. Il faut que j'avoue que Monseigneur le Prince de Conti est celui qui m'a fait les critiques les plus judicieuses, & les plus fines. S'il n'était qu'un Particulier, je me contenterais d'admirer son discernement : mais puisqu'il est élevé au-dessus des autres par son rang autant que par son esprit, j'ose ici le supplier d'accorder sa protection aux Belles-Lettres dont il a tant de connaissance.

J'oubliais de dire que j'ai pris deux vers dans l'Œdipe de Corneille. L'un est au premier Acte.

Ce monstre à voix humaine, aigle, femme & lion.

L'autre est au dernier Acte. C'est une traduction de Seneque : *Nec vivis mistus, nec sepultis.*

Et le sort qui l'accable
Des morts & des vivans semble le séparer.

Je n'ai point fait scrupule de voler ces deux vers, parce qu'ayant précisément la même chose à dire que Corneille, il m'était impossible de l'exprimer mieux, & j'ai mieux aimé donner deux bons vers de lui, que d'en donner deux mauvais de moi.

Il me reste à parler de quelques rimes que j'ai

hasardées dans ma Tragédie. J'ai fait rimer *frein* à *rien* ; *héros* à *tombeaux* ; *contagion* à *poison*, &c. Je ne défends point ces rimes, parce que je les ai employées : mais je ne m'en suis servi que parce que je les ai crues bonnes. Je ne puis souffrir qu'on sacrifie à la richesse de la rime toutes les autres beautés de la Poësie, & qu'on cherche plutôt à plaire à l'oreille qu'au cœur & à l'esprit. On pousse même la tyrannie jusqu'à exiger qu'on rime pour les yeux encore plus que pour les oreilles ; *je serais*, *j'aimerais*, &c. ne se prononcent point autrement que *traits* & *attraits* : cependant on prétend que ces mots ne riment point ensemble, parce qu'un mauvais usage veut qu'on les écrive différemment. M. Racine avait mis dans son Andromaque :

M'en croirez-vous ? Lassé de ses trompeurs attraits ;
Au lieu de l'enlever, Seigneur, je la fuirois.

Le scrupule lui prit, & il ôta la rime *fuirois*, qui me paraît (à ne consulter que l'oreille) beaucoup plus juste que celle de *jamais*, qu'il lui substitua.

La bisarrerie de l'usage, ou plutôt des hommes qui l'établissent, est étrange sur ce sujet comme sur bien d'autres. On permet que le mot *abhorre*, qui a deux *r*, rime avec *encore*, qui n'en a qu'une. Par la même raison, *tonnerre* & *terre* devraient rimer avec *pere* & *mere* : cependant on ne le souffre pas, & personne ne réclame contre cette injustice.

Il me paraît que la Poësie Française y gagnerait beaucoup, si on voulait secouer le joug de cet usage déraisonnable & tyrannique. Donner aux Auteurs de nouvelles rimes, ce serait leur donner de nouvelles pensées ; car l'assujettissement à la rime fait que souvent on ne trouve dans la langue qu'un seul mot qui puisse finir un vers : on ne dit presque jamais ce qu'on vouloit dire ; on ne peut se servir du mot propre ; on est obligé de chercher une pensée pour la rime, parce qu'on ne peut trouver de rime pour exprimer ce qu'on pense. C'est à cet esclavage qu'il faut imputer plusieurs impropriétés qu'on est choqué de rencontrer dans nos Poëtes les plus exacts. Les Auteurs sentent encore mieux que les Lecteurs la dureté de cette contrainte, & ils n'osent s'en affranchir.

Pour moi, dont l'exemple ne tire point à conséquence, j'ai tâché de regagner un peu de liberté ; & si la Poësie occupe encore mon loisir, je préfererai toujours les choses aux mots ; & la pensée à la rime.

LETTRE VI.

Qui contient une Dissertation sur les Chœurs.

Monsieur, Il ne me reste plus qu'à parler du Chœur que j'introduis dans ma Piéce. J'en ai fait un personnage qui paraît à son rang comme les autres Acteurs, & qui se montre quelquefois sans parler, seulement pour jetter plus d'intérêt dans la Scene, & pour ajouter plus de pompe au spectacle.

Comme on croit d'ordinaire que la route qu'on

a tenue était la seule qu'on devait prendre, je m'imagine que la maniere dont j'ai hasardé les Chœurs, est la seule qui pouvait réussir parmi nous.

Chez les anciens, le Chœur remplissait l'intervalle des Actes, & paraissait toujours sur la Scene. Il y avait à cela plus d'un inconvénient ; car ou il parlait dans les Entre-actes de ce qui s'était passé dans les Actes précédens, & c'était une répétition fatigante; ou il prévenait ce qui devait arriver dans les Actes suivans, & c'était une annonce qui pouvait dérober le plaisir de la surprise ; ou enfin il était étranger au sujet, & par conséquent il devait ennuyer.

La présence continuelle du Chœur dans la Tragédie, me paraît encore plus impraticable : l'intrigue d'une Piece intéressante exige d'ordinaire que les principaux Acteurs ayent des secrets à se confier. Eh ! le moyen de dire son secret à tout un Peuple ? C'est une chose plaisante de voir Phédre dans Euripide avouer à une troupe de femmes un amour incestueux, qu'elle doit craindre de s'avouer à elle-même. On demandera peut-être comment les Anciens pouvaient conserver si scrupuleusement un usage si sujet au ridicule ; c'est qu'ils étaient persuadés que le Chœur était la base & le fondement de la Tragédie. Voilà bien les hommes, qui prennent presque toujours l'origine d'une chose pour l'essence de la chose même. Les Anciens sçavaient que ce spectacle avait commencé par une troupe de paysans yvres qui chantaient les louanges de Bacchus, & ils voulaient que le Théâtre fût toujours rempli d'une troupe d'Acteurs, qui en chantant les louanges des Dieux, rappellassent l'idée que le Peuple avait de l'origine de la Tragédie. Long-tems même le Poëme dramatique ne fut qu'un simple Chœur, & les personnages qu'on y ajoûta, ne furent regardés que comme des Episodes; & il y a encore aujourd'hui des Sçavans qui ont le courage d'assurer que nous n'avons aucune idée de la véritable Tragédie, depuis que nous avons banni les Chœurs : c'est comme si, dans une même Piéce, on voulait que nous missions Paris, Londres & Madrid sur le Théâtre, parce que nos peres en usaient ainsi, lorsque la Comédie fut établie en France.

M. Racine qui a introduit des Chœurs dans Athalie & dans Esther, s'y est pris avec plus de précaution que les Grecs; il ne les a gueres fait paraître que dans les Entre-actes; encore a-t-il eu bien de la peine à le faire avec la vraisemblance qu'exige toujours l'art du Théâtre.

A quel propos faire chanter une troupe de Juives, lorsqu'Esther a raconté ses aventures à Elise ? Il faut nécessairement, pour amener cette Musique, qu'Esther leur ordonne de lui chanter quelque air.

Mes filles, chantez-nous quelqu'un de ces Cantiques.

Je ne parle pas du bisarre assortiment du chant & de la déclamation dans une même Scene : mais du moins il faut avouer que des moralités mises en musique doivent paraître bien froides, après ces dialogues pleins de passion qui font le caractere de la Tragédie. Un Chœur serait bien mal venu, après la déclaration de Phédre, ou après la conversation de Sévere & de Pauline.

Je croirai donc toujours, jusqu'à ce que l'événement me détrompe, qu'on ne peut hazarder le Chœur dans une Tragédie, qu'avec la précaution de l'introduire à son rang, & seulement lorsqu'il est nécessaire pour l'ornement de la Scene : encore n'y a-t-il que très-peu de sujets où cette nouveauté puisse être reçue. Le Chœur serait absolument déplacé dans Bajazet, dans Mithridate, dans Britannicus, & généralement dans toutes les Pieces dont l'intrigue n'est fondée que sur les intérêts de quelques Particuliers ; il ne peut convenir qu'à des Pieces où il s'agit du salut de tout un Peuple.

Les Thébains sont les premiers intéressés dans le sujet de ma Tragédie ; c'est de leur mort ou de leur vie dont il s'agit, & il ne paraît pas hors des bienséances de faire paraître quelquefois sur la Scene ceux qui ont le plus d'intérêt de s'y trouver.

LETTRE VII.

A l'occasion de plusieurs Critiques qu'on a faites d'Œdipe.

MONSIEUR, on vient de me montrer une critique de mon Œdipe, qui, je crois, sera imprimée avant que cette seconde édition puisse paraître. J'ignore quel est l'Auteur de cet ouvrage. Je suis fâché qu'il me prive du plaisir de le remercier des éloges qu'il me donne avec bonté, & des critiques qu'il fait de mes fautes avec autant de discernement que de politesse.

J'avais déjà reconnu, dans l'examen que j'ai fait de ma Tragédie, une bonne partie des défauts que l'Observateur releve ; mais je me suis apperçu qu'un Auteur s'épargne toujours, quand il se critique lui-même, & que le Censeur veille, lorsque l'Auteur s'endort. Celui qui me critique a vû sans doute mes fautes d'un œil plus éclairé que moi. Cependant je ne sçais si, comme j'ai été un peu trop indulgent, il n'est pas quelquefois un peu trop sévere. Son ouvrage m'a confirmé dans l'opinion où je suis que le sujet d'Œdipe est un des plus difficiles qu'on ait jamais mis au Théâtre ; mon Censeur me propose un plan, sur lequel il voudrait que j'eusse composé ma Piece ; c'est au Public à en juger. Mais je suis persuadé que si j'avais travaillé sur le modele qu'il me présente, on ne m'aurait pas fait même l'honneur de me critiquer. J'avoue qu'en substituant, comme il le veut, *Créon à Philoctete*, j'aurais peut-être donné plus d'exactitude à mon ouvrage ; mais Créon aurait été un personnage bien froid, & j'aurais trouvé par-là le secret d'être à la fois ennuyeux & irrépréhensible.

On m'a parlé de quelques autres critiques. Ceux qui se donnent la peine de les faire me feront toujours beaucoup d'honneur, & même de plaisir, quand ils daigneront me les montrer. Si je ne puis à présent profiter de leurs observations, elles m'éclaireront du moins pour les premiers ouvrages que je pourrai composer, & me feront marcher d'un pas plus sûr dans cette carriere dangereuse.

On m'a fait appercevoir que plusieurs vers de ma Piece se trouvaient dans d'autres Pieces de Théâtre. Je dis qu'on m'en a fait appercevoir ; car, soit qu'ayant la tête remplie de vers d'autrui, j'aie cru travailler d'imagination, quand je ne travaillais que de mémoire; soit qu'on se rencontre quelquefois dans les mêmes pensées & dans les mêmes tours, il est certain que j'ai été plagiaire sans le sçavoir, & que hors ces deux beaux vers de Corneille, que j'ai pris hardiment & dont je parle dans mes Lettres, je n'ai eu dessein de voler personne.

Il y a dans les Horaces:

Est-ce vous, Curiace? en croirai-je mes yeux?

Et dans ma Piece il y avait:

Est-ce vous, Philoctete? en croirai-je mes yeux?

J'espere qu'on me fera l'honneur de croire que j'aurais bien trouvé tout seul un pareil vers. Je l'ai changé cependant, aussi-bien que plusieurs autres; & je voudrais que tous les défauts de mon ouvrage fussent aussi aisés à corriger que celui-là.

On m'apporte en ce moment une nouvelle critique de mon Œdipe: celle-ci me paraît moins instructive que l'autre; mais beaucoup plus maligne. La premiere est d'un Religieux, à ce qu'on vient de me dire: la seconde est d'un homme de Lettres; & ce qui est assez singulier, c'est que le Religieux possede mieux le Théâtre, & l'autre la raillerie. Le premier a voulu m'éclairer, & y a réussi. Le second a voulu m'outrager; mais il n'en est point venu à bout. Je lui pardonne sans peine ses injures, en faveur de quelques traits ingénieux & plaisans dont son ouvrage m'a paru semé. Ses railleries m'ont plus diverti qu'elles ne m'ont offenſé ; & même de tous ceux qui ont vû cette ſatyre en manuſcrit, je ſuis celui qui en ai jugé le plus avantageuſement. Peut-être ne l'ai-je trouvée bonne que par la crainte où j'étais de ſuccomber à la tentation de la trouver mauvaiſe. Ce ſera au Public à juger de ſon prix.

Ce Cenſeur aſſure, dans ſon ouvrage, que ma Tragédie languira triſtement dans la boutique de Ribou, lorſque ſa Lettre aura deſſillé les yeux du Public ; heureuſement il empêche lui-même le mal qu'il me veut faire. Si ſa ſatyre eſt bonne, tous ceux qui la liront, auront quelque curioſité de voir la Tragédie qui en eſt l'objet ; & au lieu que les Pieces de Théâtre font vendre d'ordinaire leurs critiques, cette critique fera vendre mon ouvrage. Je lui aurai la même obligation qu'Eſcobar eut à Paſchal. Cette comparaiſon me paraît aſſez juſte ; car ma Poëſie pourrait bien être auſſi relâchée que la morale d'Eſcobar ; & il y a quelques traits dans la ſatyre de ma Piece, qui ſont peut-être dignes des Lettres Provinciales, du moins par la malignité.

Je reçois une troiſieme critique ; celle-ci eſt ſi miſérable, que je n'en puis moi-même ſoutenir la lecture. J'en attends encore deux autres. Voilà bien des ennemis ; mais je ſouhaite donner bientôt une Tragédie qui m'en attire encore davantage.

LETTRE*
A M. L'ÉVÊQUE D'ANNECY.
Du 15 Décembre 1758.

Le Curé d'un petit Village nommé *Moëns*, voisin de ma Terre, a suscité un Procès à mes Vassaux de *Fernex*, & ayant souvent quitté sa Cure pour aller solliciter à *Dijon*, il a accablé aisément des Cultivateurs uniquement occupés du travail qui soutient leur vie. Il leur a fait pour quinze cens livres de frais, pendant qu'ils labouraient leurs champs, & a eu la cruauté de compter parmi ses frais de justice, les voyages qu'il a faits pour les ruiner. Vous sçavez mieux que moi, Monseigneur, combien, dès les premiers tems de l'Eglise, les Saints Peres se sont élevés contre les Ministres sacrés qui empléyent aux affaires temporelles le tems destiné aux autels. Mais si on leur avait dit ; un Prêtre est venu avec des Sergens rançonner de pauvres familles, les forcer de vendre le seul pré qui nourrit tous leurs bestiaux, & ôter le lait à leurs enfans, qu'auraient dit les *Jerômes*, les *Irénées*, les *Augustins*? Voilà, Monseigneur, ce

---

* Cette Lettre est tirée d'un Journal qui a paru à Berlin en 1759, sous le titre de *Lettres sur l'état présent des sciences & des mœurs par M. Formey*. On la trouve dans le tome premier, page 409.

que le Curé de *Moëns* est venu faire à la porte de mon Château, sans daigner même me venir parler ; je lui ai envoyé dire que j'offrais de payer la plus grande partie de ce qu'il exige de mes Communes, & il a répondu que cela ne le satisfaisait pas. Vous gémissez sans doute, que des exemples si odieux soient donnés par des Pasteurs Catholiques, tandis qu'il n'y a pas un seul exemple qu'un Pasteur Protestant ait été en Procès avec ses Paroissiens. Il est humiliant pour nous, il le faut avouer, de voir dans les Villages du Territoire de Genève des Pasteurs hérétiques qui sont au rang des plus sçavans hommes de l'Europe, qui possédent les Langues Orientales, qui prêchent dans la leur avec éloquence, & qui, loin de poursuivre leurs Paroissiens pour un arpent de seigle ou de vigne, sont leurs Consolateurs & leurs Pères. C'est une des raisons qui ont dépeuplé le Canton que j'habite ; deux de mes Jardiniers ont quitté l'année précédente notre Religion pour embrasser la Protestante ; le Village de *Rosié* avait trente-deux maisons, & n'en a plus qu'une ; les Villages de *Magni* & de *Boisi* ne sont plus que des déserts ; *Ferney* est réduit à cinq familles, ayant droit de commune ; & ce sont ces cinq pauvres familles qu'un Curé veut forcer d'abandonner leurs demeures pour aller chercher sur le Territoire de la florissante Genève, la paix qu'on leur dispute dans les Chaumières de leurs pères. Je conjure votre zele paternel, votre religion, non pas d'engager le Curé de *Moëns* à se relâcher des droits que la chicane lui a donnés, mais à ne pas user d'un droit si peu Chrétien dans toute sa rigueur, à donner les délais que donnerait le Procureur le plus insatiable, à se contenter de ma promesse que j'exécuterai aussitôt que mes malheureux Vassaux auront rempli une formalité de Justice préalable & nécessaire. J'attends de vous cette grace ou plutôt cette justice, &c.

ÉPITRE
A MADAME DENIS,
SUR L'AGRICULTURE.

Qu'il est doux d'employer le déclin de son âge,
Comme le grand Virgile occupa son printems !
Du beau lac de Mantoue il aimait le rivage ;
Il cultivait la terre & chantait ses présens ;
Mais bientôt ennuyé des plaisirs du village,
D'Alexis & d'Aminte il quitta le séjour,
Et malgré Mévius, il parut à la Cour.
 C'est la Cour qu'on doit fuir, c'est aux champs qu'il faut vivre.
Dieu du Jour, Dieu des Vers, j'ai ton exemple à suivre.
Tu gardas les troupeaux, mais c'étaient ceux d'un Roi ;
Je n'aime les moutons que lorsqu'ils sont à moi.
L'arbre que l'on a planté rit plus à notre vûe
Que le Parc de Versaille & sa vaste étendue.
Le Normand Fontenelle, au milieu de Paris,
Prêta des agrémens au chalumeau champêtre ;
Mais il vantait des soins qu'il craignait de connaître ;
Et de ses faux Bergers, il fit de Beaux-Esprits.

A MADAME DENIS.

Je veux que le cœur parle, ou que l'Auteur se taise;
Ne célébrons jamais que ce que nous aimons.
En fait de sentimens, l'art n'a rien qui nous plaise,
Ou chantez vos plaisirs, ou quittez les chansons;
Ce sont des faussetés, & non des fictions.
» Mais, quoi ! loin de Paris, se peut-il qu'on respire?
(Me dit un Petit-Maître amoureux du fracas;)
» Les plaisirs dans Paris voltigent sur nos pas;
» On s'oublie, on espere, on jouit, on desire;
» Il nous faut du tumulte; & je sens que mon cœur,
» S'il n'est pas enivré, va tomber en langueur.... «

   Attends, bel étourdi, que les rides de l'âge,
Mûrissant ta raison, sillonnent ton visage,
Que Lise t'ait quitté, qu'un ingrat t'ait trahi,
Qu'un Riche t'ait volé, qu'un jaloux hypocrite
T'ait noirci des poisons de sa langue maudite,
Qu'un opulent fripon, de ses pareils haï,
Ait ravi des honneurs qu'on enleve au mérite;
Tu verras qu'il est bon de vivre enfin pour soi,
Et de sçavoir quitter le monde qui nous quitte.

» Mais vivre sans plaisirs, sans faste, sans emploi,
» Succomber sous le poids d'un ennui volontaire...

   De l'ennui ! Penses-tu que retiré chez toi,
Pour les tiens, pour l'Etat, tu n'as plus rien à faire?
La Nature t'appelle; apprends à l'observer;
La France a des déserts, ose les cultiver;
Elle a des malheureux; un travail nécessaire,
Ce partage de l'homme & son consolateur,
En chassant l'indigence amene le bonheur.
Change en épis dorés, change en gras pâturages,
Ces ronces, ces roseaux, ces affreux marécages.

Tes vassaux languissans qui pleuraient d'être nés;
Qui redoutaient sur-tout de former leurs semblables :
Et de donner le jour à des infortunés,
Vont se lier gaiment par des nœuds désirables.
Un canton défolé se peuple & s'enrichit ;
Turbilly dans l'Anjou t'imite & t'applaudit.
Bertin, qui dans son Roi voit toujours sa patrie,
Prête un bras secourable à ta noble industrie.
Trudaine sçait assez que le cultivateur
Des ressorts de l'Etat est le premier moteur,
Et qu'on ne doit pas moins, pour le soutien du Trône,
A la faulx de Cérès qu'au sabre de Bellone.
J'estime Saint Benoît ; il prétendit du moins,
Que ses enfans tondus, chargés d'utiles soins,
Méritassent de vivre en guidant la charrue,
En creusant des canaux, en défrichant des bois.
Mais je suis peu content du bon-homme François;
Il crut qu'un vrai Chrétien doit gueuser dans la rue,
Et voulut que ses fils, robustes, fainéans,
Fissent serment à Dieu de vivre à nos dépens.

Dieu veut que l'on travaille & que l'on s'évertue,
Et le sot mari d'Eve au Paradis d'Eden,
Reçut un ordre exprès d'arranger son jardin.
C'est la premiere loi donnée au premier homme
Avant qu'il eût mangé la moitié de sa pomme.

Mais ne détournons point nos mains & nos regards,
Ni des autres emplois, ni sur-tout des beaux Arts.
Il est des tems pour tout, & lorsqu'en mes vallées,
Qu'entoure un long amas de montagnes pelées,
De quelques malheureux ma main séche les pleurs,
Sur la Scene à Paris j'en fais verser peut-être;

A MADAME DENIS.

Dans Versaille étonné, j'attendris de grands cœurs ;
Et sans croire approcher de Corneille mon maître,
Quelquefois je peux plaire, à l'aide de Clairon.
Au fond de son bourbier je fais rentrer F******
L'Archidjacre T****** prétend que je l'ennuye
La représaille est juste, & je sçais à propos,
Confondre les pervers, & me moquer des sots.
En vain sur son crédit le délateur s'appuye ;
Sous son bonnet quarré, que ma main jette à bas,
Je découvre en riant la tête de Midas.
J'honore Diderot, malgré la calomnie.
Ma voix parle plus haut que les cris de l'Envie.
Les échos des rochers qui ceignent ce désert,
Répétent, après moi, le nom de d'Alembert.
Un Philosophe est ferme & n'a point d'artifice.
Sans espoir & sans crainte, il sçait rendre justice :
Jamais adulateur & toujours citoyen,
A son Prince attaché, sans lui demander rien ;
Fuyant des factions les brigues ennemies,
Qui se glissent par fois dans nos Académies ;
Sans aimer Loyola, condamnant S. Médard,
Des billets qu'on exige il se rit à l'écart,
Et laisse au Parlement à réprimer l'Eglise.
Il s'éleve à son Dieu, quand il foule à ses pieds
Un fatras dégoûtant d'argumens décriés ;
Et son ame inflexible, au vrai seul est soumise.

C'est ainsi qu'on peut vivre à l'ombre de ses bois,
En guerre avec les sots, en paix avec soi-même,
Gouvernant d'une main le soc de Triptoleme,
Et de l'autre essayant d'accorder sous ses doigts,
La lyre de Racine & le luth de Chapelle.

ÉPITRE, &c.

O vous ! à l'amitié dans tous les tems fidelle !
Vous qui sans préjugés, sans vices, sans travers,
Embellissez mes jours, ainsi que mes deserts,
Soutenez mes travaux & ma Philosophie.
Vous cultivez les Arts ; les Arts vous ont suivie.
Le sang du grand Corneille élevé sous vos yeux,
Apprend par vos leçons à mériter d'en être :
Le Pere de Cinna vient m'instruire en ces lieux ;
Son ombre entre nous trois aime encore à paraître ;
Son ombre nous console, & nous dit qu'à Paris
Il faut abandonner la place aux Scuderis.

A Ferney, ce 14 Mars 1761.

VERS

A LA PRINCESSE AMÉLIE DE PRUSSE.

De plus d'une Divinité
    J'adore en vous l'image ;
Vénus avait moins de beauté,
    Minerve était moins sage.
L'Amour, timide & retenu,
    Suit sans cesse vos traces ;
Vous faites aimer la vertu,
    Et respecter les Graces.

LETTRES
SUR DIFFÉRENS SUJETS.

LETTRE

A Messieurs les Auteurs du NOUVELLISTE
DU PARNASSE.

Messieurs, on m'a fait tenir à la campagne, où je suis, près de Kenterbury, depuis quatre mois, les Lettres que vous publiez avec succès en France, depuis environ ce tems.

J'ai vû dans votre dix-huitieme Lettre des plaintes injurieuses, que l'on vous adresse contre moi, sur lesquelles il est juste que j'aie l'honneur de vous écrire, moins pour ma propre justification, que pour l'intérêt de la vérité.

Un ami, ou peut-être un parent de feu M. de Campistron, me fait des reproches pleins d'amertume & de dureté, de ce que j'ai, dit-il, insulté à la mémoire de cet illustre Ecrivain dans une brochure de ma façon, & que je me suis servi de ces termes indécens, *le pauvre Campistron*. Il aurait raison, sans doute, de me faire ce reproche; & vous, Messieurs, de l'imprimer, si j'avais en effet été coupable d'une grossiereté si éloignée de mes mœurs. Ç'a été pour moi une surprise également vive & douloureuse, de voir que l'on m'impute de pareilles sottises. Je ne sçais ce que c'est que cette brochure ; je n'en ai jamais entendu parler (1). Je n'ai fait aucune brochure en ma vie : si jamais homme devait être à l'abri d'une pareille accusation, j'ose dire que c'était moi, Messieurs.

Depuis l'âge de seize ans, où quelques vers un peu satyriques, & par conséquent très-condamnables, avoient échappé à l'imprudence de mon âge, & au ressentiment d'une injustice, je me suis imposé la loi de ne jamais tomber dans ce détestable genre d'écrire. Je passe mes jours dans des souffrances continuelles de corps qui m'accablent, & dans l'étude des bons Livres qui me console ; j'apprends quelquefois dans mon lit que l'on m'impute, à Paris, des Piéces fugitives que je n'ai jamais vues, & que je ne verrai jamais. Je ne puis attribuer ces accusations frivoles à aucune jalousie d'Auteur ; car, qui pourrait être jaloux de moi ? Mais quelque motif qu'on ait pu avoir pour me charger de pareils écrits, je déclare ici, une bonne fois pour toutes, qu'il n'y a personne en France qui puisse dire que je lui aie jamais fait voir, depuis que je suis hors de l'enfance, aucun Ecrit satyrique en vers ou en prose, & que celui-là se montre qui puisse seulement avancer que j'aie jamais applaudi un seul de ces Ecrits, dont le mérite consiste à flatter la malignité humaine.

Non-seulement je ne me suis jamais servi de termes injurieux, soit de bouche, soit par écrit, en citant feu M. de Campistron, dont la mémoire

---

(1). Elle était intitulée : *Lettre d'un Spectateur Français au sujet d'Inès de Castro.* M. de V. n'en est point l'Auteur.

ne doit pas être indifférente aux gens de Lettres; mais je me suis toujours révolté contre cette coutume impolie, qu'ont pris plusieurs jeunes gens, d'appeller par leur simple nom des Auteurs illustres, qui méritent des égards.

J'ai trouvé toujours indigne de la politesse Française, & du respect que les hommes se doivent les uns aux autres, de dire Fontenelle, Chaulieu, Crébillon, la Motte, Rousseau, & j'ose dire que j'ai corrigé quelques personnes de ces manieres indécentes de parler, qui sont toujours insultantes pour les vivans, & dont on ne doit se servir envers les morts, que quand ils commencent à devenir Anciens pour nous. Le peu de curieux qui pourront jetter les yeux sur les Préfaces de quelques Piéces de Théatre que j'ai hasardées, verront que je dis toujours le *grand Corneille*, qui a pour nous le mérite de l'Antiquité; & que je dis, *Monsieur Racine*, & *Monsieur Despréaux*, parce qu'ils sont presque mes contemporains. Il est vrai que, dans la Préface d'une Tragédie adressée à Milord Bolingbroock, rendant compte à cet illustre Anglais des défauts & des beautés de notre Théatre, je me suis plaint avec justice que la galanterie dégrade parmi nous la dignité de la Scene; j'ai dit, & je le dis encore, que l'on ayait applaudi ces vers de l'*Alcibiade*, indignes de la Tragédie:

Hélas! qu'est-il besoin de m'en entretenir?
Mon penchant à l'amour, je l'avouerai sans peine,
Fut de tous mes malheurs la cause trop certaine:
Mais bien qu'il m'ait causé des chagrins, des soupirs
Je n'ai pu refuser mon ame à ses plaisirs;

Car enfin, Amintas, quoi qu'on en puisse dire,
Il n'est rien de semblable à ce qu'il nous inspire.
Où trouve-t-on ailleurs cette vive douceur,
Capable d'enlever & de calmer un cœur ?
Ah ! lorsque pénétré d'un amour véritable,
Et gémissant aux pieds d'un objet adorable,
J'ai connu dans ses yeux timides ou distraits,
Que mes soins de son cœur avaient troublé la paix ;
Que par l'aveu secret d'une ardeur mutuelle,
La mienne a pris encore une force nouvelle ;
Dans ces tendres instans j'ai toujours éprouvé,
Qu'un mortel peut sentir un bonheur achevé.

J'aurais pu dire, avec la même vérité, que les derniers ouvrages du grand Corneille sont indignes de lui, & sont inférieurs à cet *Alcibiade*, & que la *Bérénice* de M. Racine n'est qu'une élégie bien écrite, sans offenser la mémoire de ces grands hommes. Ce sont les fautes des Ecrivains illustres qui nous instruisent ; j'ai cru même faire honneur à M. de Campistron, en le citant à des Etrangers, à qui je parlais de la Scene Française : de même que je croirais rendre hommage à la mémoire de l'inimitable Moliere, si pour faire sentir les défauts de notre Scène comique, je disais, que d'ordinaire les intrigues de nos Comédies ne sont ménagées que par des valets, que les plaisanteries ne sont presque jamais dans la bouche des maîtres, & que j'apportasse en preuve la plupart des Piéces de ce charmant génie, qui, malgré ce défaut, & celui de ses dénouemens, est si au-dessus de Plaute & de Térence.

J'ai ajoûté qu'*Alcibiade* est une Piéce suivie,

mais faiblement écrite : le Défenseur de Monsieur de Campistron m'en fait un crime : mais qu'il me soit permis de me servir de la réponse d'Horace.

Nempè incomposito dixi pede currere versus
Lucili : quis tam Lucili fautor ineptè est
Ut non hoc fateatur ?

On me demande ce que j'entends par un style faible, je pourrois répondre, le mien. Mais je vais tacher de débrouiller cette idée, afin que cet Ecrit ne soit pas absolument inutile, & que ne pouvant par mon exemple prouver ce que c'est qu'un style noble & fort, j'essaye au moins d'expliquer mes conjectures, & de justifier ce que je pense en général du style de la Tragédie d'*Alcibiade*.

Le style fort & vigoureux, tel qu'il convient à la Tragédie, est celui qui ne dit trop ni trop peu, & qui fait toujours des tableaux à l'esprit, sans s'écarter un moment de la passion.

Ainsi Cléopatre, dans la *Rodogune*, s'écrie :

Thrône, à t'abandonner je ne puis consentir,
Par un coup de tonnerre, il en vaut mieux sortir.
Tombe sur moi le ciel, pourvu que je me venge.

Voilà du style très-fort, & peut-être trop. Le vers qui suit,

Il vaut mieux mériter le sort le plus étrange,

est du style le plus faible.

Le style faible, non-seulement en Tragédie, mais en toute Poësie, consiste encore à laisser tomber ses vers deux à deux, sans entremêler de longues périodes & de courtes, & sans varier la mesure, à rimer trop en épithetes, à prodiguer des expressions trop communes, à répéter souvent les mêmes mots, à ne pas se servir à propos de conjonctions, qui paraissent inutiles aux esprits peu instruits, & qui contribuent cependant beaucoup à l'élégance du discours.

Tantùm series juncturaque pollent.

Ce sont toutes ces finesses imperceptibles, qui font en même tems la difficulté & la perfection de l'art.

In tenui labor ; at tenuis non gloria.

J'ouvre dans ce moment le volume des Tragédies de M. de Campistron, & je vois à la premiere Scene de l'*Alcibiade* :

Quelle que soit pour nous la tendresse des Rois,
Un moment leur suffit pour faire un autre choix.

Je dis que ces vers, sans être absolument mauvais, sont faibles & sans beauté.

Le grand Corneille ayant la même chose à dire, s'exprime ainsi :

Et malgré ce pouvoir dont l'éclat nous séduit,
Si-tôt qu'il nous veut perdre, un coup d'œil nous détruit.

Ce *quelle que soit* de l'*Alcibiade* fait languir le vers : de plus,

Un moment leur suffit pour faire un autre choix ;

Ne fait pas, à beaucoup près, une peinture si vive que ce vers ;

Si-tôt qu'il nous veut perdre, un coup d'œil nous détruit.

Je trouve encore,

Mille exemples connus de ces fameux revers,

Affaiblit notre Empire, & dans *mille* combats....
Nous cache *mille* soins dont il est agité....
Il a *mille* vertus dignes du diadême....
Le sort le plus cruel, *mille* tourmens affreux....

Je dis que ce mot *mille* si souvent répété, & surtout dans des vers assez lâches, affaiblit le style au point de le gâter; que la Piece est pleine de ces termes *oisifs*, qui remplissent languissamment l'hémistiche des vers : je m'offre de prouver à qui voudra, que presque tous les vers de cet ouvrage sont énervés par ces petits défauts de détail, qui répandent la langueur sur toute la diction. Si j'avais vécu du tems de M. de Campistron, & que j'eusse eu l'honneur d'être son ami, je lui aurais dit à lui-même ce que je dis ici au Public; & j'aurais fait tous mes efforts pour obtenir de lui qu'il retouchât le style de cette Piece, qui serait devenue, avec plus de soin, un très-bon ouvrage. En un mot, je lui aurais parlé, comme je fais ici, pour la perfection d'un art qu'il cultivait d'ailleurs avec succès.

Le fameux Acteur qui représenta si long-tems Alcibiade, cachait toutes les faiblesses de la diction par les charmes de son récit. En effet, l'on peut dire d'une Tragédie comme d'une Histoire : *Historia quoquo modo scripta benè legitur, & Tragedia quoquo modo scripta benè repræsentatur*; mais les yeux du Lecteur sont des juges plus difficiles, que les oreilles du Spectateur.

Celui qui lit ces vers d'Alcibiade :

Je répondrai, Seigneur, avec la liberté
D'un Grec qui ne sçait pas cacher la vérité.

se ressouvient à l'instant de ces deux beaux vers de Britannicus :

>Je répondrai, Madame, avec la liberté
>D'un Soldat, qui sçait mal farder la vérité.

Il voit d'abord que les vers de M. Racine sont pleins d'une harmonie singuliere, qui caractérise en quelque façon Burrus par cette césure coupée, *d'un Soldat* ; au lieu que les vers d'Alcibiade sont rampans & sans force. En second lieu, il est choqué d'une imitation si marquée. En troisieme lieu, il ne peut souffrir que le Citoyen d'un Pays renommé par l'éloquence & par l'artifice, donne à ces mêmes Grecs un caractere qu'ils n'avaient pas.

>Vous allez attaquer des peuples indomptables,
>Sur leurs propres foyers, plus qu'ailleurs, redoutables.

On voit par-tout la même langueur de style. Ces rimes d'épithetes *indomptables, redoutables*, choquent l'oreille délicate du connaisseur, qui veut des choses, & qui ne trouve que des sons. *Sur leurs propres foyers, plus qu'ailleurs*, est trop simple, même pour de la prose.

Je n'ai trouvé aucun homme de Lettres qui n'ait été de mon avis, & qui ne soit convenu avec moi que le style de cette Piece est en général très-languissant. J'ajouterai même que c'est la diction seule qui abaisse M. de Campistron au-dessous de M. Racine. J'ai toujours soutenu que les Pieces de M. de Campistron étaient pour le moins aussi régulierement conduites que toutes celles de l'illustre Racine ; mais il n'y a que la Poésie de style, qui fasse la perfection des ouvrages en vers. M. de

Campistron l'a toujours trop négligée; il n'a imité le coloris de M. Racine que d'un pinceau timide; il manque à cet Auteur, d'ailleurs judicieux & tendre, ces beautés de détail, ces expressions heureuses, qui font l'ame de la Poësie, & qui font le mérite des Homeres, des Virgiles, des Tasses, des Miltons, des Popes, des Corneilles, des Racines, des Boileaux.

Je n'ai donc avancé qu'une vérité, & même une vérité utile pour les Belles-Lettres; & c'est parce qu'elle est vérité, qu'elle m'attire des injures.

L'Anonyme, quel qu'il soit, me dit, à la suite de plusieurs personnalités, que je suis un très-mauvais modéle; mais au moins il ne le dit qu'après moi; je ne me vante que de connaître mon art & mon impuissance. Il dit d'ailleurs (ce qui n'est point une injure, mais une critique permise) que ma Tragédie de Brutus est très-défectueuse. Qui le sçait mieux que moi? C'est parce que j'étais très-convaincu des défauts de cette Piéce, que je la refusai constamment un an entier aux Comédiens. Depuis même je l'ai fort retouchée: j'ai retourné ce terrein, où j'avais travaillé si long-tems avec tant de peine & si peu de fruit. Il n'y a aucun de mes faibles ouvrages, que je ne corrige tous les jours, dans les intervalles de mes maladies. Non-seulement je vois mes fautes, mais j'ai obligation à ceux qui m'en reprennent, & je n'ai jamais répondu à une critique, qu'en tâchant de me corriger.

Cette vérité que j'aime dans les autres, j'ai droit d'exiger que les autres la souffrent en moi. M. de la Motte sçait avec quelle franchise je lui ai parlé, & que je l'estime assez pour lui dire, quand j'ai l'honneur de le voir, quelques défauts que je crois appercevoir dans ses ingénieux ouvrages. Il serait honteux que la flatterie infectât le petit nombre d'hommes qui pensent : mais plus j'aime la vérité, plus je hais & dédaigne la satyre, qui n'est jamais que le langage de l'envie. Les Auteurs qui veulent apprendre à penser aux autres hommes, doivent leur donner des exemples de politesse, comme d'éloquence, & joindre les bienséances de la Société à celles du style. Faut-il que ceux qui cherchent la gloire, courent à la honte par leurs querelles littéraires, & que les gens d'esprit deviennent souvent la risée des sots ?

On m'a souvent envoyé en Angleterre des Epigrammes & de petites satyres contre M. de Fontenelle; j'ai eu soin de dire pour l'honneur de mes compatriotes, que ces petits traits qu'on lui décoche, ressemblent aux injures que l'esclave disait autrefois au triomphateur. Je crois que c'est être bon Français, de détourner autant qu'il est en moi, le soupçon qu'on a dans les pays étrangers, que les Français ne rendent jamais justice à leurs contemporains. Soyons justes, Messieurs, ne craignons ni de blâmer, ni sur-tout de louer, ce qui le mérite ; ne lisons point *Pertharite* : mais pleurons *Polieucte*. Oublions avec M. de Fontenelle des Lettres composées dans sa jeunesse : mais apprenons par cœur, s'il est possible, les *Mondes*, la Préface de l'Académie des Sciences, &c. Disons, si vous voulez, à M. de la Motte qu'il n'a pas assez bien traduit l'*Iliade* : mais n'oublions pas un mot des belles Odes, & des autres Piéces heureuses

qu'il

qu'il a faites. C'est ne pas payer ses dettes, que de refuser de justes louanges. Elles sont l'unique récompense des gens de Lettres, & qui leur payera ce tribut, sinon nous, qui courant à peu près la même carriere, devons connaître mieux que d'autres la difficulté & le prix d'un bon ouvrage ?

J'ai entendu dire souvent en France que tout est dégénéré, & qu'il y a en tout une disette d'hommes étonnante. Les Étrangers n'entendent à Paris que ces discours, & ils nous croyent aisément sur notre parole ; cependant quel est le siecle, où l'esprit humain ait fait plus de progrès que parmi nous ? Voici un jeune homme de seize ans (M. Clairaut) qui exécute en effet ce qu'on a dit autrefois de M. Paschal, & qui donne un Traité sur les courbes, qui ferait honneur aux plus grands Géométres. L'esprit de raison pénétre si bien dans les Ecoles, qu'elles commencent à rejetter également, & les absurdités inintelligibles d'Aristote, & les chimeres ingénieuses de Descartes. Combien d'excellentes Histoires n'avons-nous pas depuis trente ans ? Il y en a telle qui se lit avec plus de plaisir que Philippe de Comines ; il est vrai qu'on n'ose l'avouer tout haut, parce que l'Auteur est encore vivant : & le moyen d'estimer un contemporain autant qu'un homme mort il y a plus de deux cens ans !

Ploravére suis non respondere favorem
Speratum meritis.

Personne n'ose convenir franchement des richesses de son siécle. Nous sommes comme les avares, qui disent toujours que le tems est dur.

J'abuse de votre patience, Messieurs : pardonnez cette longue Lettre & toutes ces réflexions au devoir d'un honnête homme, qui a dû se justifier, & à mon amour extrême pour les Lettres, pour ma patrie & pour la vérité. Je suis, Messieurs, &c.

LETTRE
A MONSIEUR L'ABBÉ D. F.

Sur la Tragédie de la Mort de César.

Monsieur, je m'amusai, il y a quelques années, à faire une Tragédie en trois Actes, de la mort de Jules-César. C'est une Piéce d'un caractere tout opposé au goût de notre Nation. Il n'y a point de femme dans cette Piéce ; il n'est question que de l'amour de la patrie : d'ailleurs elle est aussi singuliere par l'arrangement théâtral que par les sentimens. En un mot, elle n'est point faite pour le Public. Je l'avois confiée, il y a deux ans, à Messieurs de**, qui la représenterent, & qui eurent la fidélité de n'en garder aucune loque. J'ai eu en dernier lieu la même confiance dans M. l'Abbé A***, Proviseur d'H**, que j'aime & que j'estime ; mais il n'a pu, malgré ses soins, empêcher que quelqu'un de son Collége n'en ait tiré une copie.

Voilà la Tragédie aujourd'hui imprimée, à ce que j'apprends, pleine de fautes, de transpositions, & d'omissions considérables. On dit même que le Professeur de Rhétorique d'H**, qui était chargé de la représentation, y a changé plusieurs vers : ce n'est plus mon ouvrage. Je sens bien cependant qu'on me jugera, comme si j'étais l'Editeur, & que la calomnie se joindra à la critique. Tout ce que je demande, c'est qu'on sçache que cette Piéce n'est point imprimée telle que je l'ai faite, & que je suis bien loin d'avoir la moindre part à cette édition. Je vous prie d'en dire deux mots dans l'occasion.

A Cirey, près de Vally en Champagne, ce 7 Septembre 1735.

LETTRE
A MONSIEUR DE LA ROQUE,
Sur la Tragédie de ZAÏRE, 1732.

QUOIQUE pour l'ordinaire, vous vouliez bien prendre la peine, Monsieur, de faire les extraits des Piéces nouvelles, cependant vous me privez de cet avantage, & vous voulez que ce soit moi qui parle de Zaïre. Il me semble que je vois M. le Normand, ou M. Cochin, réduire un de leurs cliens à plaider sa cause. L'entreprise est dangereuse, mais je vais mériter au moins la confiance que vous avez en moi par la sincérité avec laquelle je m'expliquerai.

Zaïre est la premiere Piéce de Théâtre, dans laquelle j'aye osé m'abandonner à toute la sensibilité de mon cœur. C'est la seule Tragédie tendre que j'aie faite. Je croyais dans l'âge même des passions les plus vives, que l'amour n'était point fait pour le Théâtre Tragique. Je ne regardais cette faiblesse que comme un défaut charmant qui avilissait l'art des Sophocles; les connaisseurs qui se plaisent plus à la douceur élégante de Racine qu'à la force de Corneille, me paraissent ressembler aux curieux qui préferent les nudités du Corrége, au chaste & noble pinceau de Raphaël.

Le Public qui fréquente les Spectacles, est aujourd'hui plus que jamais dans le goût du Corrége. Il faut de la tendresse & du sentiment; c'est même ce que les Acteurs jouent le mieux. Vous trouverez vingt Comédiens qui plairont dans *Andronic* & dans *Hippolite*, & à peine un seul qui réussisse dans *Cinna* & dans *Horace*. Il a donc fallu me plier aux mœurs du tems, & commencer tard à parler d'amour.

J'ai cherché du moins à couvrir cette passion de toute la bienséance possible; & pour l'ennoblir, j'ai voulu la mettre à côté de ce que les hommes ont de plus respectable. L'idée me vint de faire contraster dans un même tableau, d'un côté, l'honneur, la naissance, la patrie, la religion; & de l'autre, l'amour le plus tendre & le plus malheureux; les mœurs des Mahométans & celles des Chrétiens; la Cour d'un Soudan & celle d'un Roi de France; & de faire paraître, pour la premiere fois, des Français sur la Scène tragique. Je n'ai pris dans l'Histoire que l'époque de la guerre de Saint Louis; tout le reste est entierement d'invention. L'idée de cette Piece étant si neuve & si fertile, s'arrangea d'elle-même; & au lieu que le plan d'*Eriphile* m'avait beaucoup coûté, celui de *Zaïre* fut fait en un seul jour ; & l'imagination échauffée par l'intérêt qui regnait dans ce plan, acheva la Piece en vingt-deux jours.

Il entre peut-être un peu de vanité dans cet aveu, (car où est l'Artiste sans amour-propre)? mais je devais cette excuse au Public, des fautes & des négligences qu'on a trouvées dans ma Tragédie. Il aurait été mieux sans doute d'attendre à la faire représenter que j'en eusse châtié le style ; mais des raisons, dont il est inutile de fatiguer le Public, n'ont pas permis qu'on différât. Voici, Monsieur, le sujet de cette Piece.

La Palestine avait été enlevée aux Princes Chrétiens par le conquérant Saladin. Noradin, Tartare d'origine, s'en était ensuite rendu maître. *Orosmane*, fils de Noradin, jeune homme plein de grandeur, de vertus & de passions, commençait à regner avec gloire dans Jérusalem. Il avait porté sur le Thrône de la Syrie la franchise & l'esprit de liberté de ses ancêtres. Il méprisait les regles austeres du Serrail, & n'affectait point de se rendre invisible aux Etrangers & à ses Sujets, pour devenir plus respectable. Il traitait avec douceur les Esclaves Chrétiens, dont son Serrail & ses Etats étaient remplis. Parmi ces Esclaves il s'était trouvé un enfant, pris autrefois au sac de Césarée, sous le regne de Noradin. Cet enfant ayant été racheté par des Chrétiens à l'âge de neuf ans, avait été amené en France au Roi Saint Louis, qui avait daigné prendre soin de son éducation & de sa fortune. Il avait pris en France le nom de *Nérestan* ; & étant retourné en Syrie, il avait été fait prisonnier encore une fois, & avait été enfermé parmi les Esclaves d'Orofmane. Il retrouva dans la captivité une jeune personne avec qui il avait été prisonnier dans son enfance, lorsque les Chrétiens avaient perdu Césarée. Cette jeune personne, à qui on avait donné le nom de *Zaïre*, ignorait sa naissance, aussi-bien que Néreftan & que tous ces enfans de tribut qui font enlevés de bonne heure des mains de leurs parens, & qui ne connaissent de famille & de patrie que le Serrail. Zaïre fçavait seulement qu'elle était née Chrétienne. Néreftan & quelques autres Esclaves un peu plus âgés qu'elle, l'en assuraient. Elle avait toujours conservé un ornement qui renfermait une croix, seule preuve qu'elle eût de sa Religion. Une autre Esclave nommée *Fatime*, née Chrétienne, & mise au Serrail à l'âge de dix ans, tâchait d'instruire Zaïre du peu qu'elle fçavait de la Religion de ses peres. Le jeune Néreftan, qui avait la liberté de voir Zaïre & Fatime, animé du zele qu'avaient alors les Chevaliers Français, touché d'ailleurs pour Zaïre de la plus tendre amitié, la difpofait au Chriftianifme. Il se proposa de racheter Zaïre, Fatime & dix Chevaliers Chrétiens, du bien qu'il avait acquis en France, & de les amener à la Cour de Saint Louis. Il eut la hardiesse de demander au Soudan Orofmane la permission de retourner en France sur sa seule parole, & le Sultan eut la générofité de le permettre. Néreftan partit, & fut deux ans hors de Jérufalem.

Cependant la beauté de Zaïre croissait avec son âge, & la naïveté touchante de son caractere la rendait encore plus aimable que sa beauté. Orofmane la vit & lui parla. Un cœur comme le sien ne pouvait l'aimer qu'éperdûment. Il résolut de bannir la mollesse qui avait efféminé tant de Rois de l'Asie, & d'avoir dans Zaïre une amie, une maîtresse, une femme, qui lui tiendrait lieu de tous les plaisirs, & qui partagerait son cœur avec les devoirs d'un Prince & d'un Guerrier. Les faibles idées du Christianisme, tracées à peine dans le cœur de Zaïre, s'évanouirent bientôt à la vûe du Soudan ; elle l'aima autant qu'elle en était aimée, sans que l'ambition se mêlât en rien à la pureté de sa tendresse.

Nérestan ne revenait point de France. Zaïre ne voyait qu'Orosmane & son amour. Elle était prête d'épouser le Sultan, lorsque le jeune Français arriva. Orosmane le fait entrer en présence même de Zaïre. Nérestan apportait avec la rançon de Zaïre & de Fatime, celle de dix Chevaliers qu'il devait choisir. J'ai satisfait à mes sermens, dit-il au Soudan : c'est à toi de tenir ta promesse, de me remettre Zaïre, Fatime & les dix Chevaliers ; mais apprends que j'ai épuisé ma fortune à payer leur rançon : *Une pauvreté noble est tout ce qui me reste*; je viens me remettre dans tes fers. Le Soudan satisfait du grand courage de ce Chrétien, & né pour être plus généreux encore, lui rendit toutes les rançons qu'il apportait, lui donna cent Chevaliers au lieu de dix, & le combla de présens ; mais il lui fit entendre que Zaïre n'était pas faite pour être rachetée, & qu'elle était d'un prix au-dessus de toutes rançons. Il refusa aussi de lui rendre, parmi les Chevaliers qu'il délivrait, un Prince de *Lusignan*, fait esclave depuis long-tems dans Césarée.

Ce Lusignan, le dernier de la branche des Rois

de Jérusalem, était un vieillard respecté dans l'Orient, l'amour de tous les Chrétiens, & dont le nom seul pouvait être dangereux aux Sarrazins. C'était lui principalement que Nérestan avait voulu racheter. Il parut devant Orosmane accablé du refus qu'on lui faisait de Lusignan & de Zaïre. Le Soudan remarqua ce trouble ; il sentit dès ce moment un commencement de jalousie que la générosité de son caractere lui fit étouffer. Cependant il ordonna que les cent Chevaliers fussent prêts à partir le lendemain avec Nérestan.

Zaïre, sur le point d'être Sultane, voulut donner au moins à Nérestan une preuve de sa reconnaissance. Elle se jette aux pieds d'Orosmane pour obtenir la liberté du vieux Lusignan. Orosmane ne pouvait rien refuser à Zaïre. On alla tirer Lusignan des fers. Les Chrétiens délivrés étaient avec Nérestan dans les appartemens extérieurs du Serrail ; ils pleuraient la destinée de Lusignan : sur-tout le Chevalier de *Châtillon*, ami tendre de ce malheureux Prince, ne pouvait se résoudre à accepter une liberté qu'on refusait à son ami & à son maître, lorsque Zaïre arrive & leur amene celui qu'ils n'espéraient plus.

Lusignan, ébloui de la lumiere qu'il revoyait après vingt années de prison, pouvant se soutenir à peine, ne sçachant où il est & où on le conduit, voyant enfin qu'il était avec des Français & reconnaissant Châtillon, s'abandonna à cette joie mêlée d'amertume que les malheureux éprouvent dans leur consolation. Il demande à qui il doit sa délivrance. Zaïre prend la parole en lui présentant Nérestan : c'est à ce jeune Français, dit elle, que vous,

& tous les Chrétiens, devez votre liberté. Alors le vieillard apprend que Néreſtan a été élevé dans le Serrail avec Zaïre, & ſe tournant vers eux : Hélas! dit-il, puiſque vous avez pitié de mes malheurs, achevez votre ouvrage, inſtruiſez-moi du ſort de mes enfans. Deux me furent enlevés au berceau, lorſque je fus pris dans Céſarée ; deux autres furent maſſacrés devant moi avec leur mere. O mes fils ! ô martyrs ! veillez du haut du Ciel ſur mes autres enfans, s'ils ſont vivans encore. Helas ! j'ai ſçu que mon dernier fils & ma fille furent conduits dans ce Serrail. Vous qui m'écoutez, Néreſtan, Zaïre, Châtillon, n'avez-vous nulle connaiſſance de ces triſtes reſtes du ſang de Godefroi & de Luſignan ?

Au milieu de ces queſtions, qui déja remuaient le cœur de Néreſtan & de Zaïre, Luſignan apperçut au bras de Zaïre, un ornement qui renfermait une croix : il ſe reſſouvint que l'on avait mis cette parure à ſa fille, lorſqu'on la portait au Baptême ; Châtillon l'en avait ornée lui-même ; & Zaïre lui avait été arrachée de ſes bras avant que d'être baptiſée. La reſſemblance des traits, l'âge, toutes les circonſtances, une cicatrice de la bleſſure que ſon jeune fils avait reçue, tout confirme à Luſignan qu'il eſt pere encore ; & la Nature parlant à la fois au cœur de tous les trois, & s'expliquant par des larmes : embraſſez-moi, mes chers enfans, s'écria Luſignan, & revoyez votre pere. Zaïre & Néreſtan ne pouvaient s'arracher de ſes bras. Mais, hélas ! dit ce vieillard infortuné, goûterai-je une joie pure ? Grand Dieu, qui me rends ma fille, me la rends-tu

Chrétienne ? Zaïre rougit & frémit à ces paroles. Lusignan vit sa honte & son malheur, & Zaïre avoua qu'elle était Musulmane. La douleur, la Religion & la Nature donnerent en ce moment des forces à Lusignan ; il embrassa sa fille, & lui montrant d'une main le Tombeau de Jesus-Christ, & le Ciel de l'autre, animé de son désespoir, de son zele, aidé de tant de Chrétiens, de son fils & du Dieu qui l'inspire, il touche sa fille, il l'ébranle ; elle se jette à ses pieds & lui promet d'être Chrétienne.

Au moment arrive un Officier du Serrail qui sépare Zaïre de son pere & de son frere, & qui arrête tous les Chevaliers Français. Cette rigueur inopinée était le fruit d'un Conseil qu'on venait de tenir en présence d'Orosmane. La Flotte de Saint Louis était partie de Chypre, & on craignait pour les Côtes de Syrie ; mais un second Courier ayant apporté la nouvelle du départ de Saint Louis pour l'Egypte, Orosmane fut rassuré ; il était lui-meme ennemi du Soudan d'Egypte. Ainsi n'ayant rien à craindre ni du Roi ni des Français qui étaient à Jérusalem, il commanda qu'on les renvoyât à leur Roi, & ne songea plus qu'à réparer, par la pompe & la magnificence de son mariage, la rigueur dont il avait usé envers Zaïre.

Pendant que le mariage se préparait, Zaïre désolée demanda au Soudan la permission de revoir Nérestan encore une fois. Orosmane, trop heureux de trouver une occasion de plaire à Zaïre, eut l'indulgence de permettre cette entrevue. Nérestan revit donc Zaïre ; mais ce fut pour lui apprendre que son pere était prêt d'expirer, qu'il mourait

SUR DIFFÉRENS SUJETS.

entre la joie d'avoir retrouvé ses enfans, & l'amertume d'ignorer si Zaïre serait Chrétienne, & qu'il lui ordonnait en mourant d'être baptisée ce jour-là même de la main du Pontife de Jérusalem. Zaïre attendrie & vaincue, promit tout, & jura à son frere qu'elle ne trahirait point le sang dont elle était née, qu'elle serait Chrétienne, qu'elle n'épouserait point Orosmane, qu'elle ne prendrait aucun parti avant que d'avoir été baptisée.

A peine avait-elle prononcé ce serment, qu'Orosmane, plus amoureux & plus aimé que jamais, vient la prendre pour la conduire à la Mosquée. Jamais on eut le cœur plus déchiré que Zaïre ; elle était partagée entre son Dieu, sa famille, & son nom qui la retenaient, & le plus aimable de tous les hommes qui l'adorait. Elle ne se connut plus ; elle céda à la douleur, & s'échappa des mains de son Amant, le quittant avec désespoir & le laissant dans l'accablement de la surprise, de la douleur & de la colère.

Les impressions de jalousie se réveillerent dans le cœur d'Orosmane. L'orgueil les empêcha de paraître, & l'amour les adoucit. Il prit la fuite de Zaïre pour un caprice, pour un artifice innocent, pour la crainte naturelle à une jeune fille, pour toute autre chose enfin que pour une trahison. Il vit encore Zaïre, lui pardonna & l'aima plus que jamais. L'amour de Zaïre augmentait par la tendresse indulgente de son Amant. Elle se jette en larmes à ses genoux, le supplie de différer le mariage jusqu'au lendemain. Elle comptait que son frere serait alors parti, qu'elle aurait reçu le baptême ;

que Dieu lui donnerait la force de résister. Elle se flattait même quelquefois que la Religion Chrétienne lui permettrait d'aimer un homme si tendre, si généreux, si vertueux, à qui il ne manquait que d'être Chrétien. Frappée de toutes ces idées, elle parlait à Orosmane avec une tendresse si naïve & une douleur si vraie, qu'Orosmane céda encore & lui accorda le sacrifice de vivre sans elle ce jour-là. Il était sûr d'être aimé; il était heureux dans cette idée & fermait les yeux sur le reste.

Cependant dans les premiers mouvemens de jalousie, il avait ordonné que le Serrail fût fermé à tous les Chrétiens. Nérestan trouvant le Serrail fermé, & n'en soupçonnant pas la cause, écrivit une Lettre pressante à Zaïre ; il lui mandait d'ouvrir une porte secrette qui conduisait vers la Mosquée, & lui recommandait d'être fidelle.

La Lettre tomba entre les mains d'un Garde qui la porta à Orosmane. Le Soudan en crut à peine ses yeux. Il se vit trahi, il ne douta pas de son malheur & du crime de Zaïre. Avoir comblé un étranger, un captif de bienfaits ; avoir donné son cœur, sa couronne à une fille esclave ; lui avoir tout sacrifié ; ne vivre que pour elle, & en être trahi pour ce captif même ; être trompé par les apparences du plus tendre amour ; éprouver en un moment ce que l'amour a de plus violent, ce que l'ingratitude a de plus noir, ce que la perfidie a de plus traître ; c'était sans doute un état horrible. Mais Orosmane aimait, & il souhaitait de trouver Zaïre innocente. Il lui fait rendre ce billet par un Esclave inconnu. Il se flatte que Zaïre pouvait ne point écouter Nérestan ; Nérestan seul lui paraissait coupable. Il ordonne qu'on l'arrête & qu'on l'enchaîne, & il va, à l'heure & à la place du rendez-vous, attendre l'effet de la Lettre.

La Lettre est rendue à Zaïre; elle la lit en tremblant; & après avoir long-tems hésité, elle dit enfin à l'Esclave, qu'elle attendra Néreſtan, & donne ordre qu'on l'introduiſe. L'Esclave rend compte de tout à Oroſmane.

Le malheureux Soudan tombe dans l'excès d'une douleur mêlée de fureur & de larmes. Il tire ſon poignard, & il pleure. Zaïre vient au rendez-vous dans l'obſcurité de la nuit. Oroſmane entend ſa voix, & ſon poignard lui échappe. Elle approche, elle appelle Néreſtan; & à ce nom, Oroſmane la poignarde.

Dans l'inſtant on lui amene Néreſtan enchaîné, avec Fatime complice de Zaïre. Oroſmane hors de lui s'adreſſe à Néreſtan, en le nommant ſon rival: c'eſt toi qui m'arraches Zaïre, dit-il, regarde-la avant que de mourir; que ton ſupplice commence avec le ſien; regarde-la, te dis-je. Néreſtan approche de ce corps expirant. Ah! que vois-je! Ah! ma sœur! Barbare, qu'as-tu fait....? A ce mot de ſœur, Oroſmane eſt comme un homme qui revient d'un ſonge funeſte; il connaît ſon erreur; il voit ce qu'il a perdu; il s'eſt trop abîmé dans l'horreur de ſon état pour ſe plaindre. Néreſtan & Fatime lui parlent; mais de tout ce qu'ils diſent il n'entend autre choſe ſinon qu'il était aimé. Il prononce le nom de Zaïre, il court à elle; on l'arrête, il retombe dans l'engourdiſſement de ſon déſeſpoir. Qu'ordonnes-tu de moi, lui dit Néreſtan? Le Soudan, après un long ſilence, fait ôter les fers à Nérestan, le comble de largesses, lui & tous les Chrétiens, & se tue auprès de Zaïre.

Voilà, Monsieur, le plan exact de la conduite de cette Tragédie que j'expose avec toutes ses fautes. Je suis bien loin de m'enorgueillir du succès passager de quelques représentations. Qui ne connaît l'illusion du Théâtre ? Qui ne sçait qu'une situation intéressante, mais triviale, une nouveauté brillante & hasardée, la seule voix d'une Actrice, suffisent pour tromper quelque tems le Public ? Quelle distance immense entre un ouvrage souffert au Théâtre & un bon ouvrage ! J'en sens malheureusement toute la différence. Je vois combien il est difficile de réussir au gré des connaisseurs. Je ne suis pas plus indulgent qu'eux pour moi-même ; & si j'ose travailler, c'est que mon goût extrême pour cet art l'emporte encore sur la connaissance que j'ai de mon peu de talent.

LETTRE
A MONSIEUR L'ABBÉ P**.

Sur les Elémens de NEWTON, 1738.

JE viens, Monsieur, de recevoir par la Poste une de vos feuilles périodiques, dans laquelle vous rendez compte d'une nouvelle édition des *Elémens de Newton.* J'ai reçu aussi quelques imprimés sur le même sujet.

Comme je crois avoir, à propos de cet ouvrage, quelque chose à dire qui ne sera pas inutile aux Belles-Lettres, souffrez que je vous prie de vouloir bien inférer dans votre feuille les réflexions suivantes.

Il est vrai, comme vous le dites, Monsieur, que j'ai envoyé à plusieurs Journaux des éclaircissemens en forme de préface, pour servir de supplément à l'édition de Hollande, & j'apprends même que les Auteurs du Journal de Trevoux ont eu la bonté d'inférer, il y a un mois, ces éclaircissemens dans leur Journal. Si les nouveaux Editeurs des *Elémens de Newton* ont mis cette préface à la tête de leur Edition, ils ont en cela rempli mes vûes.

Je vois par votre feuille que les Editeurs ont imprimé dans cette préface, cette phrase singuliere, *qu'une maladie a éclairé la fin de mon ouvrage*: & vous dites que vous ne concevez pas comment la fin de mon ouvrage peut être *éclairé* par une maladie. C'est ce que je ne conçois pas plus que vous. Mais n'y aurait-il pas dans le manuscrit *retardé*, au lieu d'*éclairé*? Ce qui peut-être est plus difficile à concevoir, c'est comment les Imprimeurs font de pareilles fautes, & comment ils ne les corrigent pas? Ceux qui ont eu soin de cette seconde Edition doivent être d'autant plus exacts, qu'ils reprochent beaucoup d'erreurs aux Editeurs d'Amsterdam, qui ont occasionné des méprises plus singulieres.

Comme je n'ai nul intérêt, quel qu'il puisse être, ni à aucune de ces Editions, ni à celle qui va, dit-on, paraître en Hollande, de ce qu'on a pu recueillir de mes ouvrages, je suis uniquement dans le cas des autres Lecteurs. J'achette mon Livre comme les autres, & je ne donne de préference qu'à l'Edition qui me paraît la meilleure.

Je vois avec chagrin l'extrême négligence avec laquelle beaucoup de Livres nouveaux font imprimés. Il y a, par exemple, peu de Pieces de Théâtre, où il n'y ait des vers entiers oubliés. J'en remarquai dernierement quatre qui manquaient dans la Comédie du *Glorieux* ; ce qui est d'autant plus défagréable, que peu de Comédies méritent autant d'être bien imprimées. Je crois, Monsieur, que vous rendrez un nouveau service à la Littérature, en recommandant une exactitude si nécessaire & si négligée.

Je conseillerais en général à tous les Editeurs d'ouvrages instructifs, de faire des cartons au lieu d'*Errata* : car j'ai remarqué que peu de Lecteurs vont consulter l'*Errata*, & alors ou ils reçoivent des erreurs pour des vérités, ou bien ils font des critiques précipitées & injustes.

En voici un exemple récent, & qui doit être public, afin que dorénavant les Lecteurs qui veulent s'instruire, & les Critiques qui veulent nuire, soient d'autant plus sur leurs gardes.

Il vient de paraître une petite brochure sans nom d'Auteur ni d'Imprimeur, dans laquelle il paraît qu'on en veut beaucoup plus encore à ma personne qu'à la Philosophie de Newton ; elle est intitulée : *Lettre d'un Physicien sur la Philosophie de Newton, mise à la portée de tout le monde.*

L'Auteur, qui probablement est mon ennemi, sans me connaître, ce qui n'est que trop commun

SUR DIFFÉRENS SUJETS. 215

mun dans la République des Lettres, s'explique ainſi ſur mon compte, page 13. *Il ſeroit inutile de faire des réflexions ſur une mépriſe ſi conſidérable. Tout le monde les apperçoit, & elles ſeroient trop humiliantes pour M. de Voltaire.*

Il ſera curieux de voir ce que c'eſt que cette mépriſe conſidérable qui entraîne des réflexions ſi humiliantes. Voici ce que j'ai dit dans mon Livre ; " Il ſe forme dans l'œil un angle une fois
" plus grand, quand je vois un homme à deux
" pieds de moi, que quand je le vois à quatre
" pieds ; cependant je vois toujours cet homme
" de la même grandeur. Comment mon ſenti-
" ment contredit-il ainſi le méchaniſme de mes
" organes ? "

Soit inattention de Copiſte, ſoit erreur de chiffres, ſoit inadvertence d'Imprimeur, il ſe trouve que l'Editeur d'Amſterdam a mis *deux* où il fallait *quatre*, & *quatre* où il fallait *deux*. Le Réviſeur Hollandais, qui a vû la faute, n'a pas manqué de la corriger dans l'*Errata* à la fin du Livre. Le Cenſeur ne ſe donne pas la peine de conſulter cet *Errata*. Il ne me rend pas la juſtice de croire que je puis au moins ſçavoir les premiers principes de l'optique. Il aime mieux abuſer d'une petite faute d'impreſſion aiſée à corriger, & ſe donner le triſte plaiſir de dire des injures. La fureur de vouloir outrager un homme, à qui l'on n'a rien à reprocher que la peine extrême qu'il a priſe pour être utile, eſt donc une maladie bien incurable ?

Je voudrais bien ſçavoir, par exemple, à quel propos un homme qui s'annonce Phyſicien, qui écrit, dit-il ſur la Philoſophie de Newton,

P

commence par dire que j'ai fait l'Apologie du meurtre de Charles premier. Quel rapport, s'il vous plaît, de la fin tragique, autant qu'injuste, de ce Roi avec la réfrangibilité & le quarré des distances ? Mais où aurais-je donc fait l'Apologie de cette injustice exécrable ? Est-ce dans un Livre que ce Critique me reproche ; Livre où j'ai démontré qu'on a inséré vingt pages entieres qui n'étaient point de moi, & où tout le reste est altéré & & tronqué ? mais en quel endroit fait-on donc l'Apologie prétendue de ce meurtre ? Je viens de consulter le Livre où l'on parle de cet assassinat d'autant plus affreux, qu'on emprunta le glaive de la législature pour le commettre. Je trouve qu'on y compare cet attentat avec celui de Ravaillac, avec celui du Jacobin Clément, avec le crime, plus énorme encore, du Prêtre qui se servit du Corps de Jesus-Christ même dans la communion, pour empoisonner l'Empereur Henri VII ? Est-ce-là justifier le meurtre de Charles premier ? N'est-ce pas au contraire le trop comparer à de plus grands crimes ?

C'est avec la même justice que ce Critique m'attaquant toujours au lieu de mon ouvrage, prétend que j'ai dit autrefois : » Mallebranche non- » seulement admit les idées innées, mais il préten- » dit que nous voyons tout en Dieu.

Je ne me souviens pas d'avoir jamais écrit cela ; mais j'ai l'équité de croire que celui à qui on le fait dire, a eu sans doute une intention toute contraire, & qu'il avait dit : *Mallebranche non-seulement n'admit point les idées innées, mais il prétendit que nous voyons tout en Dieu.* En effet, qui peut avoir lû la *Recherche de la vérité*, sans avoir principalement remarqué le Chapitre IV du Livre III de l'*Esprit pur*, seconde partie. J'en ai sous les yeux un exemplaire marginé de ma main, il y a près de quinze ans. Ce n'est pas ici le lieu d'examiner cette question. Mon unique but est de faire voir l'injustice des critiques précipitées, de faire rentrer en lui-même un homme qui sans doute se repentira de ses torts quand il les connaîtra ; & enfin de faire ressouvenir tous les Critiques d'une ancienne vérité qu'ils oublient toujours : c'est qu'une injure n'est pas une raison.

Je n'ai jamais répondu à ceux qui ont voulu, ce qui est très-aisé, rabaisser les ouvrages de Poësie que j'ai faits dans ma jeunesse. Qu'un Lecteur critique Zaïre, ou Alzire, ou la Henriade, je ne prendrai pas la plume pour lui prouver qu'il a tort de n'avoir pas eu de plaisir. On ne doit pas garder le même silence sur un ouvrage de Philosophie. Tantôt on a des objections spécieuses à détruire, tantôt des vérités à éclaircir, souvent des erreurs à rétracter : je puis me trouver ici à la fois dans ces trois circonstances. Cependant je ne crois pas devoir répondre en détail à la Brochure dont il est question.

Si on me fait des objections plus raisonnables, j'y répondrai, soit en me corrigeant, soit en demandant de nouveaux éclaircissemens ; car je n'ai & ne puis avoir d'autre but que la vérité. Je ne crois pas qu'excepté quatre ou cinq argumens, il y ait rien de mon propre fonds dans les élémens de la Philosophie nouvelle. Elle m'a paru vraie, & j'ai voulu la mettre sous les yeux d'une Nation ingénieuse, qui, me semble, ne la connaissait pas assez. Les noms de Galilée, de Képler, de Descartes, de Newton, de Hugens me sont indifférens. J'ai examiné paisiblement les idées de ces grands hommes, que j'ai pu entrevoir. Je les ai exposées selon ma maniere de concevoir les choses, prêt à me rétracter, quand on me fera appercevoir d'une erreur.

Il faut seulement qu'on sçache que la plûpart des opinions qu'on me reproche, se trouvent ou dans Newton, ou dans les Livres de Messieurs Keil, Grégori, Pamberton, Gravesende, Mushenbrok, &c. & que ce n'est pas dans une simple Brochure faite avec précipitation, qu'il faut combattre ce qu'ils ont cru prouver dans des Livres qui sont le fruit de tant de réflexions & de tant d'années.

Je vois que ce qui fait toujours le plus de peine à mes compatriotes, c'est ce mot de *gravitation*, d'*attraction* ; je répete encore qu'on n'a qu'à lire attentivement la Dissertation de Monsieur de Maupertuis sur ce sujet, dans son Livre de *la figure des Astres*, & on verra si on a plus d'idée de l'impulsion qu'on croit connaître, que de l'attraction qu'on veut combattre. Après avoir lu ce Livre, il faut examiner le quinzieme, le seizieme & le dix-septieme Chapitre des *Elémens* de Newton, & voir si les preuves qu'on y a rassemblées contre le plein & contre les tourbillons, paraissent assez fortes. Il faut que chacun en cherche encore de nouvelles. Les Physiciens Géometres sont invités, par exemple, à considerer si quinze pieds étant le sinus verse de l'arc que parcourt la Terre en une seconde, il est possible qu'un fluide quelconque pût causer la chûte de quinze pieds dans une seconde.

Je les prie d'examiner si les longueurs de Pendules étant entr'elles, comme les quarrés de leurs oscillations, un Pendule de la longueur du rayon de la Terre, étant comparé avec notre Pendule à secondes, la pesanteur qui fait seul les vibrations des Pendules, peut être l'effet d'un tourbillon circulant autour de la Terre, &c. Quand on aura bien balancé, d'un côté, toutes ces incompatibilités mathématiques, qui semblent anéantir sans retour les tourbillons, & de l'autre, la seule hypothèse douteuse qui les admet, on verra mieux alors ce que l'on doit penser.

De très-grands Philosophes qui m'ont fait l'honneur de m'écrire, sur ce sujet, des Lettres un peu plus polies que celle de l'Anonyme, veulent s'en tenir au méchanisme que Descartes a introduit dans la Physique. J'ai du respect pour la mémoire de Descartes ainsi que pour eux. Il faut sans doute, rejetter les qualités occultes : il faut examiner l'Univers comme un Horloge ; quand le méchanisme connu manque, quand toute la Nature conspire à nous découvrir une nouvelle propriété de la matiere, devons-nous la rejetter parce qu'elle ne s'explique pas par le méchanisme ordinaire ? Où est donc la grande difficulté que Dieu ait donné la gravitation à la matiere comme il lui a donné l'inertie, la mobilité, l'impénétrabilité ? Je crois que plus on y fera réflexion, plus on sera porté à croire que la pesanteur est comme le mouvement, un attribut donné de Dieu seul à la ma-

P 3

tiere : il ne pouvait pas la créer sans étendue, mais il pouvait la créer sans pesanteur. Pour moi, je ne reconnais, dans cette propriété des corps, d'autre cause que la main toute-puissante de l'Être Suprême. J'ai osé dire, & je le dis encore, que s'il se pouvait que les tourbillons existassent, il faudrait encore que la gravitation entrât pour beaucoup dans les forces qui les feraient circuler. Il faudrait même, en supposant ces tourbillons, reconnaître cette gravitation comme une force primordiale residente à leur centre.

On me reproche de regarder, après tant de grands hommes, la gravitation comme une qualité de la matiere, & moi je me reproche non pas de l'avoir regardée sous cet aspect, mais d'avoir été en cela plus loin que Newton, & d'avoir affirmé, ce qu'il n'a jamais fait, que la lumiere, par exemple, ait cette qualité. *Elle est matiere*, ai-je dit ; *donc elle pese*. J'aurais dû dire seulement, *donc il est très-vraisemblable qu'elle pese*. Monsieur Newton dans ses *Principes*, semble croire que la lumiere n'a point cette propriété que Dieu a donnée aux autres corps de tendre vers un centre. J'ai poussé la hardiesse au point d'exposer un sentiment contraire : on voit au moins par-là que je ne suis point esclave de Newton, quoiqu'il fût bien pardonnable de l'être. Je finis, parce que j'ai trop de choses à dire. C'est à ceux qui en sçavent plus que moi, à rendre sensibles des vérités admirables, dont je n'ai été que le faible interprete.

J'ai l'honneur d'être, &c.

LETTRE*
A MONSIEUR T**.

Sur l'Ouvrage de Monsieur DU TOT, & sur celui de Monsieur MELON, 1738.

JE vous remercie, Monsieur de m'avoir fait connaître le Livre de Monsieur du Tot sur les Finances. C'est un Euclide pour la vérité & l'exactitude. Il me semble qu'il fait à l'égard de cette Science, qui est le fondement des bons Gouvernemens, ce que Lemery a fait en Chymie. Il a rendu très-intelligible un art sur lequel avant lui les Artistes jaloux de leurs connoissances, souvent erronnées, n'avaient point écrit, ou n'avaient donné que des énigmes.

Je viens de relire aussi le petit Livre de feu Monsieur Melon, qui a été l'occasion de l'ouvrage, beaucoup plus détaillé & plus approfondi qu'a donné Monsieur du Tot.

Nardi parvus onix eliciet cadum.

L'Essai de Monsieur Melon me paraît toujours digne d'un Ministre & d'un Citoyen, même avec

---

* On ne sera pas fâché de trouver ici la première façon de cette Lettre. L'Auteur l'a partagée en deux dans la derniere édition de ses Œuvres ; mais les retranchemens qu'il y a faits ont engagé de la remettre sous les yeux du Public telle qu'elle a été composée d'abord. Les variantes sont considérables.

P 4

ses erreurs. Il me semble, toute prévention à part, qu'il y a beaucoup à profiter dans ces lectures ; car je veux croire pour l'amour du genre humain, que ces Livres & quelques-uns de ceux de Monsieur l'Abbé de Saint-Pierre, pourront dans des tems difficiles, servir de conseil aux Ministres à venir, comme l'Histoire est la leçon des Rois.

Parmi les choses que je remarque sur l'Essai de Monsieur Melon, il me sera bien permis, en qualité d'homme de Lettres & d'amateur de la Langue Française, de me plaindre qu'il en ait trop négligé la pureté. L'importance des matieres ne doit point faire oublier le style. Je me souviens que lorsque l'Auteur me fit l'honneur de me donner sa seconde Edition, il me dit qu'il était bien difficile d'écrire en Français, & qu'on lui avait corrigé plus de trente fautes dans son Livre. Je lui en montrai cent dans les vingt premieres pages de cette seconde Edition corrigée.

Passons à des inadvertences plus importantes. Il me semble que dans ces Ecrits que l'intérêt public a dictés, il ne faut souffrir aucune erreur. Voici quelques propositions qui ne m'ont point paru vraies.

1°. Il dit que les Pays où il y plus de mendians, sont les plus barbares. Je pense qu'il n'y a point de Ville moins barbare que Paris, & pourtant où il y ait plus de mendians. C'est une vermine qui s'attache à la richesse. Les fainéans accourent du bout du Royaume à Paris, pour y mettre à contribution l'opulence & la bonté. C'est un abus difficile à déraciner, mais qui prouve seulement qu'il y a des hommes lâches qui aiment mieux demander l'aumône que de gagner leur vie. C'est une preuve de richesse & de négligence, & non point de barbarie.

2°. Il répéte dans plusieurs endroits que l'Espagne serait plus puissante sans l'Amérique. Il se fonde sur la dépopulation de l'Espagne, & sur la faiblesse où ce Royaume a langui long-tems. Cette idée que l'Amérique affaiblit l'Espagne, se voit dans cent Auteurs. Ils auraient dû considérer que les trésors du nouveau Monde ont été le ciment de la puissance de Charles-Quint, & que par eux Philippe II. eût été le maître de l'Europe, si Henri le Grand, Elisabeth, & le Prince d'Orange n'eussent été des Héros. Ces Auteurs alors auraient changé de sentiment. Ils ont cru que la Monarchie Espagnole était anéantie, parce que les Rois Philippe III, Philippe IV & Charles II, ont été malheureux ou faibles : mais que l'on voye comme cette Monarchie a repris tout d'un coup une nouvelle vie sous le Cardinal Alberoni ; que l'on jette les yeux sur l'Afrique & sur les autres Théâtres des conquêtes du présent Gouvernement Espagnol ; il faudra bien convenir alors que les peuples sont ce que les Rois ou leurs Ministres les font être. Le courage, la force, l'industrie, tous les talens restent ensevelis, jusqu'à ce qu'il paraisse un génie qui les ressuscite. Le Capitole est habité aujourd'hui par les Recollets, & l'on distribue des Chapelets, où des Rois vaincus suivaient le Char de Paul-Emile. Qu'un Empereur siége à Rome, & que cet Empereur soit un Jules-César, tous les Romains deviendront des Césars eux-mêmes. Quant à la dépopulation de l'Espagne, elle est moindre qu'on ne le dit ; & après tout, ce Royaume & les Etats de l'Amérique qui en dépendent, sont des Provinces d'un même Empire, divisées par un espace qu'on franchit en deux mois. Enfin leurs trésors deviennent les nôtres par une circulation nécessaire. La cochenille, l'indigo, le quinquina, les mines du Mexique & du Pérou sont à nous, & par-là nos manufactures sont aux Espagnols. Si l'Amérique leur était à charge, persisteraient-ils si long-tems à défendre aux Etrangers l'entrée de ce pays ? Garde-t-on avec tant de soin le principe de sa ruine, quand on a deux cens ans pour faire ses réflexions ?

3°. Monsieur Melon dit : » Que la perte des Sol-
» dats n'est point ce qu'il y a de plus funeste dans
» les guerres ; que cent mille hommes tués sont
» une bien petite portion sur vingt millions ; mais
» que les augmentations des impositions rendent
» vingt millions d'hommes malheureux. «

Je lui passe qu'il y ait vingt millions d'ames en France ; mais je ne lui passe point qu'il vaille mieux égorger cent mille hommes que de faire payer double impôt au reste de la Nation. Ce n'est pas tout ; il y a ici un étrange & funeste mécompte.

Louis XIV a eu, en comptant tout le corps de la Marine, quatre cent quarante mille hommes à sa solde pendant la derniere guerre. Jamais l'Empire Romain n'en a eu tant. On a observé que la cinquieme partie d'une armée périt au bout d'une campagne, soit par les maladies, soit par les accidens, soit par le fer & le feu. Voilà quatre-vingt-huit mille hommes robustes que la guerre détruisait chaque année : donc au bout de dix ans l'Etat perdit huit cent quatre-vingt mille hommes, & avec eux les enfans qu'ils auraient produits. Maintenant, si la France contient environ dix-huit millions d'ames, retranchez les vieillards, les enfans, le Clergé, les Religieux, les Magistrats, & que reste-t-il pour défendre la Nation ? Sur dix-huit millions, à peine trouverez-vous dix-huit cent mille hommes, & la guerre en dix années en détruit plus de neuf cent mille. Elle fait périr dans une Nation la moitié de ceux qui peuvent combattre pour elle ; & vous dites qu'un impôt est plus funeste que leur mort ?

Après avoir relevé ces inadvertences, que l'Auteur eût relevées lui-même, souffrez que je me donne le plaisir d'estimer tout ce qu'il dit sur la liberté du commerce, sur les denrées, sur le change, & sur-tout sur le luxe. Cette sage apologie du luxe est d'autant plus estimable dans cet Auteur, & a d'autant plus de poids dans sa bouche, qu'il vivait en Philosophe.

Qu'est-ce en effet que le luxe ? C'est un mot sans idée précise, à peu près comme lorsque nous disons les climats d'Orient & d'Occident. Il n'y a pas de point où le soleil se leve & se couche ; ou, si vous voulez, chaque point est Orient ou Occident. Il en est de même du luxe. Il n'y en a point, ou il est par-tout. Transportons-nous au tems où nos peres ne portaient point de chemises. Si quelqu'un leur eût dit : Il faut que vous portiez sur la peau des étoffes plus fines & plus légeres que le plus fin drap, blanches comme de la neige, & que vous en changiez tous les jours ; il faut même qu'une composition faite avec un art infini leur rende leur premiere blancheur : tout le monde se serait écrié : Ah ! quel luxe ! ah ! quelle molleſſe ! Une telle magnificence eſt à peine faite pour les Rois. Vous voulez corrompre nos mœurs & perdre l'Etat.

Entend-on par le luxe la dépenſe d'un homme opulent. Mais faudrait-il donc qu'il vécût comme un pauvre, lui dont le luxe ſeul fait vivre les pauvres ? La dépenſe doit être le thermometre de la fortune, & le luxe en général eſt la marque infaillible d'un Empire puiſſant. C'eſt ſous Charlemagne, ſous François premier, ſous le Miniſtere du grand Colbert, & ſous celui-ci, que les dépenſes ont été les plus grandes, c'eſt-à-dire, que les Arts ont été le plus cultivés.

Que prétendait la Bruyère en s'écriant : » Nos » ancêtres ne ſçavaient pas préférer le faſte aux » choſes utiles ? On ne les voyait point s'éclairer » avec des bougies. La cire était pour l'Autel & » pour le Louvre. Ils ne diſaient point : Qu'on » mette les chevaux à mon carroſſe. L'étain brillait ſur les tables & ſur les buffets. L'argent était » dans les coffres. «

Ne voilà-t-il pas un plaiſant éloge à donner à nos peres, de ce qu'ils n'avaient ni abondance, ni induſtrie, ni goût, ni propreté ? L'argent était donc dans les coffres ? Si cela était, c'était une très-grande ſottiſe ; l'argent eſt fait pour circuler, pour faire éclorre tous les Arts, pour acheter l'induſtrie des hommes. Qui le garde eſt mauvais citoyen, & même mauvais ménager. C'eſt en ne le gardant pas qu'on ſe rend utile à la patrie, & à ſoi-même. Ne ſe laſſera-t-on jamais de louer les défauts du tems passé, pour insulter aux avantages du nôtre?

Mais n'opposons point ici déclamation à déclamation. Je me hâte d'arriver aux points importans qui font l'objet de l'excellent Livre de M. du Tot. Les augmentations de monnoie si fréquentes avant notre heureux Ministere, sont-elles utiles à l'Etat ou préjudiciables?

Monsieur du Tot démontre que toute mutation de monnoie a été onéreuse au Peuple & au Roi sous le dernier Regne. Mais n'y a-t-il point de cas où une augmentation de monnoie devienne nécessaire?

Dans un Etat, par exemple, qui a peu d'argent & peu de commerce, (& c'est ainsi que la France a été long-tems,) un Seigneur a cent marcs de rente : il emprunte, pour marier ses filles, ou pour aller à la guerre, mille marcs, dont il paye annuellement cinquante marcs ; voilà sa maison réduite à la dépense annuelle de cinquante marcs pour fournir à tous ses besoins. Cependant la Nation se rend plus industrieuse, elle fait un commerce, l'argent devient plus abondant. Il arrive alors ce qui arrive toujours, que la main-d'œuvre devient plus chere. Les dépenses du luxe convenables à la dignité de cette maison, doublent, triplent, pendant que le bled, qui fait la ressource de la terre, n'augmente pas dans cette proportion, parce qu'on ne mange pas plus de pain qu'auparavant ; mais on consomme davantage en magnificence. Ce qu'on achetait cinquante marcs, en coûtera deux cens ; & le possesseur de la terre obligé de payer cinquante marcs de rente, sera réduit à vendre sa terre. Ce que je dis du Seigneur, je le dis du Magiſtrat, du Laboureur, même de l'homme de Lettres, &c. Le Laboureur achete alors plus cher ſa vaiſſelle d'étain, ſa taſſe d'argent, ſon lit, ſon linge ; enfin le Chef même de la Nation eſt dans ce cas, lorſqu'il n'a qu'un certain fonds réglé, & certains droits qu'il n'oſe trop augmenter de peur d'exciter des murmures.

Dans cette ſituation preſſante il n'y a certainement qu'un parti à prendre ; c'eſt de ſoulager le débiteur. On peut le favoriſer en aboliſſant les dettes. C'eſt ainſi qu'on en uſait chez les Egyptiens & chez pluſieurs autres Peuples de l'Orient, au bout de cinquante ou trente années. Cette coutume n'était pas ſi dure qu'on le penſe ; car les créanciers avaient pris leurs meſures ſuivant cette Loi, & une perte prévue de loin n'eſt plus une perte. Quoique cette Loi ne ſoit plus en vigueur parmi nous, il a bien fallu y revenir en effet, quelque détour que l'on ait pris : car trouver le moyen de ne payer que le quart de ce que je devais, n'eſt-ce pas une eſpece de Jubilé ? Or on trouve ce moyen très-aiſément en donnant aux eſpeces une valeur idéale, & en diſant : Cette piece qui valait ſix francs, en vaudra aujourd'hui vingt-quatre ; & quiconque devait quatre de ces pieces d'or, ſous le nom de ſix francs chacune, s'acquittera en payant une ſeule piece d'or qu'on appellera vingt-quatre livres. Comme ces opérations ſe ſont faites peu à peu, ce changement n'a point effrayé. Tel qui était à la fois débiteur & créancier, gagnait d'un côté ce qu'il perdait de l'autre ; tel autre faiſait le commerce ; tel autre enfin en ſouffrait, & ſe réduiſait à épargner.

C'est ainsi que toutes les Nations Européennes en ont usé avant que d'avoir établi un commerce réglé & puissant. Examinons les Romains : nous verrons que la livre de cuivre de douze onces fut réduite à six liards de notre monnoie d'aujourd'hui. Chez les Anglais la livre sterling de seize onces d'argent est réduite à vingt-deux francs de notre monnoie. La livre de gros des Hollandais n'est plus qu'environ quatre francs. Mais c'est notre livre qui a souffert les plus grands changemens.

Nous appellions, sous Charlemagne, une monnoie courante, faisant la vingtieme partie d'une livre, un *solide*, du nom Romain *solidum*. C'est ce *solide*, que nous nommons un *sou*, comme nous appellons le mois d'*Auguste* barbarement *Août*, que nous prononçons *ou*, à force de politesse : de façon que dans notre langue aujourd'hui si polie,

Hodièque manent vestigia ruris.

Enfin ce *solide*, ce *sou*, qui était la vingtieme partie d'une livre, la dixieme partie d'un marc d'argent, est aujourd'hui une chétive monnoie de cuivre qui représente la dix-neuf cent-vingtieme partie d'une livre, l'argent supposé à dix-neuf francs le marc. Ce calcul est presque incroyable; & il se trouve, par ce calcul, qu'une famille qui aurait eu autrefois cent vingt *solides* de rente, & qui aurait très-bien vécu, n'aurait aujourd'hui que cinq sixiemes d'un écu de six francs à dépenser par an.

Qu'est-ce que cela prouve ? Que, de toutes les Nations, nous avons long-tems été la plus changeante, mais non pas la plus riche & la plus heureuse; que nous avons poussé à un excès intolérable l'abus d'une Loi naturelle qui ordonne à la longue le soulagement des débiteurs opprimés. Or, puisque M. du Tot a si bien fait voir les dangers de ces promptes secousses que donnent aux États les changemens des valeurs numéraires dans les monnoies, il est à croire que dans un tems si éclairé nous n'avons plus à essuyer de pareils orages.

Ce qui m'a le plus étonné & le plus instruit dans le Livre de M. du Tot, c'est de voir qu'en effet Louis XII, François premier, Henri II, Henri III étaient plus riches que Louis XV. Qui eût cru que Henri III, à compter comme aujourd'hui, avait cent soixante-trois millions au-delà du revenu de notre Roi? J'avoue que je ne sors point de surprise; car comment avec ces richesses immenses, Henri III pouvait-il à peine résister aux Espagnols? Comment était-il opprimé par les Guises? Comment la France était-elle dénuée d'Arts & de Manufactures? Pourquoi nulle belle maison dans Paris, nul beau Palais bâti par les Rois; aucune magnificence, aucun goût, qui sont la suite de la richesse? Aujourd'hui, au contraire, trois cens forteresses, toujours bien réparées, bordent nos frontieres, deux cent mille hommes les défendent. Les troupes qui composent la Maison du Roi sont comparables à ces dix mille hommes couverts d'or, qui accompagnaient les chars de Xerxès & de Darius. Paris est deux fois plus peuplé, & cent fois plus opulent & plus magnifique que sous Henri III. Le Commerce qui languissait, qui n'était rien alors, fleurit aujourd'hui à notre avantage. En un mot, la Nation est plus riche. Pourquoi le Roi l'est-il moins? C'est que Louis XIV a laissé en mourant

mourant plus de vingt fois cent millions de dettes, & que ces dettes ne sont point encore acquittées.

Je conclurai mes remarques sur cet ouvrage, en avouant, avec l'Auteur, qu'il vaut mille fois mieux pour une Nation payer pendant la guerre, ou dans des cas urgens, de très-forts impôts proportionnellement répartis, que d'être livrés aux Traitans & aux mutations de monnoie ; car ces *mutations* ruinent le Commerce, & ces Traitans oppriment le peuple.

Pourquoi donc les Ministres éclairés de Louis XIV, & sur-tout ce grand Colbert lui-même, ont-ils mieux aimé recourir aux Traitans qu'à la dixme proportionnelle du Maréchal de Vauban, à laquelle il a fallu avoir recours en partie ? C'est que les Peuples sont très-ignorans & que l'intérêt les aveugle ; c'est que ce mot d'impôt les effarouche. On avait fait la guerre de la Fronde, pour je ne sçais quel Edit du Tarif, qui ne devait pas être regardé comme un objet. Ce préjugé subsista dans sa force sous Louis XIV, malgré l'obéissance la plus profonde. Un Paysan, ou un Bourgeois, quand il paye une taxe, s'imagine qu'on le vole, comme si cet argent était destiné à enrichir nos ennemis. On ne songe pas que payer des taxes au Roi, c'est les payer à soi-même, c'est contribuer à la défense du Royaume, à la Police des Villes, à la sureté des maisons & des chemins ; c'est mettre en effet une partie de son bien à entretenir l'autre. Il est honteux que les Parisiens ne se taxent pas eux-mêmes pour embellir leur Ville, pour avoir de l'eau dans les maisons, des Théâtres publics dignes de ce qu'on y représente, des Places, des Fontaines.

Q

L'amour du bien public est une chimere chez nous. Nous ne sommes pas des Citoyens, nous ne sommes que des Bourgeois.

Le grand point est que les taxes soient proportionnellement réparties. On peut aisément reconnaître la justesse de la proportion, quand la culture des terres, le commerce & l'industrie sont encouragés. S'ils languissent, c'est la faute du Gouvernement ; s'ils prosperent, c'est à lui qu'on en est redevable.

Au reste, que Louis XIV soit mort avec deux milliards de dettes, qu'il y ait eu depuis un systême, un *visa*; que quelques familles ayent été ruinées, qu'il y ait eu des banqueroutes, qu'on ait mis de trop forts impôts, j'appelle tout cela les malheurs d'un peuple heureux ; c'était du tems de la Fronde, du tems des Guises, du tems des Anglais, que les Peuples étaient malheureux en effet: mais cela menerait trop loin ; & un Ecrit trop long est un impôt très-rude qu'on met sur la patience du Lecteur.

LETTRE
A MONSIEUR KOENIG.

A Postdam, le 17 Novembre 1752.

Monsieur, le Libraire qui a imprimé une nouvelle édition du *Siècle de Louis XIV*, plus exacte, plus ample & plus curieuse que les autres, doit vous en faire tenir de ma part deux exemplaires, un pour vous, l'autre pour la Bibliothéque de S. A. R., à qui je vous prie de faire agréer cet hommage & mon profond respect.

Il est bien difficile que dans un tel ouvrage, où il y a tant de traits qui caractérisent l'héroïsme de la Maison d'*Orange*, il ne s'en trouve pas quelques-uns qui puissent déplaire : mais une Princesse de son Sang, & née en Angleterre, connaît trop les devoirs d'un Historien & le prix de la vérité, pour ne pas aimer cette vérité, quand elle est dite avec le respect qu'on doit aux Puissances.

J'aurai sans doute bien des querelles à soutenir sur cet ouvrage ; je puis m'être trompé sur beaucoup de choses, que le tems seul peut éclaircir. Il ne s'agit pas ici de moi, mais du Public : il n'est pas question de me défendre, mais de l'éclairer ; & il faut sans difficulté que je corrige toutes les erreurs où je serai tombé, & que je remercie ceux qui m'en avertiront, quelque aigreur qu'ils puissent mettre dans leur zèle.

Cette vérité, à laquelle j'ai sacrifié toute ma vie, je l'aime dans les autres autant que dans moi. J'ai lû, Monsieur, votre *Appel au Public*, que vous avez eu la bonté de m'envoyer, & je suis revenu sur le champ du préjugé que j'avais contre vous. Je n'avais point été du nombre de ceux qu'on avait constitués vos Juges, ayant passé tout l'Eté à Postdam ; mais je vous avoue que sur l'exposé de M. de M.... & sur le jugement prononcé en conséquence, j'étais entierement contre votre procédé. Il s'agissait, disait-on, d'une découverte importante, dont on vous accusait d'avoir voulu ravir la gloire à son Auteur par envie & par malignité. On vous imputait d'avoir forgé une Lettre de Leibnitz, dans laquelle vous aviez vous-même inféré cette découverte. On prétendait que, pressé par l'Académie de représenter l'original de cette Lettre, vous aviez eu recours à l'artifice grossier de supposer, après coup, que vous en teniez la copie de la main d'un homme qui est mort il y a quelques années. Jugez, Monsieur, si je ne devais pas avoir les préjugés les plus violens, & si vous ne devez pas pardonner à tous ceux qui vous ont condamné, quand ils n'ont été instruits que par les allégations de votre Adversaire, confirmées par votre silence.

Votre *Appel* m'a ouvert les yeux, ainsi qu'à tout le Public. Quiconque a lû votre Mémoire, a été convaincu de votre innocence. Vos Pieces justificatives établissent tout le contraire de ce que votre ennemi vous imputait. On voit évidemment que vous commençâtes par montrer à M. de M.... tout l'ouvrage dans lequel vous combattiez ses sentimens; que cet ouvrage est écrit avec la plus grande politesse, & les égards les plus circonspects; qu'en le réfutant, vous lui avez prodigué des éloges; que vous lui avez d'abord avoué, avec la bonne foi & la franchise de votre patrie, tout ce qui concernait la Lettre de Leibnitz. Vous lui dites que vous la teniez, ainsi que plusieurs autres, des mains de feu Henri; que l'original ne pourrait probablement se trouver; enfin, vous imprimâtes & votre Réfutation, & une partie de la Lettre de Leibnitz, avec le consentement de votre Adversaire, consentement qu'il signa lui-même. Les Actes de Leipsick furent les dépositaires de votre ouvrage, & de cette même Lettre, sur laquelle on vous a fait le plus étrange procès criminel, dont on ait jamais entendu parler dans la Littérature.

Il est clair comme le jour, que cette Lettre de Leibnitz, que vous rapportez aujourd'hui toute entiere avec deux autres, ont été écrites par ce grand homme, & n'ont pu être écrites que par lui. Il n'y a personne qui n'y reconnaisse sa maniere de penser, son style profond, mais un peu diffus & embarrassé, sa coutume de jetter des idées, ou plutôt des semences d'idées qui excitent à les développer. Mais ce qu'il y a de plus étrange dans cette affaire, & ce qui me cause une surprise dont je ne reviens pas, c'est que cette même Lettre de Leibnitz, dont on faisait tant de bruit, cette Lettre pour laquelle on a intéressé tant de Puissances, cette Lettre qu'on vous accusait d'avoir indignement supposé, & d'avoir fabriqué vous-même pour donner à Leibnitz la gloire d'un Théorême revendiqué par votre Adversaire, cette Lettre dit précisément tout le contraire de ce qu'on croyait. Elle combat le sentiment de votre Adversaire au lieu de le prévenir.

C'est donc ici uniquement une méprise de l'amour propre. Votre ennemi n'avait pas assez examiné cette Lettre que vous lui aviez remise entre les mains. Il croyait qu'elle contenait sa pensée, & elle contenait sa réfutation. Fallait-il donc qu'il employât tant d'artifices & de violence, qu'il fatiguât tant de Puissances, & qu'il poursuivît enfin ceux qui condamnent aujourd'hui sa méprise & son procédé, pour quatre lignes de Leibnitz mal entendues, pour une dispute qui n'est nullement éclaircie, & dont le fond me paraît la chose la plus frivole.

Pardonnez-moi cette liberté ; vous fçavez, Monsieur, que je suis un peu enthousiaste sur ce qui me paraît vrai. Vous avez été témoin que je ne sacrifie mon sentiment à personne. Vous vous souvenez des deux années que nous avons passées ensemble dans une retraite Philosophique avec une Dame d'un génie étonnant, & digne d'être instruite par vous dans les Mathématiques. Quelque amitié qui m'attachât à elle & à vous, je me déclarai toujours contre votre sentiment & le sien sur la dispute des *forces vives*. Je soutins effrontément le parti de M. de Mairan contre vous deux, & ce qu'il y eut de plaisant, c'est que lorsque cette Dame écrivit ensuite contre M. de Mairan sur ce point de Mathématique, je corrigeai son ouvrage, & j'écrivis contr'elle. J'en usai de même sur les monades & sur l'harmonie préétablie, auxquelles je vous avoue que je ne crois point du tout. Enfin, je soutins toutes mes hérésies, sans altérer le moins du monde la charité. Je ne pus sacrifier ce qui me paraissait la vérité à une personne à qui j'aurais sacrifié ma vie.

Vous ne serez donc pas surpris que je vous dise avec cette franchise intrépide, qui vous est connue, que toutes ces disputes, où un mélange de Métaphysique vient égarer la Géométrie, me paraissent des jeux d'esprit, qui l'exercent & qui ne l'éclairent point. La querelle des *forces vives* était absolument dans ce cas. On écrirait cent volumes, pour & contre, sans rien changer jamais dans la Méchanique ; il est clair qu'il faudra toujours le même nombre de chevaux pour tirer les mêmes fardeaux, & la même charge de poudre pour un boulet de canon, soit qu'on multiplie la masse par la vitesse, soit qu'on la multiplie par le quarré de la vitesse.

Souffrez que je vous dise que la dispute sur la moindre action est beaucoup plus frivole encore. Il ne me paraît de vrai dans tout cela que l'ancien axiome : que la nature agit toujours par les voies les plus simples. Encore cette maxime demande-t-elle beaucoup d'explications.

Si M. de M...., a inventé depuis peu ce principe, à la bonne heure : mais il me semble qu'il n'eût pas fallu déguiser sous des termes ambigus une chose si claire, & que ce serait la travestir en erreur que de prétendre, avec le Pere Mallebranche, que Dieu emploie toujours *la moindre quantité d'actions*. Nos bras, par exemple, sont des leviers de la troisieme espece qui exercent une force de plus de cinquante livres pour en lever une ; le cœur par sa systole, & sa diastole exerce une force prodigieuse pour exprimer une goutte de sang qui ne pese pas une dragme. Toute la nature est pleine de pareils exemples. Elle montre dans mille occasions plus de profusion que d'économie.

Heureusement, Monsieur, toutes nos disputes pointilleuses sur des principes sujets à tant d'exceptions, sur des assertions vraies en plusieurs cas, & fausses dans d'autres, n'empêcheront pas la nature de suivre ses loix invisibles & éternelles. Malheur au genre humain, si le Monde était comme la plupart des Philosophes veulent le faire. Nous ressemblons assez à *Matthieu Garo*, qui affirmait que les citrouilles devaient croître au haut des plus grands arbres, afin que les choses fussent en proportion : vous fçavez comment Matthieu Garo fut détrompé, quand un gland de chêne lui tomba sur le nez dans le tems qu'il raisonnait en profond Métaphysicien.

Voyez donc, Monsieur, ce que c'est que de ne vouloir trouver la preuve de l'existence de Dieu, que dans une formule d'Algebre sur le point le plus obscur de la Dynamique, & assurément sur le point le plus obscur dans l'usage. » Vous allez » vous fâcher contre moi, mais je ne m'en soucie » gueres, (disait feu M. l'Abbé Conti au grand Newton;) & je pense, avec l'Abbé Conti, qu'à l'exception d'une quarantaine de Théorêmes principaux qui sont utiles, les recherches profondes de la Géométrie ne sont que l'aliment d'une curiosité ingénieuse ; & j'ajoûte que toutes les fois que la Métaphysique s'y joint, cette curiosité est bien trompée. La Métaphysique est le nuage qui dérobe aux Héros d'Homere, l'ennemi qu'ils croyaient saisir.

Mais que pour une dispute si frivole, pour une bagatelle difficile, pour une erreur de nulle conséquence, confondue avec une vérité triviale, on intente un procès criminel dans les formes, qu'on fasse déclarer faussaire un honnête homme, un compagnon d'étude, un ancien ami ; c'est ce qui est en vérité bien douloureux.

Vous nous avez appris dans votre Appel une violence bien plus singuliere ; on m'a écrit des Lettres de Paris pour sçavoir si la chose était vraie. Vous dites, & il n'est que trop véritable, que M...

après avoir réuſſi, comme il lui était ſi aiſé, à vous faire condamner, a écrit & fait écrire pluſieurs fois à Madame la Princeſſe d'Orange, de qui vous dépendez, pour vous impoſer ſilence, & pour vous faire conſentir vous-même à votre deshonneur. Vous croyez bien que toute l'Europe Littéraire trouve ſon procédé un peu dur & fort inoui. M.... aura la gloire d'avoir fait ce qu'aucun Souverain n'a jamais oſé. Aveuglé par une mépriſe où il était tombé, il a ſoutenu cette mépriſe par une perſécution, il a fait condamner & flétrir un honnête homme ſans l'entendre, & lui a ordonné enſuite de ne point ſe défendre & de ſe taire.

Quel homme de Lettres n'eſt ſaiſi d'une juſte indignation contre une cruauté, ménagée d'abord avec tant d'artifices, & ſoutenue enfin avec tant de dureté? Où en ſeraient les Lettres & les études en tout genre, ſi on ne peut être d'un ſentiment oppoſé à celui d'un homme qui a ſçu ſe procurer du crédit. Quoi! Monſieur, ſi je diſais que tous les angles d'un triangle ſont égaux à deux droits, & que le Préſident de l'Académie de Petersbourg eût dit le contraire, il ſerait donc en droit de me faire condamner & de m'ordonner le ſilence?

Vos plaintes ont été accompagnées des plaintes de tous les gens de Lettres de l'Europe; leurs voix ſe ſont jointes à la vôtre, & pour unique réponſe, M.... imprimé qu'on ne doit pas ſçavoir ce qu'il a écrit à Madame la Princeſſe d'Orange, que ce ſont des ſecrets entre lui & elle qu'il faut reſpecter. Cette réponſe eſt le dernier coup de pinceau du tableau, & j'avoue qu'on devait s'y attendre.

J'étais plein de ma ſurpriſe & de mon indignation, ainsi que tous ceux qui ont lu votre Appel ; mais l'une & l'autre cessent dans ce moment-ci. On m'apporte un volume de Lettres que M.... a fait imprimer, il y a un mois ; je ne peux plus que le plaindre ; il n'y a plus à se fâcher : c'est un homme qui prétend, que, pour mieux connaître la nature de l'ame, il faut aller aux terres Australes disséquer des cerveaux de géans, hauts de douze pieds : & des hommes velus portant une queue de singe.

Il veut qu'on enyvre des gens avec de l'opium, pour épier dans leurs rêves les ressorts de l'entendement humain.

Il propose de faire un grand trou qui pénétre jusqu'au noyau de la terre.

Il veut qu'on enduise les malades de poix-résine, & qu'on leur perce la chair avec de longues aiguilles ; bien entendu qu'on ne payera pas le Médecin, si le malade ne guérit pas.

Il prétend que les hommes pourraient vivre encore huit à neuf cens ans, si on les conservait par la même méthode qu'on empêche les œufs d'éclorre. La maturité de l'homme, dit-il, n'est pas l'âge viril, c'est la mort. Il n'y a qu'à reculer ce point de maturité.

Enfin, il assure qu'il est aussi aisé de voir l'avenir que le passé ; que les prédictions sont de même nature que la mémoire ; que tout le monde peut prophétiser ; que cela ne dépend que d'un dégré de plus d'activité dans l'esprit, & qu'il n'y a qu'à exalter son ame.

Tout son Livre est plein d'un bout à l'autre d'idées de cette force. Ne vous étonnez donc plus de rien. Il travaillait à son Livre, lorsqu'il vous persécutait; & je puis dire, Monsieur, lorsqu'il me tourmentait aussi d'une autre maniere: le même esprit a inspiré son ouvrage & sa conduite.

Tout cela n'est point connu de ceux qui, chargés des grandes affaires, occupés du gouvernement des Etats, & du devoir de rendre heureux les hommes, ne peuvent baisser leurs regards sur des querelles & sur de pareils ouvrages. Mais moi, qui ne suis qu'un homme de Lettres, moi qui ai toujours préféré ce titre à tout, moi dont le métier est, depuis plus de quarante ans, d'aimer la vérité & de la dire hardiment, je ne cacherai point ce que je pense. On dit que votre adversaire est actuellement très-malade, je ne le suis pas moins; & s'il porte dans son tombeau son injustice & son Livre, je porterai dans le mien la justice que je vous rends. Je suis, avec autant de vérité que j'en ai mis dans ma Lettre, &c.

REMERCIMENT SINCERE

A UN HOMME CHARITABLE.

Vous avez rendu service au genre humain en vous déchaînant sagement contre des ouvrages faits pour le pervertir. Vous ne cessez d'écrire contre l'*Esprit des Loix*, & même il paraît à votre style que vous êtes l'ennemi de toutes sortes d'esprits. Vous avertissez que vous avez préservé le monde du venin répandu dans l'*Essai sur l'Homme*, de Pope; Livre que je ne cesse de relire, pour me convaincre de plus en plus de la force de vos raisons & de l'importance de vos services. Vous ne vous amusez pas, Monsieur, à examiner le fond de l'ouvrage sur les Loix, à vérifier les citations; à discuter s'il y a de la justesse, de la profondeur, de la clarté, de la sagesse; si les chapitres naissent les uns des autres, s'ils forment un tout ensemble; si enfin ce Livre, qui devrait être utile, ne serait pas par malheur un Livre agréable.

Vous allez d'abord au fait, & regardant M. de M*** comme le Disciple de Pope, vous les regardez tous deux comme les Disciples de Spinosa. Vous leur reprochez, avec un zele merveilleux, d'être Athées; parce que vous découvrez, dites-vous, dans toute leur Philosophie les principes de la Religion naturelle. Rien n'est assurément, Monsieur, ni plus charitable, ni plus judicieux, que de conclure qu'un Philosophe ne connaît point de Dieu, de cela même qu'il pose pour principe que Dieu parle au cœur de tous les hommes.

Un honnête homme est le plus noble ouvrage de Dieu, dit le célebre Poëte Philosophe. Vous vous élevez au-dessus de l'honnête homme; vous confondez ces maximes funestes, que la Divinité est l'auteur & le lien de tous les Êtres, que tous les hommes sont freres, que Dieu est leur pere commun, qu'il faut ne rien innover dans la Religion; ne point troubler la paix établie par un Monarque sage, qu'on doit tolérer les sentimens des hommes, ainsi que leurs défauts. Continuez, Monsieur, écrasez cet affreux libertinage, qui est, au fond, la ruine de la Société. C'est beaucoup que par vos G. E. vous ayez saintement essayé de tourner en

A UN HOMME CHARITABLE.

ridicule toutes les Puissances; & quoique la grace d'être plaisant vous ait manqué, *volenti* & *conanti*, cependant vous avez le mérite d'avoir fait tous vos efforts pour écrire agréablement des invectives. Vous avez voulu quelquefois réjouir les Saints; mais vous avez souvent essayé d'armer chrétiennement les Fideles les uns contre les autres. Vous prêchez le Schisme pour la plus grande gloire de Dieu. Tout cela est très-édifiant; mais ce n'est point encore assez.

Votre zele n'a rien fait qu'à demi, si vous ne parvenez pas à faire brûler les Livres de Pope, de Locke & de Bayle, l'*Esprit des Loix*, dans un bucher, auquel on mettra le feu avec un paquet de Nouvelles Ecclésiastiques.

En effet, Monsieur, quels maux épouvantables n'ont pas fait dans le Monde une douzaine de vers répandus dans l'*Essai sur l'Homme* de ce scélérat de Pope, cinq ou six articles du *Dictionnaire* de cet abominable Bayle, une ou deux pages de ce coquin de Locke, & d'autres incendiaires de cette espece. Il est vrai que ces hommes ont mené une vie pure & innocente, que tous les honnêtes gens les chérissaient & les consultaient; mais c'est par-là qu'ils sont dangereux. Vous voyez leurs Sectateurs, les armes à la main, troubler les Royaumes, porter par-tout le flambeau des guerres civiles. Montagne, Charron, le Président de Thou, Descartes, Gassendi, Rohault, le Vayer, ces hommes affreux, qui étaient dans les mêmes principes, bouleverserent tout en France. C'est leur Philosophie qui fit donner tant de batailles, & qui causa la Saint Barthelemi. C'est leur esprit de tolérantisme qui est la ruine du Monde ; & c'est votre saint zele qui répand par-tout la douceur de la concorde.

Vous nous apprenez que tous les partisans de la Religion naturelle sont les ennemis de la Religion Chrétienne. Vraiment, Monsieur, vous avez fait là une belle découverte! Ainsi dès que je verrai un homme sage, qui dans sa Philosophie reconnaîtra par-tout l'Être suprême, qui admirera la Providence dans l'infiniment grand & l'infiniment petit, dans la production des Mondes & dans celle des insectes, je conclurai de-là qu'il est impossible que cet homme soit Chrétien. Vous nous avertissez qu'il faut penser ainsi aujourd'hui de tous les Philosophes. On ne pouvait certainement rien dire de plus sensé & de plus utile au Christianisme, que d'assurer que notre Religion est bafouée dans toute l'Europe, par tous ceux dont la profession est de chercher la vérité. Vous pouvez vous vanter d'avoir fait là une réflexion dont les conséquences seront bien avantageuses au Public.

Que j'aime encore votre colere contre l'Auteur de l'*Esprit des Loix*, quand vous lui reprochez d'avoir loué les Solons, les Platons, les Socrates, les Aristides, les Cicerons, les Catons, les Epictetes, les Antonins & les Trajans ! On croirait à votre dévote fureur contre ces gens-là, qu'ils ont tous signé le Formulaire. Quels monstres, Monsieur, que tous ces grands hommes de l'Antiquité ! Brûlons tout ce qui nous reste de leurs écrits, avec ceux de Pope & de Locke, & de M. de M***. En effet, tous ces anciens Sages sont vos ennemis ; ils ont tous été éclairés par la Religion naturelle ; & la vôtre, Monsieur, je dis la vôtre en particulier, paraît si fort contre la Nature, que je ne m'étonne pas que vous détestiez sincérement tous ces illustres réprouvés, qui ont fait, je ne sçais comment, tant de bien à la Terre. Remerciez Dieu de n'avoir rien de commun, ni avec leur conduite, ni avec leurs écrits.

Vos saintes idées sur le Gouvernement politique sont une suite de votre sagesse. On voit que vous connaissez les Royaumes de la Terre tout comme le Royaume des Cieux. Vous condamnez, de votre autorité privée, les gains que l'on fait dans les risques maritimes. Vous ne sçavez pas probablement ce que c'est que l'argent à la grosse ; mais vous appellez ce commerce *usure*.

C'est une nouvelle obligation que le Roi vous aura d'empêcher ses Sujets de commercer à Cadix. Il faut laisser cette œuvre de Satan aux Anglais & aux Hollandais, qui sont déjà damnés sans ressource. Je voudrais, Monsieur, que vous nous disiez combien vous rapporte le commerce sacré des Nouvelles Ecclésiastiques. Je crois que la bénédiction répandue sur ce chef-d'œuvre peut bien faire monter le profit à trois cens pour cent. Il n'y a point de commerce profane qui ait jamais si bien rendu.

Le commerce maritime, que vous condamnez, pourrait être excusé peut-être en faveur de l'utilité publique, de la hardiesse d'envoyer son bien dans un autre hémisphere, & du risque des naufrages. Votre petit négoce a une utilité plus sensible ; il demande plus de courage, & expose à de plus grands risques.

Quoi de plus utile, en effet, que d'instruire l'Univers quatre fois par mois des aventures de quelques Clercs tonsurés? Quoi de plus courageux que d'outrager les Papes & les Evêques? Et quel risque, Monsieur, que ces petites humiliations que vous pourriez essuyer en place publique! Mais je me trompe ; il y a des charmes à souffrir pour la bonne cause ; il vaut mieux obéir à Dieu qu'aux hommes, & vous me paraissez tout fait pour le martyre, que je vous souhaite cordialement, étant votre très-humble & très-obéissant serviteur, &c.

ÉPITRE
A M. DE SAINT-LAMBERT.

Tandis qu'au-dessus de la Terre,
Des Aquilons & du Tonnerre,
L'Interprète du grand *Newton*,
Dans les routes de la lumiere
Conduit le char de *Phaëton*,
Sans verser dans cette carriere ;
Nous attendons paisiblement,
Près de l'onde Castalienne
Que notre Héroïne revienne
De son voyage au Firmament ;
Et nous assemblons, pour lui plaire,
Dans ces vallons & dans ces bois,
Ces fleurs dont *Horace* autrefois
Faisoit des bouquets pour *Glycere*.

A M. DE SAINT-LAMBERT.

Saint-Lambert, ce n'est que pour toi
Que ces belles fleurs sont éclofes;
C'est ta main qui cueille les roses,
Et les épines sont pour moi.
Ce Vieillard chenu qui s'avance,
Le Tems, dont je subis les loix,
Sur ma lyre a glacé mes doigts,
Et des organes de ma voix
Fait frémir la sourde cadence.
Les Graces, dans ce beau Vallon,
Les Dieux de l'amoureux Empire,
Ceux de la flute & de la lyre,
T'inspirent les aimables sons;
Avec toi dansent aux chansons,
Et ne daignent plus me sourire.
Dans l'heureux printems de tes jours,
Des Dieux du Pinde & des Amours
Saisis la faveur passagere;
C'est le tems de l'illusion :
Je n'ai plus que de la raison,
Encore, hélas! n'en ai-je guere.
Mais je vois venir sur le soir,
Du plus haut de son Aphélie,
Notre astronomique *Emilie*,
Avec un vieux tablier noir,
Et la main d'encre encor salie.
Elle a laissé là son compas,
Et ses calculs & sa lunette;
Elle reprend tous ses appas,
Porte-lui vîte, à sa toilette,

* R

ÉPITRE

Ces fleurs qui naissent sur tes pas;
Et chante-lui, sur ta musette,
Ces beaux airs que l'Amour répete,
Et que *Newton* ne connut pas.

ÉPITRE

A MADEMOISELLE SALLÉ.

Les Amours pleurant votre absence,
Loin de nous s'étaient envolés;
Enfin les voilà rappellés
Dans le séjour de leur naissance.
Je les vis, ces Enfans aîlés,
Voler en foule sur la scene,
Pour y voir triompher leur Reine,
Les Etats furent assemblés,
Tout avait déserté Cythere,
Le jour, le plus beau de vos jours,
Où vous reçûtes, de leur mere,
Et la ceinture & les atours.
Dieux! quel fut l'aimable concours
Des Jeux, qui, marchant sur vos traces,
Apprirent de vous, pour toujours,
Ces pas mesurés par les Graces,
Et composés par les Amours.
Des Ris l'essain vif & folâtre
Avait occupé le Théâtre

A MADEMOISELLE SALLÉ.

Sur les formes de mille Amans,
Vénus & ses Nymphes parées
De modernes habillemens,
Des loges s'étaient emparées,
Un tas de vains perturbateurs,
Soulevant les flots du parterre,
A vous, à vos admirateurs,
Vint aussi déclarer la guerre.
Je vis leur parti frémissant,
Forcé de changer de langage,
Vous rendre en partant leur hommage,
Et jurer en applaudissant.
Restez, fille de Terpsichore,
L'Amour est las de voltiger ;
Laissez soupirer l'Etranger,
Brûlant de vous revoir encore.
Je sçais que pour vous attirer,
Le solide Anglais récompense
Le mérite errant, que la France
Ne fait tout au plus qu'admirer,
Par sa généreuse industrie,
Il veut en vain vous rappeller :
Est-il rien qui doive égaler
Le suffrage de la Patrie ?

IMITATION DE L'ODE
DU R. P. LE JAY, JESUITE,

Sur Sainte Genevieve.*

Qu'apperçois-je ? Est-ce une Déesse
Qui s'offre à mes regards surpris ?
Son aspect répand l'allégresse,
Et son air charme mes esprits.
Un flambeau brillant de lumiere,
Dont sa chaste main nous éclaire,
Jette un feu nouveau dans les airs.
Quels sons ! quelles douces merveilles
Viennent de frapper mes oreilles
Par d'inimitables concerts !

Un chœur d'Esprits saints l'environne,
Et lui prodigue des honneurs :
Les uns soutiennent sa couronne,
Les autres la parent de fleurs.
O miracle ! ô beautés nouvelles !
Je les vois, déployant leurs aîles,
Former un thrône sous ses pieds.
Ah ! je sçais qui je vois paraître.
France, pouvez-vous méconnaître
L'Héroïne que vous voyez ?

---

* Cette Ode est le premier Ouvrage imprimé de M. de Voltaire. Il la composa au Collége de Louis le Grand, où il était Pensionnaire & Ecolier de Rhétorique, sous le P. le Jay & le P. Porée.

SUR SAINTE GENEVIEVE.

OUI, c'est vous que Paris révere,
Comme le soutien de ses Lys;
GENEVIEVE, illustre Bergere,
Quel bras les a mieux garantis?
Vous, qui par d'invisibles armes,
Toujours au fort de nos allarmes
Nous rendîtes victorieux;
Voici le jour où la mémoire
De vos bienfaits, de votre gloire,
Se renouvelle dans ces lieux.

DU milieu d'un brillant nuage,
Vous voyez les humbles mortels
Vous rendre à l'envi leur hommage,
Prosternés devant vos autels;
Et les Puissances Souveraines
Remettre entre vos mains les rênes
D'un Empire à vos loix soumis.
Reconnaissant & plein de zele,
Que n'ai-je sçu, comme eux fidele,
Acquitter ce que j'ai promis.

MAIS, hélas! que ma conscience
M'offre un souvenir douloureux!
Une coupable indifférence
N'a pû faire oublier mes vœux.
Confus, j'en entends le murmure;
Malheureux! je suis donc parjure!
Mais, non; fidele désormais,
Je jure ces autels antiques,
Parés de vos saintes Reliques,
D'accomplir les vœux que j'ai faits.

Vous, Tombeau sacré que j'honore,
Enrichi des dons de nos Rois;
Et vous, Bergere, que j'implore,
Ecoutez ma timide voix!
Pardonnez à mon impuissance,
Si ma faible reconnaissance
Ne peut égaler vos faveurs.
Dieu même à contenter facile,
Ne croit point l'offrande trop vile
Que nous lui faisons de nos cœurs.

Les Indes pour moi trop avares,
Font couler l'or en d'autres mains;
Je n'ai point de ces meubles rares
Qui flattent l'orgueil des humains.
Loin d'une fortune opulente,
Aux tréfors que je vous préfente,
Ma feule ardeur donne du prix;
Et fi cette ardeur peut vous plaire,
Agréez que j'ofe vous faire
Un hommage de mes Ecrits.

Eh! quoi! puis-je dans le filence
Enfevelir ces nobles noms
De Protectrice de la France,
Et de ferme appui des Bourbons?
Jadis nos campagnes arides,
Trompant nos attentes timides,
Vous dûrent leur fertilité;
Et par votre feule priere
Vous défarmâtes la colere
Du Ciel contre nous irrité,

SUR SAINTE GENEVIEVE.

LA Mort même à votre préfence,
Arrêtant fa cruelle faulx,
Rendit des hommes à la France
Qu'alloient dévorer les tombeaux.
Maîtreffe du féjour des Ombres,
Jufqu'au plus profond des lieux fombres
Vous fîtes révérer vos loix.
Ah! n'êtes-vous plus notre mere,
GENEVIEVE; ou notre mifere
Eft-elle moindre qu'autrefois?

REGARDEZ la France en allarmes,
Qui de vous attend fon fecours,
En proye à la fureur des armes;
Peut-elle avoir d'autre recours?
Nos fleuves devenus rapides,
Par-tout de cruels homicides
Sont teints du fang de nos Guerriers;
Chaque Eté forme des tempêtes,
Qui fondent fur d'illuftres têtes,
Et frappent jufqu'à nos lauriers.

JE vois en des Villes brûlées
Regner la mort & la terreur;
Je vois des plaines défolées
Aux vainqueurs mêmes faire horreur.
Vous qui pouvez finir nos peines
Et calmer nos funeftes haines,
Rendez-nous une aimable paix!
Que Bellone, de fers chargée,
Dans les Enfers foit replongée,
Sans efpoir d'en fortir jamais.

LETTRES ITALIENNES,

A M. LE CARDINAL Q**.

LETTERA PRIMA.

Berlin. Gennaro ; 7 Janvièr 1752.

La morte del Conte di Rotembourg, l'uno de' Direttori di questa Chiesa tanto favorita de V. E. a cagionato qui un gran ramerico ; io farei molto forprefo, fe egli non aveffela fciato nel fuo Teftamento una confiderabil fomma di danari, per contribuire alla fabrica del voftro Edifizio. I continui affalti della malatia che mi diftrugge, mi fanno augurare ch'andero dove è gito il povero Conte di Rotembourg, e dove non s'edificano Cafe nè per Iddio, nè per gli uomini. L'ultime mie voglie faranno in favore della Chiefa di Berlino ; ma daro poco, giacchè fono un uomo da poco. E bifogna pigliar cura de' fuoi parenti & amici primà di penfare alle pietre d'un Monumento. Tocca a un Vefcovo, a un gran Cardinal, a un celebratiffimo Benefattore come voi fiete, di fegnalare la fua beneficenza dovunque và la fua gloria. Rimango con ogni riverenza del fuo impregiabile merito, fi come di fua Eminenza,

Umiliffimo & devotiffimo fervitore,

LETTERA SECONDA.

Poſtdam, 4 Luglio 1752.

Io ho ricevuto i nuovi contraſegni della benevolenza di Voſtra Eminenza verſo di me, e gliene porgo i vivi ringraziamenti. La veggo ſempre intenta a beneficare la Chieſa & le buone lettere; inſegna in mondo con i precetti; lo ſprona co gli eſempi; dà de' Ducati e de Marcheſati a Monache, de' danari e delle ſtatue à un Tempio Catholico eretto nella Pagania. Io applaudo da lontano, ſempre ammalato, ſempre ſtimolato dal deſiderio di riverirla, e ritenuto appreſſo d'un Rè eretico, ma pure amabile, colle catene dell'ozio, della libertà e del piacere, che ſono di rado regie catene. Vorrei cantar le lodi di Voſtra Eminenza; ma chi pur ſempre,

Colla febre gariſce, e con Galeno,

Vien rauco e perde il canto e la favella.

Ma non ne ſono meno ammiratore, e di Voſtra Eminenza, Servo umiliſſimo.

LETTERA TERZA.

Poſtdam, 29 Settembre 1752.

Che dirà l'Eminenza Voſtra quando ella riceverà queſta epiſtola, doppo aver letto quel Salomone del Settentrione? Dirà che ſi degna di aggradire il tributo d'un Paſtore, quando ella ha ricevuto l'oro, l'incenſo, e la mitra d'un che vale li tre Rè dell'Epiphania.

Ella si diletta nell'edificar delle Chiese; ma si erge un Tempio nella memoria degli uomini. Bramo di aggiungere i miei gridi a quelli applausi, che le Bresciane stampe fanno risuonare. Ma la mia voce è rauca e debole. Il corpo langue, così fà l'anima. Oh! quando vederò io qualche valente Libraio raccoglire tutto di Opere di Vostra Eminenza già troppo sparse!

Foliis tantùm ne carmina manda.

Ma siano tutti i suoi scritti radunati *ad æternam memoriam*.

Auguro che la Sua Eminenza dia ancora *ad multos annos* benedizioni a i fideli, ed esempi al mondo. Io in tanto, picciola lucciola, m'inchino profondamente alla stella di prima grandezza; e sono per sempre con ogni maggiore ossequio e venerazione, &c.

LETTERA QUARTA.

Postdam, 21 Novemb. 1752.

L'EMINENZA Vostra adorna la dottrina col fregio dell'ingegno, rinforza l'ingegno col zelo, e compisce il zelo colla munificenza. Ella edifica di una mano una Chiesa in Berlino, e coll'altra slega da giogo eretico un valente Monaco, rimanda all'ovile la smarrita pecorella. In summa la sua liberal mano diffonde altretanto di danaro, quanto d'inchiostro; ed ammaestra i dotti, e solleva i poveri. Bramo di vedere i suoi scritti, ed i suoi atti generosi tutti raccolti nelle Bresciane stampe; ma tengo un più vivo desiderio d'inchinarla personalmente, &c.

PRÉFACE DE LA HENRIADE,

De l'Edition de Londres, 1730.

CETTE nouvelle édition de la HENRIADE, a été faite d'après un nouveau Manuscrit de l'Auteur, sous les yeux d'un ami qui s'est chargé de l'impression, & qui a composé le peu de notes qu'on a crues nécessaires à l'ouvrage.

Ce Poëme fut commencé en l'année 1717. M. de V*** n'avait alors que dix-neuf ans ; & quoiqu'il eût déjà fait la Tragédie d'Œdipe, (qui n'avait pas encore été représentée,) il était très-incapable de faire un Poëme épique à cet âge. Aussi ne commença-t-il la Henriade que dans le dessein de se procurer un simple amusement dans un tems, & dans un lieu où il ne pouvait guères faire que des vers. Il avait alors le malheur d'être prisonnier par lettre de cachet dans la Bastille. Il n'est pas inutile de dire que la calomnie lui avait attiré cette disgrace, son innocence ayant été reconnue, lui valut les bienfaits de la Cour ; ce qui sert également à la justification de l'Auteur, & du gouvernement. Il n'y a point dans le monde de Ministre qui ne soit exposé à faire d'extrêmes injustices. Le plus juste est celui qui répare les siennes.

L'Auteur ayant été près d'un an dans cette très-dure prison, sans papier & sans Livres, y composa plusieurs ouvrages, & les retint de mémoire. Mais la Henriade fut le seul qu'il écrivit au sortir de la Bastille. Il n'en avait alors que six chants, dont il ne reste aujourd'hui que le second, qui contient les massacres de la Saint Barthelemi, les cinq autres étaient très-faibles, & ont depuis été travaillés sur un autre p'an ; mais il n'a jamais rien pû changer à ce second Chant, qui est peut-être encore le plus fort de tout l'ouvrage ; preuve certaine que le succès est presque toujours dans le choix du sujet.

La santé qu'il perdit dans cette année de prison, & les infirmités continuelles dont il fut accablé depuis, ne lui permirent de travailler à la Henriade que faiblement & de loin à loin.

En l'année 1723, il parut une édition de ce Poëme sous le nom de LA LIGUE. L'ouvrage était informe, tronqué, plein de lacunes : il y manquait un Chant, & les autres étaient déplacés. De plus il était annoncé comme un Poëme Épique, espece d'ouvrage qui n'avait jamais réussi dans la Langue Française, & dont le titre seul promettait de l'ennui. Cependant la mémoire de Henri IV est si chere aux Français, que ce Poëme fut lû avec assez d'indulgence, & on en fit même plus d'une édition.

En l'année 1726, l'Auteur étant en Angleterre, y trouva une protection générale, & des encouragemens qu'il n'eût jamais pu espérer ailleurs. On y favorisa avec empressement l'impression d'un ouvrage Français écrit avec liberté, & d'un Poëme plein de vérités, sans flatterie.

La Henriade parut donc alors pour la premiere fois sous son véritable nom en dix Chants; & ce fut d'après les éditions de Londres, que furent faites depuis celles d'Amsterdam, de la Haye & de Genève, assez inconnues en France par l'interruption du commerce de la Librairie avec les Etrangers.

L'Auteur ayant encore depuis fait de grands changemens à la Henriade, donne aujourd'hui cette nouvelle édition, comme moins mauvaise que toutes les précédentes, mais comme fort éloignée de la perfection dont il ne s'est jamais flatté d'approcher.

Du tems où il commença ce Poëme jusqu'à cette présente édition de l'année 1730, il s'est passé treize années sans qu'il ait pu donner la derniere main à son ouvrage.

Tant l'esprit est borné, tant l'art est étendu (1).

PRÉFACE

De l'Edition de 1737, par M. LINANT.

On donne cette nouvelle édition, à laquelle l'Auteur n'a d'autre part & d'autre intérêt que celui d'avoir beaucoup corrigé LA HENRIADE, & d'avoir travaillé à rendre de plus en plus cet ouvrage digne du Public & du siecle éclairé où nous vivons : c'est ainsi qu'en usait M. Despréaux, le premier des Français qui mit de la correction & de l'élé-

---

(1) Ce vers se trouve dans la Traduction libre que M. l'Abbé *du Resnel* a faite de l'Essai de la Critique de M. *Pope*, Traduction estimée, & presque la seule qui ait fait connaître que les Français peuvent traduire des Poëmes en vers.

gance dans la composition de nos vers de six pieds, qui sont de tous les vers les plus difficiles à faire ; il corrigeait ses ouvrages à chaque édition ; cette attention si louable est bien plus nécessaire encore dans un Poëme Epique, que dans des ouvrages détachés ; car il est bien plus naturel de faire quelques faux pas dans une longue carriere, que dans une petite.

L'Auteur de la Henriade s'est attaché sur-tout à peindre des détails que l'on n'avait jamais exprimés noblement en Français, & qui avaient été l'écueil de tous nos Poëmes Epiques. Cela fait voir que notre Langue peut exprimer les mêmes choses que la Grecque & la Latine, & que les idées les plus communes peuvent être ennoblies à Paris comme à Athenes & à Rome, par le charme de la Poësie ; c'est-là sans doute la meilleure maniere de confondre ceux qui n'ayant lû Homere que dans des Traductions, trouvent les descriptions & les comparaisons qui sont dans l'Iliade basses & puériles. M. Perrault & M. de la Motte condamnaient Homere d'avoir comparé des Héros à des chiens.

Qu'on lise ce nouveau morceau de la Henriade au huitieme Chant, on verra qu'une telle comparaison peut être très-digne de la majesté de l'Epopée.

De Ligueurs en tumulte une foule s'avance :
Tels, au fond des forêts, précipitans leurs pas,
Ces animaux hardis, nourris pour les combats,
Fiers esclaves de l'homme & nés pour le carnage,
Pressent un Sanglier, en raniment la rage:

> Ignorans le danger, aveuglés, furieux,
> Le Cor excite au loin leur instinct belliqueux.
> Les antres, les rochers, les monts en retentissent.
> Ainsi contre Bourbon, mille ennemis s'unissent ;
> Il est seul contre tous abandonné du sort,
> Accablé par le nombre, entouré de la mort.

On trouve plusieurs nouveaux traits pareils dans cette édition, & beaucoup de vers changés.

L'Auteur a eu soin de ne rimer que pour les oreilles & non pour les yeux. L'harmonie de la rime résulte uniquement du retour des mêmes sons. C'est de la prononciation des paroles & non de la maniere dont on les écrit que doit dépendre la rime. C'est aussi pour cette raison qu'on ne fait plus rimer *fier* avec *foyer*, parce qu'on prononce *foyé* & qu'on ne prononce pas *fié*. C'est être exact que de rimer selon la prononciation des syllabes, & c'est pécher contre l'exactitude, que de ne rimer richement qu'aux yeux.

On a imprimé *Français* par un *a* comme dans l'édition de *Zaïre*, pour se conformer à l'usage très-raisonnable, & qui se confirme tous les jours de prononcer *Français* & non pas *François*. Cette orthographe était d'autant plus nécessaire dans la Henriade, qu'il y est parlé de *S. François*, Fondateur des Cordeliers.

> Sous l'habit d'Augustin, sous le froc de François.

Il serait fort ridicule d'écrire & de prononcer un *François* comme on prononce *S. François* par un *o*.

On a mis au-devant de cette édition la Lettre

de M. Cochi, regardé à Florence comme un homme plein de sçavoir & de goût. On l'avait déjà imprimée ailleurs ; mais c'est ici sa véritable place.

On trouvera dans cette Lettre une idée neuve & hardie, c'est que le merveilleux n'est pas ce qui lui plaît le plus dans les Poëmes Epiques. Cela paraît très-vrai, & sûrement Armide & Renaud, Didon & Enée sont plus intéressans que les messages de Mercure & que la haine de Junon. S'il n'y avait que ce qu'on appelle du merveilleux dans les Poëmes anciens, ils ne seraient que des Recueils des Miracles du Paganisme.

Mais je ne crois pas, comme M. Cochi, qu'on doive bannir ce merveilleux ; il doit seulement être employé avec sobriété dans une Religion aussi sévere que la nôtre, & dans un siecle où la raison est devenue aussi sévere que la Religion.

C'est au Lecteur équitable à juger si l'Auteur de la Henriade a sçu garder ce juste tempérament. Tant d'éditions n'ont pu encore le rendre content de son propre ouvrage : mais je dirais que le Public doit l'être, si la reconnaissance & tous les sentimens que je dois à M. de V***, ne rendaient mon témoignage suspect de trop de zele ; d'ailleurs je crois que la Henriade le loue mieux que tout ce qu'on pourrait en dire.

LETTRE

LETTRE

A L'ACADÉMIE FRANÇAISE. 1756.

Messieurs, je crois qu'il n'appartient qu'à ceux qui sont, comme vous, à la tête de la Littérature, d'adoucir les nouveaux désagrémens auxquels les gens de Lettres sont exposés depuis quelques années. Lorsqu'on donne une piéce de Théâtre à Paris, si elle a un peu de succès, on la transcrit d'abord aux représentations, & on l'imprime souvent pleine de fautes. Des curieux sont-ils en possession de quelques fragmens d'un ouvrage, on se hâte d'ajuster ces fragmens comme on peut ; on remplit les vuides au hasard, & on donne hardiment, sous le nom de l'Auteur, un Livre qui n'est pas le sien. C'est à la fois le voler & le défigurer. C'est ainsi qu'on s'avisa d'imprimer sous mon nom, il y a deux ans, sous le titre ridicule d'*Histoire Universelle*, deux petits volumes sans suite & sans ordre, qui ne contenaient pas l'Histoire d'une Ville, & où chaque date était une erreur. Quand on ne peut imprimer l'ouvrage dont on est en possession, on le vend en manuscrit ; & j'apprends qu'à présent on débite de cette maniere quelques fragmens, informes & falsifiés, des Mémoires que j'avais amassés dans les Archives publiques sur la guerre de 1741. On en use encore ainsi à l'égard d'une plaisanterie faite, il y a plus de trente ans, sur le même sujet qui rendit Chapelain si fameux. Les copies manuscrites, qu'on m'en a envoyées de Paris, sont

S

de telle nature qu'un homme qui a l'honneur d'être votre confrere, qui sçait un peu sa langue, & qui a puisé quelque goût dans votre Société & dans vos Ecrits, ne sera jamais soupçonné d'avoir composé cet ouvrage tel qu'on le débite. On vient de l'imprimer d'une manière, non moins ridicule & non moins révoltante. Ce Poëme a été d'abord imprimé à Francfort, quoiqu'il soit annoncé de Louvain, & l'on vient d'en donner en Hollande deux éditions qui ne sont pas plus exactes que la premiere : cet abus de nous attribuer des ouvrages que nous n'avons pas faits, de falsifier ceux que nous avons faits, & de vendre ainsi notre nom, ne peut être détruit que par le décri dans lequel ces œuvres de ténébres doivent tomber.

C'est à vous, Messieurs, & aux Académies formées sur votre modéle, dont j'ai l'honneur d'être associé, que je dois m'adresser. Lorsque des hommes comme vous élevent leurs voix, pour réprouver tous ces ouvrages que l'ignorance & l'avidité débitent, le Public que vous éclairez est bientôt désabusé. Je suis avec beaucoup de respect, &c.

RÉPONSE.

Monsieur, l'Académie est très-sensible aux chagrins que vous causent les éditions furtives & défigurées, dont vous vous plaignez. C'est un malheur attaché à la célébrité. Ce qui doit vous consoler, Monsieur, c'est de sçavoir que les Lecteurs capables de sentir le mérite de vos Ecrits, ne vous attribueront jamais les ouvrages que l'ignorance & la malignité vous imputent, & que tous les honnêtes gens partagent votre peine. En vous rendant compte des sentimens de l'Académie, je vous prie d'être persuadé, &c. Duclos, *Séc. Perp.*

AUTRE LETTRE.

Messieurs, daignez recevoir mes très-humbles remercimens de la sensibilité publique que vous avez témoignée sur le vol & la publication de mes manuscrits, & permettez-moi d'ajouter que cet abus introduit, depuis quelques années dans la Librairie, doit vous intéresser personnellement. Vos ouvrages qui excitent plus d'empressement que les miens, ne seront pas exempts d'une pareille rapacité.

L'Histoire prétendue de la guerre de 1741, qui paraît sous mon nom, est non-seulement un ouvrage à la vérité défigurée en plusieurs endroits, mais un manque de respect à notre Nation : la gloire qu'elle a acquise dans cette guerre, méritait une Histoire imprimée avec plus de soin. Mon véritable ouvrage, composé à Versailles sur les Mémoires des Ministres & des Généraux, est depuis plusieurs années entre les mains de M. le Comte d'Argenson, & n'en est point sorti. Ce Ministre sçait à quel point l'Histoire que j'ai écrite diffère de celle qu'on m'attribue. La mienne finit au Traité d'Aix-la-Chapelle; & celle qu'on débite sous mon nom ne va que jusqu'à la bataille de Fontenoy ; c'est un tissu informe de quelques-unes de mes minutes dérobées & imprimées par des hommes également ignorans. Les interpolations, les omissions, les méprises, les mensonges y sont sans nombre. L'Editeur ne sçait seulement pas le nom des personnes & des pays dont il parle : & pour remplir les vuides du manuscrit, il a copié presque mot à mot près de trente pages du siécle de Louis XIV. Je ne puis mieux comparer cet avorton qu'à cette Histoire Universelle, qui a été imprimée sous mon nom il y a quelques années. Je sçais que tous les gens de Lettres de Paris ont marqué leur juste indignation de ces procédés. Je sçais avec quel mépris & avec quelle horreur on a vu les notes dont un Editeur a défiguré le siécle de Louis XIV. Je dois m'adresser à vous, Messieurs, dans ces occasions avec d'autant plus de confiance que je n'ai travaillé, comme vous, que pour la gloire de ma patrie, & qu'elle serait flétrie par ces éditions indignes, si elle pouvait l'être.

Je ne vous parle point, Messieurs, de je ne sçais quel Poëme, entierement défiguré, qui paraît aussi depuis peu. Ces œuvres de ténébres ne méritent pas d'être relevées, & ce seroit abuser des bontés dont vous m'honorez. Je vous en demande la continuation.

EXTRAIT D'UNE LETTRE

Sur le Poëme de la PUCELLE.

IL y a trente ans que pour m'amuser je voltigeais sur cette corde, & deux ou trois mauvais Gilles en ont voulu faire autant dans le Préau de leur Foire; je leur abandonne cette sottise, à laquelle mon âge, mes maladies, ma façon de penser ne me permettent pas de faire désormais la moindre attention.

PRÉFACE
DE *L'ANTI-MACHIAVEL.*

JE crois rendre service aux hommes en publiant *l'Examen de Machiavel.* L'illustre Auteur de cette Réfutation est une de ces grandes ames que le Ciel forme rarement pour ramener le genre-humain à la vertu, par leurs préceptes & par leurs exemples. Il mit par écrit ses pensées, il y a quelques années, dans le seul dessein d'écrire des vérités que son cœur lui dictait. Il était encore très-jeune; il voulait seulement se former à la sagesse & à la vertu; il comptait ne donner des leçons qu'à soi-même; mais ces leçons qu'il s'est données méritent d'être celles de tous les Rois, & peuvent être la source du bonheur des hommes. Il me fit l'honneur de m'envoyer son manuscrit; je crus qu'il était de mon devoir de lui demander la permission de le publier. Le poison de Machiavel est trop public, il fallait que l'antidote le fût aussi; on s'attachait à l'envi les copies manuscrites, il en courait déjà de très-fautives, & l'ouvrage allait paraître défiguré, si je n'avais eu le soin de fournir cette copie exacte, à laquelle j'espère que les Libraires se conformeront.

PRÉFACE

On fera fans doute étonné, quand j'apprendrai aux Lecteurs, que celui qui écrit en Français d'un ftyle fi noble, fi énergique & fouvent fi pur, eft un jeune Etranger, qui n'était encore jamais venu en France. On trouvera même qu'il s'exprime beaucoup mieux qu'Amelot de la Houffaye, que je fais imprimer à côté de la réfutation ; mais c'eft ainfi que celui dont je publie l'ouvrage a réuffi dans toutes les chofes auxquelles il s'eft appliqué. Qu'il foit Anglais, Efpagnol ou Italien, il n'importe, ce n'eft pas de fa patrie, mais de fon Livre dont il s'agit ici. Je le crois mieux fait & mieux écrit que celui de Machiavel ; & c'eft un bonheur pour le genre humain, qu'enfin la vertu ait été mieux ornée que le vice.

Maître de ce précieux dépôt, j'ai laiffé exprès quelques expreffions de génie qui ne font pas tout-à-fait Françaifes, mais qui méritent de l'être ; & j'ofe dire que ce Livre peut à la fois perfectionner notre Langue & nos mœurs. Au refte, j'avertis que tous les Chapitres ne font pas autant de réfutations de Machiavel, par ce que cet Italien ne prêche pas le crime dans tout fon Livre. Il y a quelques endroits de l'ouvrage que je préfente, qui font plutôt des réflexions fur Machiavel, que contre Machiavel ; voilà pourquoi je donne au Livre le titre d'*Examen*.

L'illuftre Auteur ayant pleinement répondu à Machiavel, mon partage fera ici de répondre en peu de mots à la Préface d'Amelot de la Houffaye. Ce Traducteur a voulu fe donner pour un Politique ; mais je puis affurer que celui qui combat ici Machiavel eft véritablement ce qu'Amelot veut paraître.

DE L'ANTI-MACHIAVEL. 279

Amelot était un de ces Auteurs qui composent pour vivre, & ce qu'on peut dire peut-être de plus favorable pour lui, c'est qu'il traduisit le *Prince de Machiavel*, & en soûtint les maximes plutôt dans l'intention de débiter son Livre que dans celle de persuader : il parle beaucoup de raison d'Etat dans son Epître dédicatoire, mais un homme * qui n'a pas eu le secret de se tirer de la misere, entend mal à mon gré la raison d'Etat.

Il veut justifier son Auteur par le témoignage de Juste-Lipse, qui avait, dit-il, autant de piété & de Religion que de sçavoir & de politique. Sur quoi je remarquerai, 1°. que Juste-Lipse & tous les sçavans déposeraient en vain en faveur d'une doctrine funeste au genre humain ; 2°. que la *Piété* & la *Religion* dont on se pare ici très-mal à propos enseignent tout le contraire ; 3°. que Juste-Lipse né Catholique, devenu Luthérien, puis Calviniste, & enfin redevenu Catholique, ne passa jamais pour un homme Religieux, malgré ses très-mauvais vers pour la Vierge ; 4°. que son gros Livre de Politique est le plus méprisé de ses ouvrages, tout dédié qu'il est aux Empereurs, Rois & Princes ; 5°. qu'il dit précisément le contraire de ce qu'Amelot lui fait dire. » Plût à Dieu, dit » Juste-Lipse, page 9 de l'édition de Plantin, » que Machiavel eût conduit son Prince au Tem- » ple de la vertu & de l'honneur ; mais en ne » suivant que l'utile, il s'est trop écarté du che- » min royal de l'honnête. «

Amelot a supprimé exprès ces paroles. La mo-

---

* Ayant été Sécrétaire d'Ambassade.

de son tems était encore de citer mal à propos ; mais altérer un passage aussi essentiel, ce n'est pas être pédant, ce n'est pas se tromper ; c'est calomnier. Le grand homme dont je suis l'Editeur, ne cite point ; mais ou je me trompe fort, ou il sera cité à jamais par tous ceux qui aimeront la raison ou la justice.

Amelot s'efforce de prouver que Machiavel n'est point impie : il s'agit bien ici de piété. Un homme donne au monde des leçons d'assassinat & d'empoisonnement, & son Traducteur ose parler de sa dévotion.

Les Lecteurs ne prennent point ainsi le change ; Amelot a beau dire que son Auteur a beaucoup loué les Cordeliers & les Jacobins ; il n'est point ici question de Moines, mais de Souverains à qui l'Auteur voulait enseigner l'art d'être méchans, qu'on ne sçavait que trop sans lui.

D'ailleurs croirait-on bien justifier Miriwits, Cartouche, ou Ravaillac, en disant qu'ils avaient de très-bons sentimens sur la Religion, & se servira-t-on toujours de ce mot sacré pour flétrir les plus honnêtes gens, & pour justifier les plus corrompus & les plus criminels ?

César Borgia, dit encore le Traducteur, *est un bon modéle pour les Princes nouveaux* ; c'est-à-dire, pour les usurpateurs. Mais premierement, tout Prince nouveau n'est point usurpateur : les Médicis étaient nouvellement Princes, & on ne pouvait leur reprocher d'usurpation. Secondement, l'exemple du bâtard d'Alexandre VI, toujours détesté & souvent malheureux, est un méchant modéle pour tout Prince.

Enfin la Houssaye prétend que Machiavel haïssait la tyrannie : sans doute tout homme la déteste ; mais il est bien lâche & bien affreux de la détester & de l'enseigner.

Je n'en dirai pas davantage, il faut écouter le vertueux Auteur dont je ne ferais qu'affaiblir les sentimens & les expressions.

PANTAODAI,
ÉTRENNES
A MADEMOISELLE CLAIRON,
PAR A** C**.

A Paris, le premier Janvier 1761.

BELLE CLAIRON, Peintre de la Nature,
Vous l'imitez & vous l'embellissez ;
La voix, l'esprit, la grace, la figure,
Le sentiment n'est point encore assez ;
Vous nous rendez ce prodige d'Athene
Que le génie étalait sur la Scene.
Quand, dans les Arts de l'esprit & du goût,
On est sublime, on est égal à tout ;
Que dis-je ! on regne, & d'un Peuple fidele
On est chéri, sur-tout si l'on est belle.
O ma CLAIRON ! qu'un destin si flatteur
Est différent de celui d'un Auteur !

Je crois vous voir sur ce brillant Théâtre,
Où tout Paris, de votre Art idolâtre,

Porte en tribut son esprit & son cœur:
Vous récitez des vers plats & sans grace,
Vous leur donnez la force & la douceur;
D'un froid récit vous échauffez la glace,
Les contre-sens deviennent des raisons:
Vous exprimez, par vos sublimes sons,
Par vos beaux yeux, ce que l'Auteur veut dire;
Vous lui donnez tout ce qu'il croit avoir;
Vous exercez un magique pouvoir
Qui fait aimer ce qu'on ne sçaurait lire;
On bat des mains, & l'Auteur ébaudi
Se remercie, & pense être applaudi.
La toile tombe, alors le charme cesse;
Le Spectateur apportait des présens,
Assez communs, de sifflets & d'encens.
Il fait deux lots, quand il sort de l'yvresse;
L'un pour l'Auteur, l'autre pour son appui;
L'encens pour vous, & les sifflets pour lui.

Vous, cependant au doux bruit des éloges,
Qui vont pleuvant de l'Orchestre & des Loges,
Marchant en Reine, & traînant après vous
Vingt Courtisans l'un de l'autre jaloux,
Vous admettez près de votre toilette
Du noble essain la cohue indiscrette.
L'un dans la main vous glisse un billet doux,
L'autre à Passy vous propose une fête;
Josse, avec vous, veut souper tête-à-tête:
(Candale y soupe, & rit tout bas d'eux tous.)
On vous entoure, on vous presse, on vous lasse;
Le pauvre Auteur est tapi dans un coin,
Se fait petit, tient à peine une place:

À MADEMOISELLE CLAIRON.

Certain Marquis l'appercevant de loin,
Dit : Eh ! c'est vous... Bon jour, Monsieur Pancrace ;
Bon jour. Vraiment, votre Piece a du bon.
Pancrace fait révérence profonde,
Bégaye un mot, à quoi nul ne répond,
Puis se retire, & se croit du beau monde.

Un Intendant des Plaisirs dits *Menus*,
Chez qui les Arts sont toujours bien venus,
Grand connaisseur, & pour vous plein de zéle,
Vous avertit que la Piece nouvelle
Aura l'honneur de paraître à la Cour.

Vous arrivez, conduite par l'Amour,
On vous présente à la Reine, aux Princesses ;
Aux vieux Seigneurs, qui, dans leurs vieux propos,
Vont regrettant le chant de la Duclos ;
Vous recevez complimens & caresses :
Chacun accourt, chacun dit : la voilà.
De tous les yeux vous êtes remarquée ;
De mille mains on vous verrait claquée
Dans le Sallon, si le Roi n'était là.

Pancrace suit, un gros Huissier lui ferme
La porte au nez, il reste comme un terme,
La bouche ouverte & le front interdit,
Comme Francus, qui tout brillant de gloire,
Ayant en Cour présenté son mémoire,
Crève à la fois de honte & de dépit.
Il gratte, il gratte, il se présente, il dit :
Je suis l'Auteur... Hélas ! mon pauvre hére,
C'est pour cela que vous n'entrerez pas.
Le malheureux, honteux de sa misere,
S'esquive en hâte & murmurant tout bas,

De voir en lui les neuf Muses bannies :
Du tems passé regrettant les beaux jours,
Il rime encore & s'étonne toujours
Du peu de cas qu'on fait des grands génies.

Pour l'achever, quelque compilateur,
Froid Gazetier, jaloux d'un froid Auteur,
Quelque Fréron dans son an Littéraire,
Vient l'entamer de sa dent mercénaire.
A l'Abboyeur il reste abandonné,
Comme un Esclave aux bêtes condamné.
Voilà son sort, & puis cherchez à plaire.

Mais c'est bien pis, hélas ! s'il réussit :
L'Envie alors, Euménide implacable,
Chez les vivans Harpie infatiable,
Que la mort seule à grand'peine adoucit,
L'affreuse Envie active, impatiente,
Versant le fiel de sa bouche écumante,
Court à Paris, par de longs sifflemens,
Dans leurs greniers réveiller ses enfans.
A cette voix, les voilà qui descendent,
Qui dans le monde, à grands flots, se répandent
En manteau court, en soutane, en rabat ;
En petit maître, en petit Magistrat.
Ecoutez-les : cette œuvre dramatique
Est dangereuse, & l'Auteur hérétique.

Mais s'il compose un ouvrage nouveau,
Qui puisse plaire à Boufflers, à Beauveau,
A ce vainqueur des Anglais & des Belles,
Qui ne trouva ni rivaux, ni cruelles :
Si le bon goût du généreux Choiseuil,
A ses travaux fait un honnête accueil,

A MADEMOISELLE CLAIRON.

S'il trouve grace aux yeux de la Marquise,
Du seul mérite en plus d'un genre éprise ;
S'il satisfait la Valliere & d'Ayen,
Malheur à lui ; la cohorte empestée
Damne mon homme, & le Journal Chrétien
Secretement vous le déclare Athée.
S'il répond peu, c'est qu'il est accablé ;
Si méprisant l'Envie & ses trompettes,
Il vit en paix dans ses belles retraites,
S'il y sert Dieu, c'est qu'il est exilé.
Ainsi toujours ou Zoïle ou Thersite
Poursuit le sage & noircit le mérite.

Mais, grace au Ciel, il est un Roi puissant,
Qui d'un coup d'œil protége l'innocent,
Et d'un coup d'œil démasque l'hypocrite ;
Il hait la fraude, il hait les imposteurs,
Des factions il connaît les auteurs.
Tremblez, méchans, qui trompez sa justice ;
Craignez l'Histoire, elle est votre supplice ;
Craignez sa main : cette main, qui des Rois
A sur l'airain consacré les exploits,
Y gravera vos infâmes cabales,
Vos sourds complots, vos ténébreux scandales ;
L'Hypocrisie au perfide souris,
Le Fanatisme étincelant de rage,
Le fade Orgueil peignant son plat visage
Du fard brillant de l'amour du pays,
Tout paraîtra dans son jour véritable ;
On vous verra l'horreur & le mépris
D'un peuple entier par vos fourbes surpris.

Le Dieu des vers, ce Dieu de la lumiere,
Dont votre oreille ignore les accens,
Et dont votre œil fuit les rayons perçans;
Ce même Dieu, finissant sa carriere,
Daigne écraser & plonger dans la nuit
L'affreux Pithon que la fange a produit.

Mais aujourd'hui, dans leurs grottes obscures,
Laissons siffler ces couleuvres impures;
Ne souillons pas de leurs hideux portraits
Les doux crayons qui dessinent vos traits.
Belle CLAIRON, toutes ces barbaries
Sont des objets à vos yeux inconnus;
Et quand on parle à Minerve, à Vénus,
Faut-il nommer Cerbere & les Furies?

FRAGMENT D'UNE LETTRE,

Sur la considération qu'on doit aux Gens de Lettres.

ON ne trouve ni en Angleterre, ni en aucun Pays du Monde, des établissemens en faveur des Beaux-Arts comme en France. Il y a presque par-tout des Universités : mais c'est dans la France seule qu'on trouve ces utiles encouragemens pour l'Astronomie, pour toutes les parties des Mathématiques, pour celles de la Médecine, pour les recherches de l'Antiquité, pour la Peinture, la Sculpture & l'Architecture. Louis XIV s'est immortalisé par toutes ces fondations, & cette immortalité ne lui a pas coûté deux cent mille francs par an.

J'avoue que c'est un de mes étonnemens, que le Parlement d'Angleterre, qui s'est avisé de promettre 20000 guinées à celui qui ferait l'impossible découverte des longitudes, n'ait jamais pensé à imiter Louis XIV dans sa magnificence envers les Arts.

Le mérite trouve à la vérité en Angleterre d'autres récompenses plus honorables pour la Nation : tel est le respect que ce Peuple a pour les talens, qu'un homme de mérite y fait toujours fortune.

M. Adisson en France eût été de quelque Académie & aurait pû obtenir, par le crédit de quelque femme, une pension de 1200 liv. ou plutôt on lui aurait fait des affaires, sous prétexte qu'on aurait apperçu dans sa Tragédie de Caton quelques traits contre le portier d'un homme en place ; en Angleterre il a été Sécretaire d'Etat. M. Newton était Intendant des monnoyes du Royaume : M. Congreve avait une Charge importante : M. Prior a été Plénipotentiaire : le Docteur Swift est Doyen d'Irlande, & y est beaucoup plus considéré que le Primat. Si la Religion de M. Pope ne lui permet pas d'avoir une place, elle n'empêche pas que sa traduction d'Homere ne lui ait valu deux cent mille francs. J'ai vû long-tems en France l'Auteur de Rhadamiste prêt à mourir de faim, & le fils d'un des plus grands hommes que la France ait eu, & qui commençait à marcher sur les traces de son pere, était réduit à la misere sans M. Fagon.

Ce qui encourage le plus les gens de Lettres en Angleterre, c'est la considération où ils sont ; le portrait du prémier Ministre se trouve sur la cheminée de son cabinet ; mais j'ai vû celui de M. Pope dans vingt maisons.

M. Newton était honoré de son vivant, & l'a été après sa mort, comme il devait l'être. Les principaux de la Nation se sont disputé l'honneur de porter le poële à son convoi. Entrez à Westminster ; ce ne sont pas les tombeaux des Rois qu'on y admire : ce sont les monumens que la reconnaissance de la Nation a érigés aux plus grands Hommes qui ont contribué à sa gloire ; vous y voyez leurs statues, comme on voyait dans Athènes celles des Sophocles & des Platons ; & je suis persuadé que la seule vûe de ces glorieux monumens a excité plus d'un esprit & a formé plus d'un grand homme.

On a même reproché aux Anglais d'avoir été trop loin dans les honneurs qu'ils rendent au simple mérite ; on a trouvé à redire qu'ils ayent enterré dans Westminster la célebre Comédienne Mademoiselle Oldfield, à peu près avec les mêmes honneurs qu'on a rendus à M. Newton.

Mais je puis vous assurer que les Anglais, dans la pompe funebre de Mademoiselle Oldfield enterrée dans leur Saint Denis, n'ont rien consulté que leur goût ; ils sont bien loin d'attacher l'infamie à l'art des Sophocles & des Euripides, & de retrancher du corps de leurs Citoyens ceux qui se dévouent à réciter devant eux des ouvrages dont leur Nation se glorifie.

Quelques-uns ont prétendu qu'ils ayaient affecté d'honorer

d'honorer à ce point la mémoire de cette Actrice, afin de nous faire sentir la barbare & lâche injustice qu'ils nous reprochent, d'avoir jetté à la voirie le corps de Mademoiselle le *Couvreur*.

On se garde bien, en Italie, de flétrir l'Opera, & d'excommunier le Signor *Tenezini* ou la Signora *Cuzzoni*. Pour moi, j'oserais souhaiter qu'on pût supprimer, en France, je ne sçais quels mauvais Livres qu'on a imprimés contre nos Spectacles. Lorsque les Italiens & les Anglais apprennent que nous flétrissons de la plus grande infamie un Art dans lequel nous excellons, que l'on excommunie des personnes gagées par le Roi, que l'on condamne comme impie un Spectacle représenté chez des Religieux & dans les Couvens, qu'on deshonore des Jeux où de grands Princes ont été Acteurs, qu'on déclare œuvres du Démon des Pieces revûes par des Magistrats les plus séveres & représentées devant une Reine vertueuse; quand, dis-je, des Etrangers apprennent cette insolence, cette barbarie gothique, qu'on ose nommer sévérité chrétienne, que voulez-vous qu'ils pensent de notre Nation? Et comment peuvent-ils concevoir, ou que nos Loix autorisent un Art si infâme, ou qu'on ose marquer de tant d'infamie un Art autorisé par les Loix, récompensé par les Souverains, cultivé par les plus grands hommes, & admiré des Nations; & qu'on trouve, chez le même Libraire, l'impertinente déclamation contre nos Spectacles, à côté des ouvrages immortels de Corneille, de Racine, de Moliere, de Quinault?

Du tems de Charles premier, & dans le commencement de ces guerres civiles suscitées par des

Rigoristes fanatiques, qui eux-mêmes en furent enfin les victimes, on écrivait beaucoup contre les Spectacles, d'autant plus que Charles premier & sa femme, fille de notre Henri le Grand, les aimaient extrêmement.

Un Docteur nommé *Prynn*, scrupuleux à toute outrance, qui se serait cru damné, s'il avait porté un manteau court au lieu d'une soutane, & qui aurait voulu que la moitié des hommes eût massacré l'autre pour la gloire de Dieu & de la *Propaganda Fide*, s'avisa d'écrire un fort mauvais Livre contre d'assez bonnes Comédies qu'on jouait tous les jours très innocemment devant le Roi & la Reine. Il cita l'autorité des Rabbins & quelques passages de S. Bonaventure, pour prouver que l'Œdipe de Sophocle était l'ouvrage du malin, que Térence était excommunié *ipso facto* ; & il ajouta que sans doute Brutus, qui était un Janséniste très-sévere, n'avait assassiné César, que parce que César, qui était Grand-Prêtre, avait composé une Tragédie d'Œdipe ; enfin, il dit que tous ceux qui assistaient à un Spectacle étaient des excommuniés qui reniaient leur croyance & leur baptême. C'était outrager le Roi & toute la famille Royale. Les Anglais respectaient alors Charles premier ; ils ne voulurent pas souffrir qu'on parlât d'excommunier ce même Prince, à qui ils firent depuis couper la tête. M. Prynn fut cité devant la Chambre Étoilée, condamné à voir son beau Livre, (dont le P. le B*** a emprunté le sien,) brûlé par la main du Bourreau ; & lui, à avoir les oreilles coupées : son procès se voit dans les Actes publics.

LETTRE
A MONSIEUR L'ABBÉ DU BOS,
De l'Académie Française.

Il y a déjà long-tems, Monsieur, que je vous suis attaché par la plus forte estime; je vais l'être par la reconnaissance. Je ne vous répéterai point ici que vos Livres doivent être le Bréviaire des gens de Lettres, que vous êtes l'Ecrivain le plus utile & le plus judicieux que je connaisse : je suis si charmé de voir que vous êtes le plus obligeant, que je suis tout occupé de cette derniere idée.

Il y a long-tems que j'ai rassemblé quelques matériaux pour faire l'Histoire du siécle de Louis XIV. Ce n'est point simplement la Vie de ce Prince que j'écris, ce ne sont point les Annales de son Regne : c'est plutôt l'Histoire de l'Esprit humain puisée dans le siécle le plus glorieux à l'Esprit humain.

Cet ouvrage est divisé en chapitres; il y en a vingt destinés à l'Histoire générale : ce sont vingt tableaux des grands événemens du tems. Les principaux personnages sont sur le devant de la toile, la foule est dans l'enfoncement. Malheur aux détails, la postérité les néglige tous; c'est une vermine qui tue les grands ouvrages. Ce qui caractérise le siécle, ce qui a causé des révolutions, ce qui sera important dans cent années, c'est-là tout ce que je veux écrire aujourd'hui.

Il y a un chapitre pour la vie privée de Louis XIV.

Deux pour les grands changemens faits dans la Police du Royaume, dans le Commerce, dans les Finances.

Deux pour le Gouvernement Ecclésiastique, dans lesquels la révocation de l'Edit de Nantes & l'affaire de la Régale sont comprises.

Cinq ou six pour l'Histoire des Arts, à commencer par *Descartes* & à finir par *Rameau*.

Je n'ai d'autres Mémoires pour l'Histoire générale, qu'environ deux cens volumes de Mémoires imprimés, que tout le monde connaît. Il ne s'agit que de former un corps bien proportionné de tous ces membres épars, & de peindre avec des couleurs vraies, mais d'un trait, ce que *Larrey*, *Linieres*, *Lamberti*, *Rousset*, falsifient & délayent dans des volumes.

J'ai, pour la vie privée de Louis XIV, les Mémoires de M. *Dangeau*, en 40 volumes, dont j'ai extrait 40 pages. J'ai ce que j'ai entendu dire à de vieux Courtisans, Valets, grands Seigneurs & autres. Je rapporte les faits dans lesquels ils s'accordent, j'abandonne le reste aux conversations des faiseurs d'Anecdotes.

J'ai un extrait de la fameuse Lettre du Roi au sujet de M. de *Barbesieux*, dont il marque tous les défauts, auquel il pardonne en faveur des services du pere : ce qui caractérise Louis XIV bien mieux que les flatteries de *Pélisson*.

Je suis assez instruit de l'homme au masque de fer, mort à la Bastille. J'ai parlé à des gens qui l'ont servi.

Il y a une espece de Mémorial écrit de la main de Louis XIV, qui doit être dans le cabinet de

A M. L'ABBÉ DU BOS.

Louis XV. M. H** le connaît sans doute : mais je n'ose en demander communication.

Sur les affaires de l'Eglise, j'ai tout le fatras des injures, & je tâcherai d'extraire une once de miel de l'absinthe des *Jurieux*, des *Quesnels*, & des *Doucins*.

Pour le dedans du Royaume, j'examine les Mémoires des Intendans, & les bons Livres qu'on a sur cette matiere.

M. l'Abbé de *Saint-Pierre* a fait un Journal politique de Louis XIV, que je voudrais bien qu'il me confiât. Je ne sçais s'il fera cet acte de *bienfaisance pour gagner le Paradis*.

A l'égard des Arts & des Sciences, il n'est question, je crois, que de tracer la marche de l'Esprit humain, en Philosophie, en Eloquence, en Poësie, en Critique : de marquer les progrès de la Peinture, de la Sculpture, de la Musique, de l'Orfévrerie, des Manufactures de tapisseries, de glaces, de draps, d'étoffes d'or, & de l'Horlogerie.

Je ne veux que peindre, chemin faisant, les génies qui ont excellé dans ces parties : Dieu me préserve d'employer 300 pages à l'histoire de *Gassendi*. La vie est trop courte, le tems trop précieux pour dire des choses inutiles. En un mot, Monsieur, vous voyez mon plan mieux que je ne pourrais vous le dessiner : je ne me presse point d'élever mon bâtiment (1) : *pendent opera interrupta, minæque murorum ingentes*. Si vous daigniez me con-

---

(1) Ce bâtiment est élevé, & tout le monde convient que c'est un des meilleurs ouvrages de M. de V***.

duire, je pourrais dire alors : *aquataque machinâ cœlo*. Voyez ce que vous pouvez faire pour moi, pour la vérité, pour un siécle qui vous compte parmi ses ornemens.

A qui daignerez-vous communiquer vos lumieres, si ce n'est à un homme qui aime sa patrie & la vérité, & qui ne cherche à écrire l'Histoire ni en flatteur, ni en Panégyriste, ni en Gazetier, mais en Philosophe ?

Celui qui a si bien débrouillé le cahos de l'origine des Français, m'aidera sans doute à répandre la lumiere sur les plus beaux jours de la France. Songez, Monsieur, que vous rendez service à votre disciple & à votre admirateur.

A Cirey, ce 30 Octobre 1738.

LETTRE
A MONSIEUR BROSSETTE.*

JE suis bien flatté de plaire à un homme comme vous, Monsieur ; mais je le suis encore davantage de la bonté que vous avez de vouloir bien faire des corrections si judicieuses dans l'Histoire de CHARLES XII.

Je ne sçais rien de si honorable pour les ouvrages de M. *Despréaux* que d'avoir été commentés par vous & lûs par CHARLES XII. Vous avez raison

---

* Auteur d'un très bon Commentaire des Ouvrages de *Despréaux*.

de dire que le sel de ses Satyres ne pouvait gueres être senti par un Héros Vandale, qui était beaucoup plus occupé de l'humiliation du Czar & du Roi de Pologne que de celle de *Chapelain* & de *Cotin*. Pour moi, quand j'ai dit que les Satyres de *Boileau* n'étaient pas ses meilleures pieces, je n'ai pas prétendu pour cela qu'elles fussent mauvaises ; c'est la premiere maniere de ce grand Peintre, fort inférieure à la vérité à la seconde, mais très-supérieure à celle de tous les Ecrivains de son tems, si vous en exceptez M. *Racine*. Je regarde ces deux grands hommes comme les seuls qui ayent eu un pinceau correct, qui ayent toujours employé des couleurs vives & copié fidélement la Nature. Ce qui m'a toujours charmé dans leur style, c'est qu'ils ont dit ce qu'ils voulaient dire, & que jamais leurs pensées n'ont rien coûté à l'harmonie ni à la pureté du langage. Feu M. *de la Motte*, qui écrivait bien en prose, ne parlait plus Français, quand il faisait des vers. Les Tragédies de tous nos Auteurs, depuis Mr. *Racine*, sont écrites dans un style froid & barbare ; aussi *la Motte* & ses Consorts faisaient tout ce qu'ils pouvaient pour rabaisser M. *Despréaux*, auquel ils ne pouvaient s'égaler. Il y a encore, à ce que j'entends dire, quelques-uns de ces Beaux-Esprits subalternes, qui passent leur vie dans les Caffés, lesquels font à la mémoire de M. *Despréaux* le même honneur que les *Chapelains* faisaient à ses écrits de son vivant ; ils en disent du mal, parce qu'ils sentent que si M. *Despréaux* les eût connus, il les aurait méprisés autant qu'ils méritent de l'être. Je serais très-fâché que ces Messieurs crussent que je pense comme eux, parce que je fais une grande

T 4

différence entre ses premieres Satyres & ses autres Ouvrages. Je suis sur-tout de votre avis sur la neuvieme Satyre, qui est un chef-d'œuvre, & dont l'Epître aux Muses, de *Rousseau*, n'est qu'une imitation un peu forcée. Je vous serai très-obligé de me faire tenir la nouvelle édition des ouvrages de ce grand homme, qui méritait un Commentateur comme vous. Si vous voulez aussi, Monsieur, me faire le plaisir de m'envoyer l'*Histoire de Charles XII*, de l'édition de Lyon, je serai fort aise d'en avoir un exemplaire. Je suis, &c. 14 *Avril* 1732.

LETTRE, AU MÊME.

Je regarde, Monsieur, comme un de mes devoirs de vous envoyer les éditions de la *Henriade* qui parviennent à ma connaissance : en voici une, qui, bien que très-fautive, ne laisse pas d'avoir quelque singularité, à cause de plusieurs variantes qui s'y trouvent, & dans laquelle on a de plus imprimé mon *Essai sur l'Epopée*, tel que je l'ai composé en Français, & non pas tel que M. l'Abbé *Desfontaines* l'avait traduit d'après mon Essai Anglais. Vous trouvez peut-être assez plaisant que je sois un Auteur traduit par mes compatriotes, & que je me sois retraduit moi-même. Mais si vous aviez été deux ans, comme moi, en Angleterre, je suis sûr que vous auriez été si touché de l'énergie de cette langue, que vous auriez composé quelque chose en Anglais.

Cette *Henriade* a été traduite en vers à Londres & en Allemagne. Cet honneur qu'on me fait dans

A M. BROSSETTE.

les pays étrangers, m'enhardit un peu auprès de vous. Je sçais que vous êtes en commerce avec *Rousseau*, mon ennemi ; mais vous ressemblez à *Pomponius-Atticus*, qui était courtisé à la fois par *César* & par *Pompée*. Je suis persuadé que les invectives de cet homme, en qui je respecte l'amitié dont vous l'honorez, ne feront que vous affermir dans les bontés que vous avez toujours eues pour moi. Vous êtes l'ami de tous les gens de Lettres, & vous n'êtes jaloux d'aucun. Plût à Dieu que le Sieur *Rousseau* eût un caractere comme le vôtre.

Permettez-moi, Monsieur, que je mette dans votre paquet un autre paquet pour M. le Marquis de *Caumont* : c'est un homme qui, comme vous, aime les Lettres, & que le bon goût a fait sans doute votre ami.

Quel tems, Monsieur, pour vous envoyer des vers !

Hinc movet Euphrates, illinc Germania Bellum.
. . . . Sævit toto Mars impius orbe.
. . . . Et carmina tantùm
Nostra valent, Lycida, tela inter Martia, quantùm
Chaonias dicunt, Aquilâ veniente, columbas.

On a pris le Fort de Kell, on se bat en Pologne, on va se battre en Italie.

I nunc, & versus tecum meditare canoros.

Voilà bien du Latin que je vous cite ; mais c'est avec des Dévots comme vous, que j'aime à réciter mon Bréviaire.

22 Novembre 1733.

LETTRE, AU MÊME.

Il n'y a personne, Monsieur, à qui je fasse plus volontiers hommage de mes ouvrages, qu'à vous. J'ai fait mettre à la Diligence de Lyon un petit paquet couvert de toile cirée, contenant deux exemplaires de l'*Histoire de Charles XII*. Il y en a un que je vous supplie de rendre à M. *de Sozzi*, qui me fait l'honneur de m'écrire quelquefois, & à qui mes infirmités ne me permettent pas de répondre aussi souvent que je le désire. Si vos occupations vous laissaient le tems de m'écrire votre sentiment sur cet ouvrage, je vous serais très-obligé. Vous y verrez une infinité de fautes d'impression, qu'un Lecteur judicieux rectifie aisément. Je voudrais qu'il me fût aussi aisé de corriger les miennes & de mériter l'approbation d'un Juge aussi éclairé que vous. Je suis, &c.

Paris, 28 *Novembre* 1733.

LETTRE A MONSIEUR C**,

Editeur des Œuvres de ROUSSEAU, 1741.

J'ai reçu, Monsieur, la Lettre que vous m'avez fait l'honneur de m'écrire, avec votre projet de Souscription pour les Œuvres du célèbre Poëte dont vous étiez ami. Je me mets très-volontiers au rang des Souscripteurs, quoique j'aie été malheureusement au rang de ses ennemis les plus déclarés ; je vous avouerai même que cette inimitié pesait beaucoup à mon cœur : j'ai toujours pensé, j'ai dit, j'ai écrit que les gens de Lettres devraient être tous freres. Ne les persécute-t-on pas assez ? Faut-il qu'ils se persécutent encore eux-mêmes les uns les autres ? Plût à Dieu qu'ils pussent s'aider, se soutenir, se consoler mutuellement ! Il semblait que la Destinée, en me conduisant à la Ville où l'illustre & malheureux *Rousseau* a fini ses jours, me ménageait une réconciliation avec lui : l'espece de maladie dont il était accablé, m'a privé de cette consolation, que nous aurions tous deux également souhaitée ; l'amour de la paix l'eût emporté sur tous les sujets d'aigreur qu'on avait semés entre nous. Ses talens, ses malheurs, & ce que j'ai ouï dire ici de son caractère, ont banni de mon cœur tout ressentiment, & n'ont laissé mes yeux ouverts qu'à son mérite. Votre amitié pour lui, Monsieur, contribue sur-tout à me réconcilier avec sa mémoire. J'attends, avec impatience, une édition que votre goût rendra digne du Public à qui vous la présentez ; j'en retiens deux exemplaires, & je suis charmé que cette occasion me procure le plaisir de vous dire à quel point je vous estime, & combien j'ai l'honneur d'être, &c.

LETTRE

Sur l'Incendie de la Ville d'Altena.

L'EXTRÊME difficulté que nous avons en France de faire venir des Livres de Hollande, est cause que je n'ai vû que tard le neuvieme tome de la *Bibliotheque Raisonnée* ; & je dirai, en passant, que si le reste de ce Journal répond à ce que j'en ai parcouru, les gens de Lettres sont à plaindre en France de ne pas le connaître. A la page 469 de ce neuvieme tome, seconde partie, j'ai trouvé une Lettre contre moi, par laquelle on me reproche d'avoir calomnié la Ville de Hambourg, dans l'*Histoire de Charles XII.*

Depuis quelques jours, un Hambourgeois, homme de Lettres & de mérite, nommé M. Richey, m'ayant fait l'honneur de me venir voir, m'a renouvellé ces plaintes au nom de ses compatriotes.

Voici le fait, & voici ce que je suis obligé de déclarer.

Dans le fort de cette guerre malheureuse qui a ravagé le Nord, les Comtes de Steinbock & de Welling, Généraux du Roi de Suede, prirent en 1713, dans la Ville de Hambourg même, la résolution de brûler Altena, Ville commerçante, appartenant aux Danois, & qui commençait à faire quelque ombrage au commerce de Hambourg.

Cette résolution fut exécutée sans miséricorde la nuit du 9 Janvier. Ces Généraux coucherent à

SUR L'INCENDIE D'ALTENA.

Hambourg cette nuit-là même; ils y coucherent le 10, le 11, le 12, le 13, & daterent de Hambourg les Lettres qu'ils écrivirent pour tâcher de juſtifier cette barbarie.

Il eſt encore certain, & les Hambourgeois n'en diſconviennent pas, qu'on refuſa l'entrée de Hambourg à pluſieurs Altenois, à des vieillards, à des femmes groſſes, qui vinrent y demander un refuge, & que quelques-uns de ces miſérables expirerent ſous les murs de cette Ville, au milieu de la neige & de la glace, conſumés de froid & de miſere, tandis que leur Patrie était en cendres.

J'ai été obligé de rapporter ces faits dans l'*Hiſtoire de Charles XII*. Un de ceux qui m'ont communiqué ces Mémoires, me marque très-poſitivement dans une de ſes Lettres, que les Hambourgeois avaient donné de l'argent au Comte de Steinbock, pour l'engager à exterminer Altena, comme la rivale de leur commerce. Je n'ai point adopté une accuſation ſi grave : quelque raiſon que j'aie d'être convaincu de la méchanceté des hommes, je n'ai jamais cru le crime ſi aiſément ; j'ai combattu efficacement plus d'une calomnie, & je ſuis le ſeul qui ait oſé juſtifier la mémoire du Comte Piper par des raiſons, lorſque toute l'Europe le calomniait par des conjectures.

Au lieu donc de ſuivre le Mémoire qu'on m'avait envoyé, je me ſuis contenté de rapporter *qu'on diſait* que les Hambourgeois avaient donné ſecrettement de l'argent au Comte de Steinbock.

Ce bruit a été univerſel & fondé ſur des apparences : un Hiſtorien peut rapporter les bruits auſſi-bien que les faits ; & quand il ne donne une rumeur publique, une opinion que pour une opinion, & non pour une vérité, il n'en est ni responsable ni répréhensible.

Mais lorsqu'il apprend que cette opinion populaire est fausse & calomnieuse, alors son devoir est de le déclarer & de remercier publiquement ceux qui l'ont instruit.

C'est le cas où je me trouve. M. Richey m'a démontré l'innocence de ses compatriotes. La *Bibliothèque Raisonnée* a aussi très-solidement repoussé l'accusation intentée contre la Ville de Hambourg. L'Auteur de la Lettre contre moi, est seulement répréhensible, en ce qu'il m'attribue d'avoir dit positivement que la Ville de Hambourg était coupable; il devait distinguer entre l'opinion d'une partie du Nord, que j'ai rapportée comme un bruit vague, & l'affirmation qu'il m'impute. Si j'avais dit en effet : *La Ville de Hambourg a acheté la ruine de la Ville d'Altena*, je lui en demanderais pardon très-humblement, persuadé qu'il n'y a de honte qu'à ne se point rétracter, quand on a tort. Mais j'ai dit la vérité, en rapportant un bruit qui a couru; & je dis la vérité, en disant qu'ayant examiné ce bruit, je l'ai trouvé plein de fausseté.

Je dois encore déclarer qu'il régnait des maladies contagieuses à Altena dans le tems de l'incendie, & que si les Hambourgeois n'avoient point de Lazarets, (comme on me l'assure,) point d'endroit où l'on pût mettre à couvert & séparément les vieillards & les femmes qui périrent à leur vûe, ils sont très-excusables de ne les avoir pas recueillis : car la conservation de sa propre Ville doit être préférée au salut des Etrangers.

SUR L'INCENDIE D'ALTENA.

J'aurai très-grand soin que l'on corrige cet endroit de l'*Histoire de Charles XII*, dans la nouvelle édition commencée à Amsterdam, & qu'on le réduise à l'exacte vérité dont je fais profession, & que je préfére à tout.

J'apprends aussi que l'on a inséré dans des papiers Hebdomadaires (*le Glaneur*), des Lettres aussi outrageantes que mal écrites, d'un Poëte, au sujet de la Tragédie de Zaïre. Cet Auteur de plusieurs Pieces de Théâtre, toutes sifflées, fait le procès à une Piece qui a été reçue du Public avec assez d'indulgence : & cet Auteur de tant d'ouvrages impies me reproche publiquement d'avoir peu respecté la Religion dans une Tragédie représentée avec l'approbation des plus vertueux Magistrats, lûe par Monseigneur le Cardinal de Fleury, & qu'on représente déjà dans quelques Maisons Religieuses. On me fera bien l'honneur de croire que je ne m'avilirai pas à répondre à cet Ecrivain.

LETTRE
A MONSIEUR DE LA MARRE.

A Cirey, le 15 Mai 1736.

Je me flatte, mon cher Monsieur, que quand vous ferez imprimer quelqu'un de vos ouvrages, vous le ferez avec plus d'exactitude que vous n'en avez eu dans l'édition de *Jules-César*. Permettez que mon amitié se plaigne que vous ayez hazardé, dans votre Préface, des choses sur lesquelles vous deviez auparavant me consulter.

Vous dites, par exemple, que dans certaines circonstances le parricide était regardé comme une action de courage & même de vertu chez les Romains; ce sont de ces propositions qui auraient grand besoin d'être prouvées.

Il n'y a aucun exemple de fils qui ait assassiné son pere pour le salut de la Patrie; *Brutus* est le seul, encore n'est-il pas absolument sûr qu'il fût le fils de *César*. Je crois que vous deviez vous contenter de dire que *Brutus* était Stoïcien, & presque fanatique, féroce dans la vertu, & incapable d'écouter la Nature, quand il s'agissait de sa Patrie, comme sa Lettre à *Cicéron* le prouve.

Il est assez vraisemblable qu'il sçavait que *César* était son pere, & que cette considération ne le retint pas. C'est même cette circonstance terrible, & ce combat singulier entre la tendresse & la fureur de la liberté qui seul pouvait rendre la Piece intéressante; car de représenter des Romains nés libres, des Sénateurs opprimés par leur égal, qui conjurent contre un Tyran, & qui exécutent de leurs mains la vengeance publique, il n'y a rien là que de simple; & *Aristote*, (qui, après tout, était un très-grand génie) a remarqué avec beaucoup de pénétration & de connaissance du cœur humain, que cette espece de Tragédie est languissante & insipide : il l'appelle la plus vicieuse de toutes, tant l'insipidité est un poison qui tue tous les plaisirs.

Vous auriez donc pû dire que *César* est un grand homme, ambitieux jusqu'à la tyrannie; & *Brutus* un Héros d'un autre genre, qui pouſſa l'amour de la liberté juſqu'à la fureur.

Vous pouviez remarquer qu'ils ſont repréſentés tous condamnables, mais à plaindre, & que c'eſt en quoi conſiſte l'artifice de cette Piece. Vous paraiſſez ſur-tout avoir d'autant plus de tort de dire que les Romains approuvaient le patricide de *Brutus*, qu'à la fin de la Piece les Romains ne ſe ſoulevent contre les conjurés que lorſqu'ils apprennent que *Brutus* a tué ſon pere ; ils s'écrient :

O monſtre, que les Dieux devraient exterminer !

Je vous avais dit à la vérité qu'il y avait, parmi les Lettres de *Ciceron*, une Lettre de *Brutus*, par laquelle on peut inférer qu'il avait tué ſon pere pour la cauſe de la liberté. Il me ſemble que vous avez aſſuré la choſe trop poſitivement.

Celui qui a traduit la Lettre Italienne de M. le Marquis *Algaroti*, ſemble être tombé dans une mépriſe à l'endroit où vous dites que c'eſt un de ceux qu'on appelle *Doctores umbratici*, qui a fait la premiere édition furtive de cette Piece. Je me ſouviens que, quand M. *Algaroti* me lut ſa Lettre en Italien, il y déſignait un Précepteur qui ayant volé cet ouvrage, le fit imprimer : cet homme a même été puni. Mais par la traduction, il ſemble qu'on ait voulu déſigner les Profeſſeurs de l'Univerſité. L'Auteur de la Brochure qu'on donne toutes les ſemaines ſous le titre d'*Obſervations*, a pris occaſion de cette mépriſe pour inſinuer que M. le Marquis *Algaroti* avait prétendu attaquer les Profeſſeurs de Paris ; mais cet Etranger reſpectable, qui a fait tant d'honneur à l'Univerſité de Padoue,

V

est bien loin de ne pas estimer celle de Paris, dans laquelle on peut dire qu'il n'y a jamais eu tant de probité & tant de goût qu'à présent. Si vous m'aviez envoyé votre Préface, je vous aurais prié de corriger ces bagatelles : mais vos fautes sont si peu de chose en comparaison des miennes, que je ne songe qu'à ces dernieres ; j'en ferais une fort grande de ne vous point aimer, & vous pouvez compter toujours sur moi.

LETTRE

AU RÉVÉREND PERE DE***.

Mon Révérend Pere, ayant été élevé long-tems dans la Maison que vous gouvernez, j'ai cru devoir prendre la liberté de vous adresser cette Lettre, & vous faire un aveu public de mes sentimens dans l'occasion qui se présente. L'Auteur de la G. E. m'a fait l'honneur de me joindre à Sa Sainteté, & de calomnier à la fois dans la même page, le premier Pontife du Monde, & le moindre de ses serviteurs. Un autre Libelle non moins odieux imprimé en Hollande, me reproche avec fureur mon attachement pour mes Maîtres, à qui je dois l'amour des Lettres & celui de la vertu ; ce sont ces mêmes sentimens qui m'imposent le devoir de répondre à ces Libelles.

Il y a quatre mois, qu'ayant vû une estampe du portrait de Sa Sainteté, je mis au bas cette inscription Latine :

AU RÉVÉREND PERE DE***.

Lambertinus hic eſt, Romæ decus & Pater Orbis,
Qui terram Scriptis docuit, virtutibus ornat.

Je ne crains pas que le ſens de cés paroles ſoit repris par ceux qui ont lû les Ouvrages de ce Pontife, & qui ſont inſtruits de ſon regne. S'il dépendait de lui de pacifier le Monde, comme de l'éclairer, il y a long-tems que l'Europe joindrait la reconnaiſſance à la vénération perſonnelle qu'on a pour lui. Monſeigneur le Cardinal Paſſionéi, Bibliothécaire du Vatican, homme conſommé en tout genre de Littérature, & protecteur des Sciences auſſi bien que le Pape, lui montra ce faible hommage que je lui avais rendu, & que je ne croyais pas devoir parvenir juſqu'à lui. Je pris cette occaſion d'envoyer à S. S. & à pluſieurs Cardinaux qui m'honorent de leurs bontés, le Poëme ſur la Bataille de Fontenoy, que le Roi avait daigné faire imprimer à ſon Louvre. Je ne faiſais que remplir mon devoir en préſentant aux perſonnes principales de l'Europe ce monument élevé à la gloire de notre Nation, ſous les auſpices du Roi même. Vous ſçavez, mon R. P. avec quelle indulgence cet ouvrage fut reçu à Rome. La gloire du Roi, qui ne ſe borne pas aux limites de la France, répandit quelques-uns de ſes rayons ſur ce faible eſſai : il fut traduit en vers Italiens; & vous avez vû la traduction que Son Eminence M. le Cardinal Quirini, digne Succeſſeur des Bombes & des Sadolets, voulut bien en faire, & qu'il vous envoya.

Ceux qui connaiſſent le caractere du Pape, ſon goût & ſon zèle pour les Lettres, ne ſont point surpris qu'il m'ait gratifié de plusieurs de ses Médailles, lesquelles sont autant de monumens du bon goût qui regne à Rome. Il n'a fait en cela que ce que Sa Majesté avait daigné faire, & s'il a ajoûté à cette faveur celle de m'honorer d'une Lettre particuliere, qui n'est point un Bref de la Daterie, y a t-il dans ces marques de bonté si honorables pour la Littérature, rien qui doive choquer, rien qui doive attirer les fureurs de la calomnie ? Voilà pourtant ce qui a excité la bile de l'Auteur clandestin de la G. E. Il ose accuser le *Pape d'honorer de ses Lettres un séculier, tandis qu'il persécute des Evêques*; & il me reproche, à moi, je ne sçais quel Livre auquel je n'ai point de part, & que je condamne avec autant de sincérité qu'il devrait condamner les Libelles.

Je sçais combien le Monarque bienfaisant qui regne à Rome est au-dessus de la licence où l'on s'emporte de le calomnier, & de la liberté que je prendrais de le défendre.

Scilicet is superis labor est, ea cura quietos
Sollicitat.

S'il est étrange, que tandis que ce Prince se fait chérir de ses Sujets, du Monde Chrétien, un Ecrivain du Fauxbourg S. Marceau le calomnie, il serait bien inutile que je refutasse cet Ecrivain. Les discours des petits ne parviennent pas de si loin à la hauteur où sont placés ceux qui gouvernent la terre. C'est à moi de me renfermer dans ma propre cause ; mais si l'esprit de parti pouvait être calme un moment, si cette passion tyrannique & ténébreuse pouvait laisser quelques accès dans l'ame aux lumieres douées de la raison, je conjurerais cet Auteur & ses semblables de se représenter à eux-mêmes ce que c'est que de mettre continuellement sur le papier des invectives contre ceux qui sont préposés de Dieu pour conserver le peu qui reste de paix sur la terre ; ce que c'est que de se rendre tous les huit jours criminel de leze Majesté, par des Libelles méprisés, & d'être à la fois calomniateur & ennuyeux. Je lui demanderais avec quelle chaleur il condamnerait, dans d'autres, ce malheureux & inutile dessein de troubler l'Etat que le Roi défend à la tête de ses armées : il verrait dans quel excès d'avilissement & d'horreur est une telle conduite auprès de tous les honnêtes gens : il sentirait s'il lui convient de gémir sur les prétendus maux de l'Eglise, tandis qu'on n'y voit d'autre mal que celui de ces convulsions avec lesquelles trois ou quatre malheureux, méprisés de leur parti même, ont prétendu surprendre le petit Peuple, & qui sont enfin l'objet du dédain de ceux-mêmes qu'ils avaient voulu séduire.

Qu'il se trouve des hommes assez insensés & assez privés de pudeur, pour dresser des filles de sept à huit ans à faire des tours de *passe-passe*, dont les Charlatans de la Foire rougiraient ; qu'ils ayent le front d'appeller ce manége infâme, des miracles faits au nom de Dieu ; qu'ils jouent, à prix d'argent, cette farce abominable pour prouver qu'Elie est venu ; qu'un de ces misérables ait été de Ville en Ville se pendre aux poutres d'un plancher, contrefaire l'étranglé & le mort, contrefaire ensuite le ressuscité, & finir enfin ses prestiges par mourir en effet dans Utrecht le 17 Juin 1743, à la potence qu'il avait dressée lui-même ; & dont il croyait se tirer comme auparavant ; Voilà ce qu'on pourrait appeller les maux de l'Eglise, si de tels hommes étaient en effet comptés soit dans l'Eglise, soit dans l'Etat.

Il leur sied bien sans doute de calomnier le Souverain Pontife, en citant l'Evangile & les Peres; il leur sied bien d'oser parler des Loix du Christianisme, eux qui violent la première de ses Loix, la charité ; eux qui, au mépris de toutes Loix divines & humaines, vendent tous les jours un Libelle, qui dégoûte aujourd'hui les Lecteurs les plus avides de médisance & de satyre.

A l'égard de l'autre Libelle de Hollande qui me reproche d'être attaché aux Jésuites, je suis bien loin de lui répondre comme à l'autre : *Vous êtes un calomniateur* ; je lui dirai au contraire : *Vous dites la vérité*. J'ai été élevé pendant sept ans chez des hommes qui se donnent des peines gratuites & infatigables à former l'esprit & les mœurs de la Jeunesse. Depuis quand veut-on que l'on soit sans reconnaissance pour ses maîtres ? Quoi ! il sera dans la nature de l'homme de revoir une maison où l'on est né, un Village où l'on a été nourri par une femme mercenaire ; & il ne serait pas dans notre cœur d'aimer ceux qui ont pris un soin généreux de nos premieres années ? Si des Jésuites ont un procès au Malabar avec un Capucin pour des choses dont je n'ai point connaissance, que m'importe ? Est-ce une raison pour moi d'être ingrat envers ceux qui m'ont inspiré le goût des Belles-Lettres, & des sentimens qui feront jusqu'au tombeau la consolation de ma vie ? Rien n'effacera dans mon cœur la mémoire du P. Porée, qui est également chere à tous ceux qui ont étudié sous lui. Jamais homme ne rendit l'étude & la vertu plus aimables. Les heures de ses leçons étaient pour nous des heures délicieuses, & j'aurais voulu qu'il eût été établi dans Paris comme dans Athenes, qu'on pût assister à tout âge à de telles leçons : je serais revenu souvent les entendre. J'ai eu le bonheur d'être formé par plus d'un Jésuite du caractere du P. Porée, & je sçais qu'il a des successeurs dignes de lui. Enfin pendant les sept années que j'ai vécu dans leur Maison, qu'ai-je vû chez eux ? La vie la plus laborieuse, la plus frugale, la plus réglée, toutes leurs heures partagées entre les soins qu'ils nous donnaient & les exercices de leur profession austere. J'en atteste des milliers d'hommes élevés par eux comme moi ; il n'y en aura pas un seul qui puisse me démentir. C'est sur quoi je ne cesse de m'étonner, qu'on puisse les accuser d'enseigner une morale corruptrice. Ils ont eu, comme tous les autres Religieux, dans des tems de ténebres, des Casuistes qui ont traité le pour & le contre des questions aujourd'hui éclaircies, ou mises en oubli. Mais, de bonne foi, est-ce par la satyre ingénieuse des *Lettres Provinciales* qu'on doit juger de leur morale ? C'est assurément par le P. Bourdaloue, par le P. Cheminais, par leurs autres Prédicateurs, par leurs Missionnaires.

Qu'on mette en parallele les *Lettres Provinciales* & les Sermons du P. Bourdaloue, on apprendra dans les premiers l'art de la raillerie, celui de présenter des choses indifférentes sous des faces criminelles, celui d'insulter avec éloquence :

on apprendra avec le P. Bourdaloue à être sévere à soi-même, & indulgent pour les autres. Je demande alors de quel côté est la vraie morale, & lequel de ces deux Livres est utile aux hommes.

J'ose dire qu'il n'y a rien de plus contradictoire, rien de plus honteux pour l'humanité, que d'accuser de morale relâchée des hommes qui menent en Europe la vie la plus dure, & qui vont chercher la mort au bout de l'Asie & de l'Amérique. Quel est le Particulier qui ne sera pas consolé d'essuyer des calomnies, quand un corps entier en éprouve continuellement d'aussi cruelles ? Je voudrais bien que l'Auteur de ces Libelles pitoyables, dont nous sommes fatigués, vînt un jour aux pieds d'un Jésuite au Tribunal de la pénitence, & que là il fît un aveu sincere de sa conduite, en présence de Dieu, il serait obligé de dire : » J'ai
» osé traiter de *Persécuteur* un Roi adoré de ses
» sujets : j'ai appellé cent fois ses Ministres, des
» Ministres d'iniquité : j'ai vomi les calomnies les
» plus noires contre le premier du Royaume, con-
» tre un Cardinal qui a rendu des services essen-
» tiels dans ses ambassades auprès de trois Papes :
» je n'ai respecté ni le nom, ni l'autorité sainte,
» ni les mœurs pures, ni la grandeur d'ame, ni la
» vieillesse vénérable de mon Archevêque. L'Evêque
» de Langres, dans une maladie populaire qui fai-
» sait du ravage à Chaumont, accourut avec des Mé-
» decins & de l'argent, & arrêta le cours de la
» maladie : il a signalé toutes les années de son
» Episcopat par les actions de la charité la plus no-
» ble ; & ce sont ces mêmes actions que j'ai em-
» poisonnées. L'Evêque de Marseille, pendant que

» la contagion dépeuplait cette Ville, & qu'il ne
» se trouvait plus, ni qui donnât la sépulture aux
» morts, ni qui soulageât les mourans, allait le
» jour & la nuit, les secours temporels dans une
» main, & Dieu dans l'autre, affronter de mai-
» sons en maisons un danger beaucoup plus grand
» que celui où l'on est exposé à l'attaque d'un che-
» min couvert; il sauva les tristes restes de ses
» Diocésains par l'ardeur du zele le plus atten-
» drissant, & par l'excès d'une intrépidité, qu'on
» ne caractériserait pas sans doute assez, en l'ap-
» pellant héroïque; c'est un homme dont le nom
» sera béni avec admiration dans tous les âges:
» ce sont ceux qui l'ont imité que j'ai voulu dé-
» crier dans mes petits Libelles diffamatoires.

Je suppose pour un moment que le Jésuite qui entendrait cet aveu eût à se plaindre de tous ceux qu'on vient de nommer; qu'il fût le parent & l'ami du coupable, ne lui dirait-il pas: Vous avez commis un crime horrible & vous ne pouvez trop l'expier?

Ce même homme qui ne se corrigera pas, continuera de calomnier tous les jours ce qu'il y a de plus respectable sur la terre, & il ajoûtera à sa Liste le Confesseur qui lui aura reproché ses excès: il l'accusera lui & sa Société d'une morale relâchée. C'est ainsi que l'esprit de parti est fait. L'Auteur du Libelle peut, tant qu'il voudra, mettre mon nom dans le Recueil immense & oublié de ses calomnies: il pourra m'imputer des sentimens que je n'ai jamais eus, des Livres que je n'ai jamais faits, ou qui ont été altérés indignement par les Editeurs. Je lui répondrai comme le grand Corneille dans une pareille occasion : *Je soûmets mes Ecrits au jugement de l'Eglise.* Je doute qu'il en fasse autant. Je ferai bien plus : je lui déclare à lui & à ses semblables, que si jamais on a imprimé sous mon nom une page qui puisse scandaliser seulement le Sacristain de leur Paroisse, je suis prêt de la déchirer devant lui ; que je veux vivre & mourir tranquille dans le sein de l'Eglise Catholique, Apostolique & Romaine, sans attaquer personne, sans nuire à personne, sans soûtenir la moindre opinion qui puisse offenser personne : je déteste tout ce qui peut porter le moindre trouble dans la Société. Ce sont ces sentimens connus du Roi qui m'ont attiré ses bienfaits. Comblé de ses graces, attaché à sa personne sacrée, chargé d'écrire ce qu'il a fait de glorieux & d'utile pour la patrie, uniquement occupé de cet emploi, je tâcherai, pour le remplir, de mettre en pratique les instructions que j'ai reçues dans votre Maison respectable ; & si les régles de l'éloquence que j'y ai apprises se sont effacées de mon esprit, le caractere de bon citoyen ne s'effacera jamais de mon cœur.

On a vû, je crois, ce caractere dans tous mes Ecrits, quelque défigurés qu'ils soient par les ridicules éditions qu'on en a faites. La Henriade même n'a jamais été correctement imprimée. On n'aura probablement mes véritables Ouvrages qu'après ma mort ; mais j'ambitionne peu, pendant ma vie, de grossir le nombre des Livres dont on est surchargé, pourvû que je sois au nombre des honnêtes gens, attachés à leur Souverain, zélés pour leur patrie, fideles à leurs amis dès l'enfance, &

reconnaissans envers leurs premiers Maîtres. C'est dans ces sentimens que je serai toujours.

A Paris, 7 Février 1746.

RÉPONSE DU R. P. DE***.

Monsieur, J'ai reçu la Lettre si judicieuse, si belle, & si touchante dont vous venez de m'honorer ; & je l'ai vûe avec autant de reconnaissance que de plaisir & d'admiration, puisqu'elle est tout à la fois l'ouvrage de la raison, l'apologie de la vérité, & l'expression fidelle des sentimens les plus vertueux. Dans l'usage que nous en ferons, Monsieur, nous consulterons moins nos intérêts que votre gloire : rien ne peut donner plus de consolation à tout ce qui aime la vertu, le bien, la Religion, que de voir les talens les plus connus, plaider leur défense avec tant de zele & d'onction.

A notre égard, nous ne pouvons qu'être infiniment touchés de la justice que vous nous rendez ; elle entretiendra notre émulation ; elle l'augmentera même. Nous tâcherons de conserver ce même esprit qui nous mérite votre estime : nous n'ambitionnons aucune des pompeuses chimeres que la malignité & la sottise continuent à nous attribuer avec une persévérance aussi odieuse qu'affligeante pour l'humanité : nous consacrons & nos forces & nos peines, nous bornons tous nos vœux à transporter & à distribuer dans tous les Etats, par tout ce que nous avons l'honneur d'élever, le regne de la Religion & de la vertu, l'amour du Souverain, de la Patrie, des devoirs, le goût des travaux utiles, la douceur & l'honnêteté des mœurs, & ces principes invariables qui font penser à agir avec zele pour le repos commun de la société & des familles. Je ne sçais point si la persécution se lassera de nous éprouver : mais j'espere qu'elle ne nous découragera jamais.

Quoique je ne puisse, Monsieur, attribuer l'honneur que vous me faites de vous adresser à moi, qu'à la place que je remplis, je n'en suis pas moins sensible à une attention qui m'honore infiniment ; Je voudrais bien mériter personnellement cette distinction : peut-être n'en suis-je pas si indigne, si vous avez la bonté de ne consulter, pour l'accorder, que les qualités du cœur, & que l'estime aussi étendue que respectueuse, avec laquelle j'ai l'honneur d'être, &c.

LETTRE

Au Traducteur * d'un Poëme Latin sur le PRINTEMS.

Je vous suis obligé, mon cher ***, des vers Latins & Français que vous avez bien voulu m'envoyer. Je ne sçais point quel est l'Auteur des Latins ; mais je le félicite, quel qu'il soit, sur le goût

---

* Le Poëme Latin est de M. *Favieres*, Conseiller au Parlement.

qu'il a, sur son harmonie, & sur le choix de la bonne Latinité, & sur-tout de l'espece convenable à son sujet.

Rien n'est si commun que des vers Latins, dans lesquels on mêle le style de *Virgile* avec celui de *Terence*, ou des Epîtres d'*Horace*. Ici il paraît que l'Auteur s'est toujours servi de ces expressions tendres & harmonieuses qu'on trouve dans les Eglogues de *Virgile*, dans *Tibulle*, dans *Properce*, & même dans quelques endroits de *Pétrone*, qui respirent la mollesse & la volupté. Je suis enchanté de ces vers :

Ridet ager, lascivit humus, nova nascitur arbos,
Basia lascivæ jungunt repetita Columba.

Et en parlant de l'amour :

Vulnere qui certo lædere pectus amat.

Je n'oublierai pas cet endroit où l'on parle des plaisirs qui fuient la Jeunesse :

Sic fugit humanæ tempestas aurea vitæ ;
Arguti fugiunt, agmina blanda, joci.

Je citerais trop de vers, si je marquais tous ceux dont j'ai goûté la force & l'énergie.

Mais quoique l'ouvrage soit rempli de feu & de noblesse, je conseillerais plutôt à un homme qui aurait du goût & du talent pour la Littérature, de les employer à faire des vers Français. C'est à ceux qui peuvent cultiver les Belles-Lettres avec avantage à faire à notre Langue l'honneur qu'elle mérite. Plus on a fait provision des richesses de l'Antiquité, & plus on est dans l'obligation de les transporter en son pays. Ce n'est pas à ceux qui méprisent *Virgile*, mais à ceux qui le possédent, d'écrire en Français.

Venons maintenant, mon cher ***, à votre traduction du *Printems*, ou plutôt à votre imitation libre de cet ouvrage. Vos expressions sont vives & brillantes, vos images bien frappées, & sur-tout je vois que vous êtes fidele à l'harmonie, sans laquelle il n'y a jamais de Poësie. Il faudrait vous rappeller ici trop de vers, si je voulais marquer tous ceux dont j'ai été frappé. Adieu, je vais dans un pays où le Printems ne ressemble gueres à la description que vous en faites l'un & l'autre. Je pars pour l'Angleterre dans quatre ou cinq jours, & je suis bien loin assurément de faire des Tragédies.

Frange, miser, calamos, vigilataque prælia dele.

J'ai renoncé pour jamais aux vers.

Nunc versus & cætera ludicra pono.

Mais il s'en faut bien que je sois devenu Philosophe comme celui dont je vous cite les vers. Adieu, je vous aime en vers & en prose de tout mon cœur, & vous serai attaché toute ma vie.

Ce 4 Mars 1731.

LETTRE

A M. DE LA ROQUE. 1736.

Je suis bien fâché, Monsieur, qu'un peu d'indisposition m'empêche de vous écrire de ma main. Je n'ai que la moitié du plaisir, en vous marquant ainsi combien je suis sensible à vos politesses. Il est bien doux de plaire à un homme qui, comme vous, connaît & aime tous les Beaux-Arts. Vous me rappellez toujours par votre goût, par votre politesse & par votre impartialité, l'idée du charmant M. de la Faye, qu'on ne peut trop regretter. Je pense bien comme vous sur les Beaux-Arts.

> Vers enchanteurs, exacte prose,
> Je ne me borne point à vous :
> N'avoir qu'un goût est peu de chose ;
> Beaux-Arts, je vous invoque tous.
> Musique, Danse, Architecture,
> Art de graver, docte Peinture,
> Que vous m'inspirez de désirs !
> Beaux-Arts, vous êtes des plaisirs ;
> Il n'en est point qu'on doive exclure.

Je voudrais bien, Monsieur, vous envoyer quelques-unes de ces bagatelles, pour lesquelles vous avez trop d'indulgence : mais vous sçavez que ces petits Airs que j'adresse quelquefois à mes amis, respirent une liberté dont le Public sévère ne s'accommoderait pas. Si parmi ces libertins qui vont toujours nuds, il s'en trouve quelques-uns vêtus à la mode du pays, j'aurai l'honneur de vous les envoyer. Je suis, &c.

LETTRE A M. T***.

A Monrion près de Lausanne, 16 Mars 1757.

MON cher & ancien ami, de tous les éloges dont vous comblez ce faible *Essai sur l'Histoire générale*, je n'adopte que celui de l'impartialité, de l'amour extrême pour la vérité, du zele pour le bien public, qui ont dicté cet ouvrage.

J'ai fait tout ce que j'ai pû toute ma vie pour contribuer à étendre cet esprit de philosophie & de tolérance qui semble aujourd'hui caractériser le siécle. Cet esprit qui anime tous les honnêtes gens de l'Europe, a jetté d'heureuses racines dans le pays, où d'abord le soin de ma mauvaise santé m'avait conduit, & où la reconnaissance & la douceur d'une vie tranquille m'arrêtent.

Ce n'est pas un petit exemple du progrès de la raison humaine, qu'on ait imprimé à Genève, dans cet *Essai sur l'Histoire*, avec l'approbation publique, que *Calvin* avait une ame atroce, aussi-bien qu'un esprit éclairé.

Le meurtre de *Servet* paraît aujourd'hui abominable. Les Hollandais rougissent de celui de *Barnevelt*. Je ne sçais encore si les Anglais auront à se reprocher celui de l'Amiral *Bing*.

Mais

A MONSIEUR T***.

Mais sçavez-vous que vos querelles absurdes, & enfin l'attentat de ce monstre *Damiens*, m'attirent des reproches de toute l'Europe Littéraire? Est-ce là, me dit-on, cette Nation que vous avez peinte si sage? A cela je réponds (comme je peux) qu'il y a des hommes qui ne sont ni de leur siécle, ni de leur pays. Je soutiens que le crime d'un scélérat & d'un insensé de la lie du peuple, n'est point l'effet de celui du tems. Châtel & Ravaillac furent enivrés des fureurs épidémiques qui regnaient en France. Ce fut l'esprit du fanatisme public qui les inspira; & cela est si vrai, que j'ai lû une Apologie pour Jean Châtel & ses fauteurs, imprimée pendant le procès de ce malheureux. Il n'en est pas ainsi aujourd'hui. Le dernier attentat a saisi d'étonnement & d'horreur la France & l'Europe.

Nous détournons les yeux de ces abominations dans notre petit pays Roman, appellé autrement le pays de *Vaud*, le long des bords du beau lac *Léman*. Nous y faisons ce qu'on devrait faire à Paris; nous y vivons tranquilles, nous y cultivons les Lettres sans cabale.

Tavernier disait que la vûe de Lausanne, sur le lac de Genève, ressemble à celle de Constantinople; mais ce qui m'en plaît davantage, c'est l'amour des Arts qui anime tous les honnêtes gens de Lausanne.

On ne vous a point trompé, quand on vous a dit qu'on y avait joué *Zaïre*, l'*Enfant Prodigue*, & d'autres Pieces, aussi-bien qu'on pourrait les représenter à Paris. N'en soyez point surpris; on ne parle, on ne connaît ici d'autre Langue que la

X

nôtre. Presque toutes les familles y sont Françaises, & il y a ici autant d'esprit & de goût qu'en aucun lieu du Monde.

On ne connaît ici ni cette platte & ridicule Histoire de la Guerre de 1741, qu'on a imprimée à Paris sous mon nom; ni cette infâme rapsodie, intitulée *la Pucelle d'Orléans*, remplie de vers les plus plats & les plus grossiers que l'ignorance & la stupidité ayent jamais fabriqués, & de ces insolences les plus atroces que l'effronterie puisse mettre sur le papier.

Il faut avouer que depuis quelque tems on a fait à Paris des choses bien terribles avec la plume & le canif.

Je suis consolé d'être loin de mes amis, en me voyant loin de toutes ces énormités, & je plains une Nation aimable qui produit des monstres.

LE PRÉSERVATIF.

I.

Il est juste de détromper le Public, quand il est à craindre qu'on ne l'abuse. On ne connaît que trop les guerres des Auteurs. La plûpart des Journalistes qui s'érigent en Arbitres, font souvent eux-mêmes les plus violens actes d'hostilité. Je puis dire par l'expérience que j'ai dans la Littérature, qu'il se forme autant d'intrigues pour faire valoir ou pour détruire un Livre, dont souvent personne ne se soucie, que pour obtenir un poste important.

On sçait que le Journal des Sçavans de Paris, pere de cette multitude de Journaux, enfans très-souvent peu semblables à leur pere, s'est assez préservé de la contagion des Cabales.

Mais parmi les Auteurs de ces petites Gazettes volantes, qu'on débite tantôt sous le nom de *Nouvelliste du Parnasse*, tantôt sous le nom d'*Observations*, on ne trouve ni le même goût, ni la même science, ni la même équité. J'ai donc cru rendre quelque service aux Amateurs des Lettres, en assemblant des Bévûes que j'ai trouvées dans plusieurs feuilles intitulées, *Observations*, que j'ai lûes par hasard.

Nombre 100. Le faiseur d'Observations dit qu'un grand Prince a condamné le genre Comique larmoyant dans la Piece de Dom Sanche d'Arragon, de Pierre Corneille, & assure que ce goût ne doit point subsister parmi nous, après cette condamnation.

Il y a en cela trois fautes : la premiere, que le goût d'un Prince ne suffit pas pour régler celui du Public ; la seconde, que le Dom Sanche d'Arragon de Pierre Corneille, n'est point d'un genre Comique attendrissant, & qui fasse verser des larmes, comme certaines Scenes du Bourreau de soi-même de *Térence*, la Scene très-tendre entre une mere & une fille dans Esope à la Cour, celles du Préjugé à la mode, de l'Enfant prodigue, &c. Dom Sanche d'Arragon est une Comédie héroïque & non larmoyante, comme le dit l'*Observateur*. Ce fut la froideur, & non l'intérêt qui la fit tomber : jamais une Piéce intéressante ne tombe.

La troisieme faute, & plus grande, est de s'ériger en juge d'un Art qu'on ne connaît pas, & de dire avec hardiesse, que ce qui a plû dans Paris & dans l'ancienne Rome, n'a pas dû plaire. Des Scenes attendrissantes ont toujours été bien reçues à la Comédie de tous les tems, parce que les actions des Particuliers peuvent être touchantes aussi-bien que ridicules ; & on peut leur appliquer ce que dit *Horace* :

Interdùm vocem Comedia tollit.

II.

Dans la même feuille, l'Auteur rapporte une longue critique sur un problême d'optique qu'il n'entend point ; on lui a fait accroire qu'il s'agissait dans ce problême de la trisection de l'angle, & il n'en est point du tout question. L'Auteur que le Critique reprend, sans le comprendre, est M. de

V***. J'ai lû soigneusement l'endroit en question dans la Préface de l'Edition de Londres des Elémens de Newton.

L'*Observateur* n'a point lû cet Ouvrage qu'il ose critiquer ; car il reproche à M. de V***, d'avoir donné des regles pour partager un angle en trois avec le compas, & c'est de quoi M. de V*** n'a pas dit un mot dans ses Elémens. L'*Observateur* s'est fié en cela à un Géometre qui s'est moqué de lui, & comme il ne sçait pas qu'on ne peut trouver la trisection de l'angle, que par les sections coniques & par l'algébre, il a rapporté de bonne foi dans sa feuille, une critique qu'on lui a suggérée, pour le faire donner dans le panneau ; c'est un exemple pour ceux qui parlent de ce qu'ils ignorent.

III.

Je prends les feuilles de l'*Observateur* indifféremment, à mesure qu'on me les prête pour les lire : je trouve une étrange bévûe dans la Lettre 27. *Brutus*, dit-il, *plus Quakre que Stoicien, a des sentimens plus monstrueux qu'héroïques*. Ne dirait-on pas, à ces paroles, que les *Quakres* sont une Secte d'hommes sanguinaires ? Cependant tout le monde sçait qu'une des premieres Loix des *Quakres* est de ne porter jamais d'armes offensives sous quelque prétexte que ce soit, & de ne jamais repousser une injure. La méprise est aussi grande que s'il avait dit : *Le cruel Brutus, plus Capucin que Stoïcien.*

IV.

Nombre 199. En rendant compte d'une Hypothèse de M. l'Abbé de *Molieres*, il dit que ce Physicien se conforme aux expériences de *Newton* ; par exemple, que les corps parcourent, en tombant, 15 pieds dans la première seconde, & qu'à des distances différentes du centre de la terre, le même mobile n'aurait pas le même degré de vîtesse accélératrice.

Il y a ici trois fautes. *Newton* n'a point trouvé par expérience que les corps tombent de 15 pieds dans la premiere seconde : c'est *Huyghens* qui a déterminé cette chûte dans ses beaux théorêmes de Pendule.

Secondement, ce n'est qu'à des distances très-considérables & inaccessibles aux hommes que cette différence serait sensible.

Troisiemement, cette différence de la force accélératrice à des distances différentes n'est fondée sur aucune expérience, mais sur une démonstration géométrique. Voilà les bévûes où l'on s'expose, quand on veut juger de ce qui n'est pas à notre portée.

V.

Nombre 17. L'*Observateur* rapporte une ancienne dispute Littéraire, entre Monsieur *Dacier* & le Marquis de *Sévigné*, au sujet de ce passage d'*Horace*.

Difficile est proprié communia dicere.

Il rapporte le Factum ingénieux de M. de *Sévigné* ; & pour M. *Dacier*, dit-il, *il se défend en Sçavant, & c'est tout dire : des expressions maussades & injurieuses sont les ornemens de son érudition.*

Il y a dans ce discours de l'*Observateur* trois fautes bien étranges.

Premierement, il est faux que ce soit le caractere des Sçavans du siecle de Louis XIV, d'employer des injures pour toutes raisons.

Secondement, il est très-faux que M. Dacier en ait usé ainsi avec le Marquis de Sévigné : il le comble de louanges, & il conclut son Mémoire par lui demander son amitié : apparemment que l'*Observateur* n'a pas lû cet écrit.

Troisiémement, il est indubitable que Dacier a raison pour le fond, & qu'il a très-bien traduit ce vers d'Horace :

Difficile est propriè communia dicere.

Il est très-difficile de bien traiter des sujets d'invention.... Car si vous mettez sous les yeux du Lecteur la phrase entiere d'Horace, vous verrez que la fin explique le commencement.

Difficile est propriè communia dicere, tuque,
Rectius Iliacum carmen deducis in actus,
Quàm si proferres ignota, indictáque primus.

Il est difficile de bien traiter un sujet d'invention, & vous composerez plus aisément une Tragédie tirée de l'Iliade, que de votre propre tête.

Voilà qui fait un sens clair, & qui prouve que *Commune* veut dire en cet endroit, *intactum*, un sujet neuf.

Ainsi l'Abbé Desfontaines n'a pas entendu Horace, n'a pas lû l'écrit de M. Dacier qu'il critique, & a tort dans tous les points.

VI.

Nombre 201, &c. Il dit que Ciceron est moins serré que Séneque, & que Séneque est plus verbeux. Peu importe, à la vérité au Public, qu'on ait tort ou raison sur cette bagatelle : mais les jeunes gens qui étudient seraient trompés, s'ils croyaient que Séneque exprime sa pensée en plus de mots que Ciceron ; car c'est ce que signifie *verbeux* : il n'y a personne qui ne sçache que le défaut de Séneque est d'être au contraire, trop précis dans ses expressions.

VII.

Même nombre. *Si les Anglais, dit-il, continuent d'encenser encore leur vuide, & d'attribuer de merveilleuses propriétés au néant, &c.*

Qui a jamais dit que M. Newton ait encensé le vuide ? Cette expression est très-mauvaise en tout sens. Il est faux que M. Newton ait attribué de merveilleuses propriétés au vuide ; il a démontré que les corps, & non le vuide, agissent à des distances immenses les uns sur les autres, dans un milieu non résistant. Il faudrait au moins se faire informer de l'état de la question, avant que d'insulter de grands hommes, dont on n'a lû, ni pû lire les ouvrages.

VIII.

Nombre 87. Il se fait écrire une Lettre par un Anglais pour se louer lui-même, & il fait proposer dans cette Lettre de faire une nouvelle édition d'un Libelle de sa façon, intitulé : *Dictionnaire Néologique* : ce Libelle est l'Ouvrage auquel il donne le plus d'éloges dans sa Gazette Littéraire : il est bon qu'on sçache que ce Dictionnaire Néologique est une Satyre dans laquelle on prend la peine inutile de relever des fautes connues de tout le monde, & de critiquer de très-belles choses, à la faveur des mauvaises qu'on reprend. C'est un Libelle où l'Auteur veut faire passer sa fausse monnoie parmi la bonne, qui n'est pas de lui. Je vais en donner quelques exemples.

Monsieur de Fontenelle, dans ses Eloges des Académiciens, Livre plein d'esprit & de raison, & qui rend les Sciences respectacles, dit dans l'éloge de M. de Varignon : *Nos journées passaient comme des momens, grace à ces plaisirs qui ne sont pourtant pas compris dans ce qu'on appelle ordinairement les plaisirs. Nous parlions à nous quatre une bonne partie des différentes Langues de l'Empire des Lettres, & nous nous sommes dispersés de-là dans toutes les Académies.*

Ailleurs, il dit très-à-propos :
N'est-il pas juste en effet, que la Science ait des ménagemens pour l'Ignorance, qui est son aînée, & qu'elle trouve toujours en possession.

✢✣✢

Mallebranche fait un partage si net entre la raison & la foi, & assigne à chacune des objets si séparés, qu'elles ne peuvent plus avoir aucune occasion de se brouiller.

✢✣✢

On ne ferait pas tout ce que l'on peut, sans l'espérance de faire plus qu'on ne pourra.

✢✣✢

Il ne s'instruisait pas par une grande lecture, mais par une profonde méditation ; un peu de lecture jettait dans son esprit des germes de pensées que la méditation faisait ensuite éclorre, & qui rapportaient au centuple. Il devinait, quand il en avait besoin, ce qu'il eût trouvé dans les Livres, & pour s'épargner la peine de les lire, il se les faisait lire.

✢⁕✢

Il semblait ne plus voir par ses yeux, mais par sa raison seule. La persuasion artificielle de la Philosophie, quoique formée par de longs circuits, égalait en lui la persuasion la plus naturelle, & causée par les impressions les plus promptes & les plus vives : les autres croyent ce qu'ils voyent ; pour lui, ce qu'il croyait, il le voyait.

✢⁕✢

Monsieur de Varignon m'a fait l'honneur de me léguer tous ses papiers par son Testament, j'en rendrai au Public le meilleur compte qu'il me sera possible ; du reste je promets de ne rien détourner à mon usage particulier des trésors que j'ai entre les mains, & je compte que j'en serai cru ; il faudrait un plus habile homme, pour faire sur ce sujet quelque mauvaise action avec quelque espérance de succès.

✢⁕✢

Ce sont-là les morceaux qu'un Ecrivain tel que l'Abbé Desfontaines ose essayer de tourner en ridicule. Le plus grand des ridicules est assurément d'en vouloir donner à ceux à qui on est si prodigieusement inférieur.

X I.

Dans ce même Dictionnaire Néologique il reprend *génie conséquent*, *esprit conséquent* : il ne sçait pas que c'est une expression très-juste & très-usitée.

Il veut tourner en ridicule ces vers de feu M. de la Mothe, sous prétexte que dans Richelet le mot *contemporain* n'est pas féminin :

> D'une estime contemporaine
> Mon cœur eût été plus jaloux ;
> Mais, hélas ! elle est aussi vaine
> Que celle qui vient après nous.

Il trouve impertinens ces deux vers très-sensés :

> Et notre être même est un point
> Que nous sentons sans connaissance.

Il ridiculise encore cette belle expression de M. R*** le fils, dans une Epître didactique :

> Les signes du plaisir, les couleurs de la joie.

Il ne voit pas que dans cette expression il y a à la fois de la vérité & de l'imagination, & que par conséquent elle est belle.

Il reprend le pere Catrou, d'avoir dit que les pourceaux *paissent le gland*, & il ajoûte, qu'ils paissent encore quelque chose qu'il ne faut pas dire. C'est ainsi qu'avec la plus basse des grossieretés, il reprend une expression noble ; mais revenons aux *Observations*.

X.

Nombre 197. En faisant l'extrait d'une certaine Harangue Latine de M. Turretin, *il se plaint de la disette des Mécénas*, & de la malheureuse situation des Sçavans ; & il répéte cette plainte dans tous ses Livres.

Il devrait sçavoir que jamais les Sciences n'ont été plus encouragées en France. Le voyage au Pôle

& à l'Equateur, entrepris à de si grands frais, les pensions données à M. de Réaumur, à M. de V***, à nos meilleurs Auteurs, & en dernier lieu à M. de Crébillon, en sont une preuve. Il est vrai qu'un homme qui n'a de mérite que celui de la Satyre, est très-méprisé parmi nous, & est souvent puni, au lieu d'être récompensé ; & cela est très-juste.

XI.

Nombre 185. Un homme de goût avait trouvé peu de justesse dans cette phrase de l'Oraison funebre de la Reine d'Angleterre, par M. Bossuet : *l'Angleterre est plus agitée en sa terre & en ses ports mêmes, que l'Océan qui l'environne.* Il est clair qu'*agitée en sa terre* n'est pas une bonne expression ; il est clair que s'il y a de l'agitation, elle doit être dans les ports, comme au milieu des terres, & que cette phrase n'est pas digne de l'éloquent & admirable M. Bossuet.

L'*Observateur* se moque du goût de celui qui a repris avec raison cette phrase ; ainsi l'*Observateur* se trompe, & quand il approuve, & quand il condamne.

XII.

Nombre 202. En rendant compte du voyage de Messieurs les Académiciens au cercle polaire : *Venus*, dit-il, *a été observée au méridien au-dessous du Pôle.* Il ignore qu'une Planette n'est ni au-dessous du Pôle, mais toujours dans le Zodiaque, & tantôt Septentrionale, tantôt Méridionale. Il ne fallait pas changer les expressions de M. de Maupertuis, pour lui faire dire une telle absurdité.

Quand on ignore les choses dont on parle, il faut copier mot à mot les gens du métier, ou se taire.

XIII.

Nombre 88. Il fait l'éloge d'une ancienne Gazette, intitulée *Le Nouvelliste du Parnasse*, & il la compare modestement aux premiers Journaux des Sçavans, parce qu'elle est de lui ; ce n'est pas la moins considérable de ses fautes.

XIV.

Nombre 100 Tome 14. Il proteste sur son honneur qu'il n'a point écrit contre les Médecins de Paris ; mais en 1736, il protesta sur son honneur à M. l'Abbé d'Olivet dans une Lettre lue publiquement à l'Académie Françaiſe, qu'il n'avait point eu de part au Libelle contre plusieurs Membres de cette Académie : cependant il fut convaincu à la Chambre de l'Arsenal, d'avoir vendu trois louis au Libraire Ribou, ce Libelle qu'il avait désavoué sur son honneur ; il fut condamné, & n'obtint que très-difficilement sa grace.

XV.

Nombre 190. Il dit en parlant d'une Epître sur l'égalité des conditions, *qu'il y a des maux légers & des maux insupportables dans la vie :* on le sçait bien. *Mais où est donc l'égalité des conditions,* dit-il ? Il n'a pas compris que les accidens de la vie ne sont pas des conditions. Une maladie incurable, ou bien le mépris & la haine du Public ne sont attachés à aucune condition, mais dans tous les états on peut être méchant, méprisé & misérable.

Il dit dans la même feuille qu'après la mort du Maréchal d'Ancre, le Peuple se repentit de sa barbarie & lui rendit justice. C'est un fait absolument faux : le Peuple ne donna aucun signe de repentir. Dans la même feuille il rapporte ces vers connus :

> Le bonheur est le port où tendent les humains,
> Les écueils sont fréquens, les vents sont incertains ;
> Le Ciel, pour aborder cette rive étrangere,
> Accorde à tout mortel une barque légere.

Si ce port du bonheur, dit-il, *est une rive étrangere, le bonheur n'est donc plus dans moi.* C'est raisonner très-mal ; car l'art du Pilote est dans moi, & l'on n'est heureux qu'autant que l'on conduit sagement sa barque ; un médisant, un ingrat, un calomniateur, un homme qui a des mœurs infâmes, conduit sa barque très-mal, & son malheur est dans lui.

XVI.

Nombre 166. Je prends toujours ces feuilles sans ordre, & la suite de *numero* est inutile, puisque cet Ouvrage est sans aucune liaison : voici une preuve de son bon goût. *On m'a envoyé*, dit-il, *depuis peu une très-belle Ode. On y fait ainsi parler les Déistes.*

> Ils ont dit : de mille chimeres
> Une absurde combinaison,
> Un tissu de sombres Mysteres,
> Ne tient pas devant la Raison.
> Tranquille au haut de l'Empirée,
> Par cette interprete sacrée,

LE PRÉSERVATIF.

Dieu daigna se manifester.
Loin de nous tout Dogme apocrife ;
La Raison, voilà le Pontife,
L'Apôtre qu'il faut écouter.

Toute l'Ode est dans ce style, & c'est-là le style de l'*Observateur* dans un gros recueil de vers de sa façon qu'il a donné *incognitò* au Public ; mais il dit que c'est ainsi qu'il faut écrire.

XVII.

Nombre 171. C'est avec le même goût qu'il donne les vers suivans, pour une belle traduction de ce vers d'Horace :

Versus inopes rerum, nugæque canoræ.

Un emphatique & burlesque étalage
D'un faux sublime, enté sur l'assemblage
De ces grands mots, clinquant de l'oraison,
Enflés de vent & vuides de raison.

Nous n'avons gueres de plus mauvais vers dans notre Langue ; figurez-vous ce que c'est qu'un *clinquant enflé de vent*, étalage burlesque enté sur un assemblage : nous dirons en passant que ce style Marotique, qui rassemble les expressions de tous les genres, est monstrueux, quand il s'agit de parler sérieusement.

Ce jargon dans un conte est encor supportable,
Mais le vrai veut un air, un ton plus respectable ;
Le sage Despréaux laisse aux Esprits malfaits
L'art de moraliser du ton de Rabelais.

Ces vers d'un de mes amis sont un peu plus raisonnables, & doivent servir à faire voir le misérable abus du style Marotique dans des Ouvrages qui demandent une éloquence véritable.

XVIII.

Nombre 136. C'est avec le même goût, la même intelligence qu'il blâme Horace d'une chose qu'Horace n'a jamais pensée.

Horace a eu tort, dit-il, *de s'exprimer ainsi, en parlant du siecle d'Auguste.*

*Venimus ad summum fortunæ, pingimus, atque
Psallimus, & luctamur, Achivis doctius unctis.*

Le sens de ces vers est : *Nous sommes donc à ce compte supérieurs en tout ; la Peinture, la Musique, la Lutte, sont donc plus perfectionnées chez nous que chez les Grecs ? Qui osera le dire ?* Tous les bons Traducteurs d'Horace ont rendu ainsi ces vers, & il est impossible qu'ils ayent un autre sens.

Horace n'a point eu tort de dire, comme le prétend le Sieur Desfontaines, que les Romains l'emportaient sur les Grecs ; car il dit expressément le contraire. Si quelqu'un, par exemple, disait : Ce mauvais Critique est un Despréaux, un Petau, un Varron ; ne devrait-on pas voir qu'il parlerait ironiquement ?

XIX.

Dans le même nombre, par un autre excès d'ignorance, il dit que les Peintres n'étaient que Barbouilleurs du tems d'Horace, & il le dit sans aucune preuve. Nous avons des Statues de ce tems-là faites par des Romains : leur beauté prouve que l'art du dessein était très-connu, & on sçait que la Peinture est toujours en honneur, quand la Sculpture est perfectionnée; car ce sont deux branches de l'Art du dessein.

X X.

C'est avec la même justesse d'esprit que louant, nombre 73, un Satyrique de nos jours, il fait un long éloge de trois Epîtres écrites dans un style barbare, & pleines de choses communes, dites longuement.

Quel Lecteur peut supporter, par exemple, que Rousseau traduise en onze vers, & quels vers ! cette seule ligne d'Horace ?

Omne tulit punctum qui miscuit utile dulci.

Quel Auteur donc peut fixer leurs génies ?
Celui-là seul qui formant le projet
De réunir & l'un & l'autre objet,
Sçait rendre à tous l'utile délectable,
Et l'attrayant utile & profitable.
Voilà le seul & l'immuable point,
Où toute ligne aboutit & se joint.
Or ce grand but, ce point mathématique,
C'est le vrai seul, le vrai qui nous l'indique ;
Tout, hors de lui, n'est que futilité,
Et tout en lui devient sublimité.

Despréaux a dit : *le vrai seul est aimable*; qui peut souffrir qu'on allonge ainsi cette vieille pensée?

Dans ton Histoire est un sublime essai,
Où tout est beau, parce que tout est vrai ;
Non d'un vrai sec & crûment historique.

Y

C'est insulter au Public que d'oser prodiguer de l'encens à de si mauvais vers.

XXI.

Je tombe dans le moment sur le nombre 139. *L'idée de M. Mairan*, dit-il, *est imitée du Système de M. de Newton sur la lumiere.* Il faut lui apprendre que jamais Newton n'a fait de Système sur la lumiere. Il a donné un Receuil d'expériences & de démonstrations mathématiques, sans autre ordre que celui dans lequel il a fait ses expériences : parler de ces découvertes comme d'un Système, c'est comme si on disait, le Système d'Euclide.

XXII.

Dans le même nombre, après avoir fait si mal le Physicien avec Newton, il fait le Musicien avec Rameau, & il accuse son Livre *d'être inutile, parce qu'il est vrai* : il voudrait que M. Rameau eût plus de goût, & il l'insinue souvent; il devait se souvenir de la fable d'un certain animal pesant & à longues oreilles, qui se plaignait du peu d'harmonie du Rossignol.

Il s'est transporté, dit-il nombre 147, *dans une maison où il a vû agir une pompe qui éleve cent muids d'eau par jour à la hauteur de* 130 *pieds, avec peu d'effort & de dépense.* Il est bon qu'il sçache que, quand on voit ainsi, on est très-peu propre à faire voir aux autres. S'il avait la moindre connaissance des méchaniques, il aurait sçu que le produit de la force par la vitesse ou par l'espace parcouru, est toujours égal au produit de la résistance par la vitesse ou par l'espace parcouru;

que pour élever à 130 pieds cent mille muids d'eau par jour, il faudrait à chaque seconde élever le poids d'environ 148 livres; que la force d'un homme, pour élever des fardeaux, n'est estimée que 25 livres, & celle d'un cheval 175 ; que le chemin ou la vitesse de ces fardeaux est de trois pieds par seconde dans la main des hommes ou avec le pas des chevaux; qu'enfin, suivant ce calcul, en allouant encore très-peu de chose pour les frottemens, il faudrait la valeur de la force de quinze cens hommes ou de deux cens chevaux, par seconde, pour faire réussir cette machine. On ne peut que louer l'effort d'un bon Citoyen qui cherche à rendre service à l'Etat par des machines nouvelles; mais on ne peut que rire d'un Journaliste qui fait le Sçavant, & qui dit de telles sottises.

XXIII.

Au nombre 52, l'Auteur des *Observations* s'avise de parler de guerre; il a l'insolence de dire que feu M. le Maréchal de *Tallard* gagna la bataille de Spire contre toutes les regles, par une méprise & parce qu'il avait la vûe courte : *circonstance*, dit-il, *qu'il sçavait depuis long-tems*. Il faut apprendre à cet homme, ci-devant Jésuite & Curé, ce que c'est que la bataille de Spire. Voici ce qu'en dit dans une de ses Lettres un des meilleurs Lieutenans-Généraux qu'ait eu la France.

» M. le Maréchal de Tallard ayant assiégé Lan-
» dau, M. le Prince de Hesse & M. de Nassau-
» Neubourg, à la tête de l'armée des Alliés, for-
» cerent plusieurs marches pour secourir la Ville;
» je marchais cependant pour joindre l'armée du

» siége, & il était à craindre que les Alliés se por-
» tant entre M. de Tallard & moi, ne lui cou-
» passent les vivres. La situation était embarrassan-
» te, les ennemis n'avaient plus que deux marches
» à faire pour attaquer M. de Tallard; il prit sa
» résolution sur le champ : il m'envoye dire de
» marcher en toute diligence avec ma Cavalerie,
» vers le Spireback que les ennemis passaient ; &
» il fait lui-même deux marches forcées pour aller
» attaquer ceux qui comptaient le surprendre. Un
» Espion, auquel il donna mille écus, l'instruisit
» de l'état de l'armée ennemie ; je le joignis avec
» deux mille Chevaux, mon Infanterie suivait.
» Nous arrivâmes au Spireback dans le tems que
» les Généraux Alliés étaient à table. Leur armée
» se rangea en bataille avec beaucoup de confu-
» sion, & nous fondîmes sur eux pendant qu'ils se
» formaient, quoique toutes nos Troupes ne fus-
» sent pas arrivées. Je n'ai jamais vû tant de cé-
» lérité dans l'exécution : les ennemis firent un
» feu, & obligerent même M. de Puignion de re-
» culer à leur droite ; mais M. le Maréchal fit char-
» ger la bayonnette au bout du fusil, méthode
» excellente & qui nous réussit presque toujours ;
» alors les ennemis ne firent plus aucune résis-
» tance. «

Eh ! bien, M. le Journaliste, est-ce là gagner une bataille par méprise ? M. de Feuquieres, ennemi personnel de M. de Tallard, a pû le dire ; il a fait par envie ce que vous faites par ignorance.

XXIV.

L'*Observateur*, nombre 69, parle de vers comme

de Guerre & de Philosophie ; il critique ce vers de M. *Gresset*.

Au sein des mers, dans une Isle enchantée.

Le sein de la Mer, dit-il, *ne peut s'entendre de sa surface : il devrait au moins sçavoir qu'en poësie on dit : Au sein des mers, au lieu d'au milieu des mers ; au sein de la France, au lieu d'au milieu de la France ; au sein des Beaux-Arts dont on médit ; au sein de la bassesse, de l'envie, de l'ignorance, de l'avarice,* &c.

X X V.

Nombre 8. On m'apporte dans le moment cette feuille : elle est curieuse, & mérite une attention singuliere ; voici comme il parle d'un Livre intitulé : *Le petit Philosophe.*

J'en ai trop dit pour vous faire mépriser un Livre qui dégrade également l'esprit & la probité de l'Auteur ; c'est un tissu de Sophismes libertins, forgés à plaisir pour détruire les Principes de la Morale, de la Politique & de la Religion. Comment pourrait-on être séduit par un Ecrivain qui franchit toutes sortes de bornes, & qui avoue d'un air cavalier, qu'il n'a étudié que dans les Caffés & dans les Cabarets ?

Ne croirait-on pas, sur cet exposé, que cet Ouvrage intitulé : *Le petit Philosophe, ou Alciphron,* est le produit de quelque coquin enfermé dans un Hôpital pour ses mauvaises mœurs ? On sera bien surpris, quand on sçaura que c'est un Livre saint, rempli des plus forts argumens contre les libertins, composé par M. l'Evêque de Cloyne, ci-devant Missionnaire en Amérique. Celui qui a fait cet Infâme portrait de ce saint Livre, fait bien voir par-là qu'il n'a lû aucun des Livres dont il a la hardiesse de parler.

XXVI.

Ayant lû dans ces *Observations* plusieurs traits contre M. de V***, & une Lettre qu'il se vante que M. de V*** lui a écrite ; j'ai pris la liberté d'écrire moi-même à M. de V*** sans le connaître ; voici ce qu'il m'a répondu.

» Je ne connais l'Abbé G. Desf***, que parce
» que M. T*** l'amena chez moi en 1724,
» comme un homme qui avait été ci-devant Jé-
» suite, & qui par conséquent était un homme
» d'étude ; je le reçus avec amitié, comme je reçois
» tous ceux qui cultivent les Lettres. Je fus étonné
» au bout de quinze jours de recevoir une Lettre
» de lui, datée de Bicêtre où il venait d'être ren-
» fermé. J'appris qu'il avait été mis trois mois au-
» paravant au Châtelet pour le même crime dont
» il était accusé, & qu'on lui faisait son procès
» dans les formes. J'étais alors assez heureux pour
» avoir quelques amis très-puissans, que la mort
» m'a enlevés. Je courus à Fontainebleau, tout
» malade que j'étais, me jetter à leurs pieds ; je
» pressai, je sollicitai de toutes parts ; enfin j'ob-
» tins son élargissement, & la discontinuation d'un
» Procès où il s'agissait de la vie : je lui fis avoir la
» permission d'aller à la campagne chez M. le Prési-
» dent B*** mon ami. Il y alla avec M. T***.
» Sçavez-vous ce qu'il y fit ? Un Libelle contre moi.
» Il le montra même à M. T***, qui l'obligea de
» le jetter dans le feu ; il me demanda pardon, en

» me disant que le Libelle était fait un peu avant
» la date de Bicêtre ; j'eus la faiblesse de lui par-
» donner, & cette faiblesse m'a valu en lui un en-
» nemi mortel, qui m'a écrit des Lettres anony-
» mes, & qui a envoyé vingt Libelles en Hollande
» contre moi. Voilà, Monsieur, une partie des
» choses que je puis vous dire sur son compte, &c.

Je ne crois pas qu'une pareille Lettre ait besoin de Commentaire, aussi je n'en ferai point.

XXVII.

On m'apporte le nombre 17. Le satyrique Auteur essaye d'avilir la Mérope du Marquis Afféi. Cette Tragédie a sans doute des défauts ; mais ce n'est pas ceux que le Satyrique lui reproche. Il traduit : *gentile aspetto*, aspect aimable, par *jolie figure* ; *genitori innocenti*, les Auteurs vertueux de mes jours, par mes *parents gens de bien* ; *ben complesso*, taille avantageuse, par *bonne complexion*. Ainsi, dans une traduction que ce Critique fit en Français d'un Ouvrage Anglais de M. de V***, il prit le mot *Kake*, qui signifie *Gâteau*, pour le Géant *Cacus*.... Il est plaisant, il faut l'avouer, qu'un pareil homme s'avise de juger les autres.

XXVIII.

Voici les expressions qu'on m'a fait voir dans ses feuilles :

La fréquence fastidieuse d'un clinquant méta-physique.

Les Rustiques Contempteurs qui méprisent les Révolutions de Pologne, le second Gulliver, le Nouvelliste du Parnasse ; &c.

Un sage Militaire enchanté d'un Auteur connu par les admirables saillies d'une délicate ininintelligibilité.

✢)o(✢

Une Hypocrisie corporifiée par la Grace.

✢)o(✢

La nouvelle Faculté d'un Esprit paradoxal, érigée dans le beau Monde.

✢)o(✢

Un Savoyard qui décrotte des lambeaux de Métaphysique.

✢)o(✢

La Vérité habilement distillée par un Avocat Général, qui en tire l'essence du problématique judiciaire.

✢)o(✢

Je n'en copierai pas davantage : je me contenterai de demander, s'il sied bien à l'Auteur de ce *Galimathias* plein de bassesse, d'insulter au style de M. de *Marivaux*, & à tant d'autres.

XXIX.

Je crains de fatiguer le Public par les citations d'un Ouvrage dont les feuilles sont oubliées à mesure qu'elles paraissent. Je crois que le peu que j'ai dit, servira de *Préservatif*. Je continuerai, si la chose est nécessaire ; j'avertis, en attendant, que le même Auteur donne sous main, depuis quelque tems, une autre Brochure intitulée : *Réflexions sur les Ouvrages de Litterature*. On dit qu'il combat souvent dans cette feuille ce qu'il a dit dans les *Observations*. Cela fait souvenir de gens d'une profession à peu près semblable, qui font semblant de se battre pour ameuter les passans. N'est-il pas déplorable de voir un tel brigandage dans les Lettres ?

LETTRE A M. DE LA FAYE. 1718.

La Faye, ami de tout le monde,
Qui sçavez le secret charmant
De réjouir également
Le Philosophe, l'Ignorant,
Le Galant à Perruque blonde ;
Vous qui rimez, comme Ferrand,
Des Madrigaux, des Epigrammes,
Qui chantez d'amoureuses flammes
Sur votre Luth tendre & galant ;
Et qui même assez hardiment
Osâtes prendre votre place,
Auprès de Malherbe & d'Horace,
Quand vous alliez sur le Parnasse,
Par le Caffé de la Laurent.

Je voudrais bien aller aussi au Parnasse, moi qui vous parle, j'aime les vers à la fureur ; mais j'ai un petit malheur, c'est que j'en fais de détestables, & j'ai le plaisir de jetter tous les soirs au feu tout ce que j'ai barbouillé dans la journée. Par fois je lis une belle strophe de votre ami M. *de la Motte*, & puis je me dis tout bas : *Petit misérable, quand feras-tu quelque chose d'aussi-bien?* Le moment d'après, c'est une strophe peu harmonieuse & un peu obscure, & je me dis : *garde-toi d'en faire autant.* Je tombe sur un Pseaume ou sur une Epigramme ordurière de *Rousseau* : cela éveille mon odorat, je veux lire ses autres ouvrages, mais le Livre me tombe des mains : je vois des Comédies à la glace, des Opera fort au-dessous de ceux de l'Abbé *Pic* : une Epître au Comte d'*Ayen*, qui est à faire vomir : un petit Voyage de Rouen fort insipide : une Ode à M. *Duché* fort au-dessous de tout cela ; mais ce qui me révolte & qui m'indigne, c'est le mauvais cœur qui perce à chaque ligne. J'ai lû son Epître à *Marot*, où il y a de très-beaux morceaux ; mais je crois y voir plutôt un enragé qu'un Poëte. Il n'est pas inspiré, il est possédé : il reproche à l'un sa prison, à l'autre sa vieillesse : il appelle celui-ci *athée*, celui-là *marouffle* ; où est donc le mérite de dire en vers de cinq pieds des injures si grossieres ? Ce n'était pas ainsi qu'en usait M. *Despréaux*, quand il se jouait aux dépens des mauvais Auteurs ; aussi son style étoit doux & coulant ; mais celui de *Rousseau* me paroît inégal, recherché, plus violent que vif, & teint, si j'ose m'exprimer ainsi, de la bile qui le dévore. Peut-on souffrir qu'en parlant de M. *Crébillon*, il dise qu'il *vient de sa griffe Apollon molester*. Quels vers que ceux-ci !

  Ce Rimeur si sévere
 Devient amer, quand le cerveau lui tinte ;
 Plus qu'aloës ni jus de coloquinte.

De plus, toute cette Epître roule sur un raisonnement faux ; il veut prouver que tout homme d'esprit est honnête homme, & que tout sot est fripon ; mais ne serait-il pas la preuve trop évidente du contraire ; si pourtant c'est véritablement de l'esprit que le seul talent de la versification ? Je m'en rapporte à vous & à tout Paris. *Rousseau* ne passe point pour avoir d'autre mérite ; il écrit si mal en prose que son *Factum* est une des Piéces qui ont servi à le faire condamner; au contraire le *Factum* de M. *Saurin* est un chef-d'œuvre, *& quid facundia posset, tùm paruit.* Enfin, vous voulez que je vous dise franchement mon petit sentiment sur MM. *de la Motte & Rousseau.* M. *de la Motte* pense beaucoup, & ne travaille pas assez ses vers; *Rousseau* ne pense gueres, mais il travaille ses vers beaucoup mieux; le point seroit de trouver un Poëte qui pensât comme *la Motte*, & qui écrivît comme *Rousseau*, (quand *Rousseau* écrit bien s'entend;) mais:

Pauci quos æquus amavit
Jupiter, aut ardens evexit ad æthera virtus,
Diis geniti potuére.....

J'ai bien envie de revenir bien-tôt souper avec vous, & raisonner de Belles-Lettres; je commence à m'ennuyer beaucoup ici. Or il faut que je vous dise ce que c'est que l'ennui :

Car vous, qui toujours le chassez,
Vous pourriez l'ignorer peut-être;
Trop heureux si ces vers, à la hâte tracés,
Ne vous l'ont déja fait connoître!
C'est un gros Dieu lourd & pesant,
D'un entretien froid & glaçant,
Qui ne rit jamais, toujours bâille,
Et qui depuis cinq ou six ans,
Dans la foule des Courtisans,
Se trouvoit toujours à Versaille.
Mais on dit que, tout de nouveau,
Vous l'allez revoir au Parterre,
Au (1) Capricieux de Rousseau :
C'est-là sa demeure ordinaire.

Au reste, je suis charmé que vous ne partiez pas

---

(1) Mauvaise Piéce de *Rousseau*, qu'on vouloit mettre au Théâtre mais qu'on fut obligé d'abandonner aux répétitions.

sitôt pour (1) Genes, votre Ambassade m'a la mine d'être pour vous un bénéfice simple. Faites-vous payer de votre voyage & ne le faites point; ne ressemblez point à ces Politiques errans qu'on envoye de Parme à Florence, & de Florence à Holstein, & qui reviennent enfin ruinés dans leurs pays pour avoir eu le plaisir de dire *le Roi mon Maître*. Il me semble que je vois des Comédiens de Campagne qui meurent de faim, après avoir joué le Rôle de César & de Pompée.

> Non, cette brillante folie
> N'a point enchaîné vos esprits:
> Vous connoissez trop bien le prix
> Des douceurs de l'aimable vie
> Qu'on vous voit mener à Paris
> En assez bonne compagnie;
> Et vous pouvez bien vous passer
> D'aller, loin de nous, professer
> La politique en Italie.

VERS

Pour mettre au bas du Portrait de Madame la Marquise du CHATELET.

C'EST ainsi que la Vérité,
Pour mieux établir sa puissance,
A pris les traits de la Beauté,
Et les graces de l'Eloquence.

_____

(1) M. de la Faye était nommé Envoyé Extraordinaire à Genes.

ÉTRENNES A LA MÊME.

Une Etrenne frivole à la docte Uranie,
Peut-on la préfenter ? Oh ! très-bien, j'en réponds;
Tout lui plaît, tout convient à son vaste génie,
Les Livres, les Bijoux, les Compas, les Pompons,
Les Vers, les Diamans, les Biribis, l'Optique,
L'Algebre, les Soupers, le Latin, les Jupons,
L'Opera, les Procès, le Bal & la Physique.

ÉLOGE HISTORIQUE
DE MADAME
LA MARQUISE DU CHATELET,

Pour être mis à la tête de sa Traduction de NEWTON.

Cette traduction que les plus sçavans hommes de France devaient faire, & que les autres doivent étudier, une Dame l'a entreprise & achevée, à l'étonnement & à la gloire de son pays. Gabrielle-Emilie de Breteuil, épouse du Marquis du Châtelet-Lomont, Lieutenant-Général des armées du Roi, est l'Auteur de cette traduction, devenue nécessaire à tous ceux qui voudront acquérir ces profondes connaissances, dont le monde est redevable au grand Newton.

C'eût été beaucoup pour une femme de sçavoir

la Géométrie ordinaire, les femmes n'ayant pas même une introduction aux vérités sublimes, enseignées dans cet ouvrage immortel ; on sent assez qu'il fallait que Madame la Marquise du Châtelet fût entrée bien avant dans la carriere que Newton avait ouverte, & qu'elle possedât ce que ce grand homme avait enseigné. On a vu deux prodiges ; l'un que Newton ait fait cet ouvrage, l'autre qu'une Dame l'ait traduit & l'ait éclairci.

Ce n'était pas son coup d'essai ; elle avait auparavant donné au Public une explication de la Philosophie de Leibnits, sous le titre d'*Institutions de Physique*, adressée à son fils, auquel elle avait enseigné elle-même la Géométrie.

Le Discours Préliminaire qui est à la tête de ces *Institutions*, est un chef-d'œuvre de raison & d'éloquence ; elle a répandu dans le reste du Livre une méthode & une clarté que Leibnits n'eut jamais, & dont ses idées ont besoin, soit qu'on veuille seulement les entendre, soit qu'on veuille les réfuter.

Après avoir rendu les imaginations de Leibnits intelligibles, son esprit qui avait acquis encore de la force & de la maturité, par ce travail même, comprit que cette métaphysique si hardie, mais si peu fondée, ne méritait pas ses recherches : son ame était faite pour le sublime, mais pour le vrai. Elle sentit que les monades & l'harmonie préétablie devaient être mises avec les trois Elémens de *Descartes*, & que des Systêmes qui n'étaient qu'ingénieux, n'étaient pas dignes de l'occuper. Ainsi, après avoir eu le courage d'embellir Leibnits, elle eut celui de l'abandonner : courage bien rare dans quiconque a embrassé une opinion, mais qui ne coûte gueres d'effort à une ame passionnée pour la vérité.

Défaite de tout esprit de Système, elle prit pour sa regle celle de la Société Royale de Londres, *nullius in verba*, & c'est parce que la bonté de son esprit l'avait rendue ennemie des Partis & des Systêmes, qu'elle se donna toute entiere à Newton. En effet Newton ne fit jamais de Système, ne supposa jamais rien, n'enseigna aucune vérité qui ne fût fondée sur la plus sublime Géométrie ou sur des expériences incontestables. Les conjectures qu'il a hasardées à la fin de son Livre, sous le nom de *Recherches*, ne sont que des doutes; il ne les donne que pour tels, & il serait presque impossible que celui qui n'avait jamais affirmé que des vérités évidentes, n'eût pas douté de tout le reste.

Tout ce qui est donné ici pour principe est en effet digne de ce nom; ce sont les premiers ressorts de la Nature, inconnus avant lui, & il n'est plus permis de prétendre à être Physicien sans les connaître.

Il faut donc bien se garder d'envisager ce Livre comme un Système, c'est-à-dire, comme un amas de probabilités qui peuvent servir à expliquer bien ou mal quelques effets de la Nature.

S'il y avait encore quelqu'un assez absurde pour soutenir la matiere subtile & la matiere cannelée, pour dire que la terre est un soleil encroûté, que la lune a été entraînée dans le tourbillon de la terre, que la matiere subtile fait la pesanteur, pour soutenir toutes ces autres opinions Romanesques, substituées à l'ignorance des Anciens, on dirait: cet homme est Cartéfien; s'il croyait aux monades, on dirait: il est Leibnitien: mais on ne dira pas de celui qui fçait les Elémens d'Euclide, qu'il est Euclidien; ni de celui qui fçait après Galilée en quelle proportion les corps tombent, qu'il est Galiléiste: auffi en Angleterre ceux qui ont appris le calcul infinitéfimal, qui ont fait les expériences de la lumiere, qui ont appris les Loix de la gravitation, ne font point appellés Newtoniens; c'est le privilége de l'erreur de donner son nom à une Secte. Si Platon avait trouvé des vérités, il n'y aurait point eu de Platoniciens, & tous les hommes auraient appris peu à peu ce que Platon aurait enseigné; mais parce que, dans l'ignorance qui couvre la terre, les uns s'attachaient à une erreur, les autres à une autre, on combattait fous différens étendards: il y avait des Péripathéticiens, des Platoniciens, des Epicuriens, des Zénoniftes, en attendant qu'il y eût des Sages.

Si on appellait encore en France Newtoniens les Philofophes qui ont joint leurs connaiffances à celles dont Newton a gratifié le genre humain, ce n'est que par un reste d'ignorance & de préjugé. Ceux qui fçavent peu & ceux qui fçavent mal, ce qui compofe une multitude prodigieufe, s'imaginerent que Newton n'avait fait autre chofe que combattre Defcartes, à peu près comme avait fait Gaffendi. Ils entendirent parler de ses découvertes, & ils les prirent pour un Syftème nouveau: c'est ainfi que quand Hervée eut rendu palpable la circulation du fang, on s'éleva contre lui; on appella Hervéistes & Circulateurs ceux qui ofaient embraffer la vérité nouvelle, que le Public ne
prenait

prenait que pour une opinion. Il le faut avouer, toutes les découvertes nous sont venues d'ailleurs, & toutes ont été combattues. Il n'y a pas jusqu'aux expériences que Newton avait faites sur la lumiere qui n'ayent essuyé parmi nous de violentes contradictions. Il n'est pas surprenant, après cela, que la gravitation universelle de la matiere ayant été démontrée, ait été aussi combattue.

Les sublimes vérités que nous devons à Newton, ne se sont pleinement établies en France qu'après une génération entiere de ceux qui avaient vieilli dans les erreurs de Descartes. Car toute vérité, comme tout mérite, a ses contemporains pour ennemis.

Turpe putaverunt parere minoribus, & quæ
Imberbes didicêre, senes perdenda fateri.

Madame du Châtelet a rendu un double service à la postérité, en traduisant le Livre des *Principes* & en l'enrichissant d'un Commentaire. Il est vrai que la langue Latine dans laquelle il est écrit, est entendue de tous les Sçavans ; mais il en coûte toujours quelques fatigues à lire des choses abstraites dans une langue Etrangere. D'ailleurs le Latin n'a pas de termes pour exprimer les vérités Mathématiques & Physiques qui manquaient aux anciens. Il a fallu que les Modernes créassent des mots nouveaux pour rendre ces nouvelles idées ; c'est un grand inconvénient dans les Livres de Sciences, & il faut avouer que ce n'est plus gueres la peine d'écrire ces Livres dans une langue morte, à laquelle il faut toujours ajoûter des expressions inconnues à l'Antiquité, & qui peuvent causer de l'embarras. Le Français, qui eſt la langue courante de l'Europe, & qui s'eſt enrichi de toutes ces expreſſions nouvelles & néceſſaires, eſt beaucoup plus propre que le Latin à répandre dans le monde toutes ces connaiſſances nouvelles.

A l'égard du Commentaire Algébrique, c'eſt un ouvrage au-deſſus de la traduction. Madame du Châtelet y travailla ſur les idées de M. Clairaut : elle fit tous les calculs elle-même, & quand elle avait achevé un Chapitre, M. Clairaut l'examinait & le corrigeait. Ce n'eſt pas tout, il peut dans un travail ſi pénible échapper quelque mépriſe : il eſt très-aiſé de ſubſtituer en écrivant un ſigne à un autre. M. Clairaut faiſait encore revoir par un tiers les calculs, quand ils étaient mis au net; de ſorte qu'il eſt moralement impoſſible qu'il ſe ſoit gliſſé dans cet ouvrage une erreur d'inattention, & ce qui le ferait du moins autant, c'eſt qu'un ouvrage où M. Clairaut a mis la main ne fût pas excellent en ſon genre.

Autant qu'on doit s'étonner qu'une femme ait été capable d'une entrepriſe qui demandait de ſi grandes lumieres & un travail ſi obſtiné, autant doit-on déplorer ſa perte prématurée : elle n'avait pas encore entierement terminé le Commentaire, lorſqu'elle prévit que la mort allait l'enlever. Elle était jalouſe de ſa gloire, & n'avait point cet orgueil de la fauſſe modeſtie, qui conſiſte à paraître mépriſer ce qu'on ſouhaite, & à vouloir paraître ſupérieur à cette gloire véritable, la ſeule récompenſe de ceux qui ſervent le Public, la ſeule digne des grandes ames, qu'il eſt beau de rechercher, & qu'on n'affecte de dédaigner, que quand on eſt incapable d'y atteindre.

C'est ce soin qu'elle avait de sa réputation, qui la détermina quelques jours avant sa mort à déposer à la Bibliothéque du Roi son Livre tout écrit de sa main.

Elle joignit à ce goût pour la gloire, une simplicité qui ne l'accompagne pas toujours, mais qui est souvent le fruit des études sérieuses. Jamais femme ne fut si sçavante qu'elle, & jamais personne ne mérita moins qu'on dît d'elle : *c'est une femme sçavante.* Elle ne parlait jamais de science qu'à ceux avec qui elle croyait pouvoir s'instruire, & jamais n'en parla pour se faire remarquer. On ne la vit point rassembler de ces cercles où il se fait une guerre d'esprit, où l'on établit une espece de Tribunal, où l'on juge son siécle, par lequel, en recompense, on est jugé très-séverement. Elle vécut long-tems dans les Sociétés où l'on ignorait ce qu'elle était, & elle ne prenait pas garde à cette ignorance.

Les Dames qui jouaient avec elle chez la Reine, étaient bien loin de se douter qu'elles fussent à côté du Commentateur de Newton : on la prenait pour une personne ordinaire ; seulement on s'étonnait quelquefois de la rapidité & de la justesse avec laquelle on la voyait faire les comptes & terminer les différends : dès qu'il y avait quelque combinaison à faire, la Philosophe ne pouvait plus se cacher. Je l'ai vu un jour diviser jusqu'à neuf chiffres par neuf autres chiffres, de tête & sans aucun secours, en présence d'un Géométre étonné, qui ne pouvait la suivre.

Née avec une éloquence singuliére, cette éloquence ne se déployait que quand elle avait des objets dignes d'elle ; ces Lettres où il ne s'agit que de montrer de l'esprit, ces petites finesses, ces tours délicats que l'on donne à des pensées ordinaires, n'entraient pas dans l'immensité de ses talens. Le mot propre, la précision, la justesse & la force étaient le caractere de son éloquence. Elle eût plutôt écrit comme Paschal & Nicole, que comme Madame de Sévigné. Mais cette fermeté sévere, & cette trempe vigoureuse de son esprit, ne la rendait pas inaccessible aux beautés de sentiment. Les charmes de la poësie & de l'éloquence la pénétraient, & jamais oreille ne fut plus sensible à l'harmonie. Elle sçavait par cœur les meilleurs vers, & ne pouvait souffrir les médiocres. C'était un avantage qu'elle eut sur Newton d'unir à la profondeur de la Philosophie, le goût le plus vif & le plus délicat pour les Belles-Lettres. On ne peut que plaindre un Philosophe réduit à la sécheresse des vérités, & pour qui les beautés de l'imagination & du sentiment sont perdues.

Dès sa tendre jeunesse elle avait nourri son esprit de la lecture des bons Auteurs en plus d'une langue. Elle avait commencé une traduction de l'Enéide, dont j'ai vu plusieurs morceaux remplis de l'ame de son Auteur : elle apprit depuis l'Italien & l'Anglais. Le Tasse & Milton lui étaient familiers comme Virgile. Elle fit moins de progrès dans l'Espagnol, parce qu'on lui dit qu'il n'y a gueres dans cette langue qu'un Livre célèbre, & que ce Livre est frivole.

L'étude de sa langue fut une de ses principales occupations. Il y a d'elle des remarques manuscrites, dans lesquelles on découvre, au milieu de l'incertitude & de la bisarrerie de la Grammaire, cet esprit philosophique qui doit dominer par-tout & qui est le fil de tous les labyrinthes.

Parmi tant de travaux que le Sçavant le plus laborieux eût à peine entrepris, qui croirait qu'elle trouva du tems, non-seulement pour remplir tous les devoirs de la Société, mais pour en rechercher avec avidité tous les amusemens? Elle se livrait au plus grand monde comme à l'étude. Tout ce qui occupe la Société était de son ressort, hors la médisance. Jamais on ne l'entendit relever un ridicule : elle n'avait ni le tems ni la volonté de s'en appercevoir, & quand on lui disait que quelques personnes ne lui avaient pas rendu justice, elle répondait qu'elle voulait l'ignorer. On lui montra un jour je ne sçais quelle misérable brochure, dans laquelle un Auteur, qui n'était pas à portée de la connaître, avait osé mal parler d'elle : elle dit que si l'Auteur avait perdu son tems à écrire ces inutilités, elle ne voulait pas perdre le sien à les lire; & le lendemain ayant sçu qu'on avait renfermé l'Auteur de ce libelle, elle écrivit en sa faveur sans qu'il l'ait jamais sçu.

Elle fut regrettée à la Cour de France autant qu'on peut l'être dans un pays, où les intérêts personnels font si aisément oublier tout le reste. Sa mémoire a été précieuse à tous ceux qui l'ont connue particulierement, & qui ont été à portée de voir l'étendue de son esprit & la grandeur de son ame.

Il eût été heureux pour ses amis qu'elle n'eût pas entrepris cet ouvrage, dont les Sçavans vont jouir. On peut dire d'elle en déplorant sa destinée : *Periit arte suâ.*

Elle se crut frappée à mort long-tems avant le coup qui nous l'a enlevée : dès-lors elle ne songea plus qu'à employer le peu de tems qu'elle prévoyait lui rester à finir ce qu'elle avait entrepris, & à dérober à la mort ce qu'elle regardait comme la plus belle partie d'elle-même. L'ardeur & l'opiniâtreté du travail, des veilles continuelles dans un tems où le repos l'aurait sauvée, amenerent enfin cette mort qu'elle avait prévûe. Elle sentit sa fin approcher, & par un mêlange singulier de sentimens, qui semblaient se combattre, on la vit regretter la vie, & regarder la mort avec intrépidité. La douleur d'une séparation éternelle affligeait sensiblement son ame ; & la philosophie dont cette ame était remplie lui laissait tout son courage. Un homme qui s'arrache tristement à sa famille désolée, & qui fait tranquillement les préparatifs d'un long voyage, n'est que le faible portrait de sa douleur & de sa fermeté ; de sorte que ceux qui furent les témoins de ses derniers momens, sentaient doublement sa perte par leur propre affliction & par ses regrets, & admiraient en même tems la force de son esprit, qui mêlait à des regrets si touchans une constance si inébranlable.

Elle est morte au Palais de Luneville le 10 Août 1749 à l'âge de quarante-trois ans & demi.

VERS

Sur la Mort de Madame du CHATELET.

L'UNIVERS a perdu la sublime EMILIE :
Elle aima les Plaisirs, les Arts, la Vérité :
Les Dieux en lui donnant leur ame & leur génie,
Ne s'étaient réservé que l'immortalité.

SUR LE MÊME SUJET.

UN sommeil éternel a donc fermé ces yeux
Où brillaient la vertu, l'amour & le génie ;
La vérité, l'honneur, la foi, la modestie,
N'ont pû changer du Sort l'arrêt impérieux :
 Tu meurs, immortelle EMILIE,
Ou plutôt ta belle ame, en volant vers les Dieux,
 A son principe est réunie.
Avec toi, la Pudeur, de la Terre bannie,
 Rentre pour jamais dans les Cieux.
Tu meurs, & je survis à ton heure fatale,
Je vois encor ce Ciel dont tu ne jouis plus.
Hélas ! où l'amitié, les talens, la vertu,
 Pourront-ils trouver ton égale ?
Qui me rendra ces jours passés dans la douceur
 D'une confiance tranquille,
 Où mon ame, à tes goûts docile,
 N'avait pour loi que ton humeur ;

SUR LA MORT DE LA MÊME.

  Où loin des propos de la Ville,
  Et du vain faste de la Cour,
  Sans soins, sans brigues, sans détour,
L'*Arioste* & *Newton* dans un loisir utile,
Remplaçaient, à Cyrei (1), la Jeunesse & l'Amour ?
Dans les bras de la Paix, au sein de la Sagesse,
  Oubliant Versaille & Paris,
  Les flatteurs & les beaux-esprits,
  L'orgueil des Grands & leur bassesse,
Nous étions seuls heureux, du moins dans nos écrits.
  Pardonne, ombre chere & sacrée,
  Si de son bonheur enivrée,
Mon ame quelquefois secoua ses liens,
  Par tes transports, vainqueurs des miens,
  Tu vis ma chaîne resserrée.
Si sur nos plus beaux jours, tissus par le Bonheur,
Le Caprice a versé l'amertume & l'aigreur,
Du moins après ta mort, tu seras adorée.
  Vois des Arts la Troupe éplorée
  Te suivre en deuil jusqu'au tombeau ;
Vois l'Hymen & l'Amour éteindre leur flambeau ;
  Vois le cœur même de l'Envie
  S'ouvrir enfin à la pitié ;
Vois ton cercueil baigné des pleurs de l'Amitié ;
Vois ton époux errant & détestant la vie,
Redemander aux Dieux sa fidelle moitié.
  Admise à la céleste Troupe,
A la table des Dieux, où tu bois dans la coupe
  Et de Minerve & d'Apollon,
Si ton cœur est sensible à l'éclat d'un grand nom,

---

(1) Terre de Madame la Marquise du Châtelet.

APOTHÉOSE.

Si mes vœux jusqu'à toi peuvent se faire entendre,
Que tu dois t'applaudir d'une amitié si tendre !
Je veux que l'Avenir, dans mes vers t'admirant,
 Te confonde avec Uranie ;
 Et si quelque Censeur impie
Rit du culte immortel que ma Muse te rend,
 Pour confondre la calomnie,
 J'aurai *Saint-Lambert* pour garant.

APOTHÉOSE
DE MADEMOISELLE LE COUVREUR.

Quel contraste frappe mes yeux !
Melpomene ici désolée,
Eleve, avec l'aveu des Dieux,
Un magnifique Mausolée.
Ah ! si la Superstition,
Distinguant jusqu'à la poussiere,
Fait un point de religion,
D'en couvrir une ombre légere ;
Ombre illustre, console-toi,
En tous lieux la terre est égale ;
Et lorsque la Parque fatale
Nous fait subir sa triste loi,
Peu nous importe où notre cendre
Doive reposer pour attendre
Ce tems où tous les préjugés
Seront à la fin abrogés.
 Ces lieux cessent d'être profanes
En contenant d'illustres mânes :

APOTHÉOSE.

Ton tombeau sera respecté ;
S'il n'est pas souvent fréquenté
Par les Diseurs de patenôtres,
Sans doute il le sera par d'autres ;
Dont l'hommage plus naturel
Rendra ton mérite immortel.
Au lieu d'ennuyeuses Matines,
Les Graces, en habit de deuil,
Chanteront des Hymnes divines
Tous les matins sur ton cercueil.
Sophocle, *Corneille*, *Racine*
Sans cesse y répandront des fleurs ;
Tandis que *Jocaste* ou *Pauline*
Verseront des torrens de pleurs.
Enfin, pour ton Apothéose,
On doit te faire une Ode en prose ;
Le chef-d'œuvre d'un bel-esprit
Vaudra bien du moins un Obit.

SCENE
DE LA TRAGÉDIE D'ARTÉMIRE.

ACTEURS.

CASSANDRE, *Roi de Macédoine.*
ARTÉMIRE, *Reine de Macédoine.*
PALLANTE, *Favori du Roi.*
PHILOTAS, *Prince.*
MÉNAS, *Parent & Confident de Pallante.*
HIPPARQUE, *Ministre de Cassandre.*
CÉPHISE, *Confidente d'Artémire.*

La Reine faussement accusée d'adultere par Pallante, se justifie auprès du Roi son mari.

ARTÉMIRE, CASSANDRE, CÉPHISE.

ARTÉMIRE.

Ou suis-je ? où vais-je ? ô Dieux ! je me meurs, je le voi.

CÉPHISE.

Avançons.

ARTÉMIRE.

Ciel !

CASSANDRE.

Eh ! bien, que voulez-vous de moi ?

SCENE DE LA TRAGÉDIE

CÉPHISE, *à part.*

Dieux puissans, protégez une Reine innocente.

ARTÉMIRE.

Vous me voyez, Seigneur, interdite & mourante ;
Je n'ose jusqu'à vous lever un œil tremblant,
Et ma timide voix expire en vous parlant.

CASSANDRE.

Levez-vous, & quittez ces indignes allarmes.

ARTÉMIRE.

Hélas ! je ne viens point par d'impuissantes larmes,
Craignant votre justice & fuyant le trépas,
Mendier un pardon que je n'obtiendrais pas ;
La mort à mes regards s'est déjà présentée.
Tranquille & sans regret, je l'aurais acceptée :
Faut-il que votre haine ardente à me sauver,
Pour un sort plus affreux m'ait voulu réserver ?
N'était-ce pas assez de me joindre à mon père ?
Au-delà de la mort étend-on sa colere ?
Ecoutez-moi du moins, & souffrez à vos pieds
Ce malheureux objet de tant d'inimitiés.
Seigneur, au nom des Dieux, que le parjure offense,
Par le Ciel qui m'entend, qui sçait mon innocence,
Par votre gloire enfin que j'ose conjurer,
Donnez-moi le trépas, sans me deshonorer.

CASSANDRE.

N'en accusez que vous, quand je vous rends justice ;
La honte est dans le crime & non dans le supplice,
Levez-vous, & quittez un entretien fâcheux,
Qui redouble ma honte, & nous pese à tous deux.

Voilà donc le secret dont vous vouliez m'inſtruire?
ARTÉMIRE.
Eh! que me ſervira, Seigneur, de vous le dire?
J'ignore, en vous parlant, ſi la main qui me perd,
Dans ce projet aftreux, vous trahit où vous ſert :
J'ignore ſi vous-même, en pourſuivant ma vie,
N'avez point de Pallante armé la calomnie.
Hélas! après deux ans de haine & de malheurs,
Souffrez quelques ſoupçons, qu'excuſent vos rigueurs.
Mon cœur, même en ſecret, refuſe de les croire :
Vous me deshonorez, & j'aime votre gloire;
Je ne confondrai point Pallante & mon époux,
Je vous reſpecte encore, en mourant par vos coups;
Je vous plains d'écouter le monſtre qui m'accuſe;
Et quand vous m'opprimez, c'eſt moi qui vous excuſe.
Mais ſi vous appreniez que Pallante aujourd'hui
M'offrait contre vous-même un criminel appui;
Que Ménas à mes pieds, craignant votre juſtice,
D'un heureux ſcélérat infortuné complice,
Au nom de ce perfide implorait.... Mais, hélas!
Vous détournez les yeux & ne m'écoutez pas.
CASSANDRE.
Non, je n'écoute point vos lâches impoſtures.
Ceſſez, n'empruntez point le ſecours des parjures;
C'eſt bien aſſez pour moi de tous vos attentats;
Par de nouveaux forfaits ne les défendez pas :
Auſſi-bien c'en eſt fait, votre perte eſt certaine;
Toute plainte eſt frivole & toute excuſe eſt vaine.
ARTÉMIRE.
Hélas! voilà mon cœur, il ne craint point vos coups.
Faites couler mon ſang, barbare, il eſt à vous.

SCENE DE LA TRAGÉDIE

Mais l'hymen dont le nœud nous unit l'un à l'autre,
Tout malheureux qu'il est, joint mon honneur au vôtre
Pourquoi d'un tel affront voulez-vous vous couvrir ?
Laissez-moi chez les morts descendre sans rougir.
Croyez que pour Ménas une flamme adultere.....

CASSANDRE.

Si Ménas m'a trahi, Ménas a dû vous plaire ;
Votre cœur m'est connu mieux que vous ne pensez :
Ce n'est pas d'aujourd'hui que vous me haïssez.

ARTÉMIRE.

Eh ! bien, connaissez donc mon ame toute entiere,
Ne cherchez point ailleurs une triste lumiere ;
De tous mes attentats je vais vous informer.
Oui, Cassandre ; il est vrai, je n'ai pû vous aimer.
Je vous le dis sans feinte, & cet aveu sincere
Doit peu vous étonner & doit peu vous déplaire.
Et quel droit en effet aviez-vous sur mon cœur,
Qui ne voyait en vous que son persécuteur ?
Vous qui, de tous les miens ennemi sanguinaire,
Avez, jusqu'en mes bras, assassiné mon pere ;
Vous, que je n'ai jamais abordé sans effroi ;
Vous, dont j'ai vû le bras toujours levé sur moi ;
Vous, tyran soupçonneux, dont l'affreuse injustice
M'a conduite au trépas de supplice en supplice ;
Je n'ai jamais de vous reçu d'autres bienfaits :
Vous le sçavez, Cassandre : apprenez mes forfaits.
Avant qu'un nœud fatal à vos loix m'eût soumise,
Pour un autre que vous mon ame était éprise ;
J'étouffai dans vos bras un amour trop puissant ;
Je le combats encore, & même en ce moment ;

Ne vous en flattez point, ce n'est pas pour vous plaire;
Vous êtes mon époux, votre gloire m'est chere;
Mon devoir me suffit ; & ce cœur innocent,
Vous a gardé sa foi, même en vous haïssant.
J'ai fait plus : ce matin, à la mort condamnée,
J'ai pû briser les nœuds d'un funeste hyménée;
Je tenais dans mes mains l'Empire & votre sort ;
Si j'avais dit un mot, on vous donnait la mort.
Vos Peuples indignés allaient me reconnaître ;
Tout m'en sollicitait ; je l'aurais dû peut-être :
Du moins, par votre exemple, instruite aux attentats,
J'ai pû rompre des loix que vous ne gardez pas.
J'ai voulu cependant respecter votre vie ;
Je n'ai considéré ni votre barbarie,
Ni mes périls présens, ni mes malheurs passés ;
J'ai sauvé mon époux : vous vivez ; c'est assez.
Le tems qui perce enfin la nuit la plus obscure,
Peut-être éclairera cette triste aventure ;
Et vos yeux recevant une triste clarté,
Verront trop tard, au jour, luire la vérité ;
Vous connaîtrez alors tous les maux que vous faites ;
Et vous en frémirez, tout tyran que vous êtes.

Autre Fragment de la même Tragédie.

(*C'est un scélérat qui parle.*)

VOILA quelle est souvent la vertu d'une femme :
L'honneur, peint dans ses yeux, semble être dans son ame ;
Mais de ce faux honneur, les dehors fastueux
Ne servent qu'à cacher la honte de ses feux.

A son Amant chéri prodiguant sa tendresse,
Ses yeux n'ont pour tout autre qu'une austere rudesse;
Et l'Amant maltraité prend souvent pour vertu,
Les fiers dédains d'un cœur qu'un autre a corrompu.

VERS
A M. SÉNAC DE MEILHAN.

Eleve du jeune Apollon,
Et non pas de ce vieux Voltaire,
Eleve heureux de la raison,
Et d'un Dieu plus charmant qui t'instruisit à plaire,
J'ai lû tes vers brillans & ceux de ta Bergere,
Ouvrages de l'esprit embellis par l'Amour;
J'ai cru voir la belle Glycere
Qui chantait Horace à son tour.
Que son esprit me plaît! que sa beauté te touche!
Elle a tout mon suffrage, elle a tout tes desirs;
Elle a chanté pour toi : je vois que sur sa bouche
Tu dois trouver tous les plaisirs.

Je réponds bien mal, Monsieur, aux choses charmantes que vous m'envoyez; mais à mon âge on a la voix un peu rauque.

Lupi Mærim videre priores, vox quoque Mærim deficit.

PIECES FUGITIVES.

ÉPITRE A M. ALGAROTI.

Lorsque ce grand Gourier de la Philosophie,
  Condamine l'Observateur,
De l'Afrique au Pérou conduit par URANIE,
  Par la gloire & par la manie,
  S'en va griller sous l'Equateur,
Maupertuis & *Clairaut*, dans leur docte fureur,
  Vont geler au Pôle du Monde.
Je les vois d'un degré mesurer la longueur,
  Pour ôter au Peuple Rimeur
  Ce beau nom de *Machine ronde*,
Que nos flasques Auteurs, en chevillant leurs vers,
Donnaient à l'aventure à ce plat Univers.
Les Astres étonnés dans leur oblique course,
Le grand, le petit Chien, & le Cheval, & l'Ourse,
Se disent l'un à l'autre, en langage des Cieux :
Certes ces gens sont foux, ou ces gens sont des Dieux.

 Et vous, *Algaroti*, vous, Cygne de Padoue,
Eleve harmonieux du Cygne de Mantoue,
Vous allez donc aussi sous le Ciel des frimats,
Porter, en grelotant, la lyre & le compas,
Et sur des monts glacés traçant des paralleles,
Faire entendre aux Lapons vos chansons immortelles.

Allez donc, & du Pôle observé, mesuré,
Revenez aux Français rapporter des nouvelles.
 Cependant je vous attendrai,
Tranquille admirateur de votre Astronomie,
Sous mon méridien, dans les champs de Cirey,
N'observant désormais que l'Astre d'Emilie :
Echauffé par le feu de son puissant génie,
 Et par sa lumiere éclairé,
 Sur la lyre je chanterai
Son ame universelle autant qu'elle est unique ;
Et j'atteste les Cieux, mesurés par vos mains,
Que j'abandonnerais pour ses charmes divins
 L'Equateur & le Pôle Arctique.

ÉPITRE
A M. LE MARÉCHAL DE R***,
Dans l'Isle de Minorque.

Depuis plus de quarante années,
 Vous avez été mon Héros ;
 J'ai présagé vos destinées.
 Ainsi qu'Achille, dans Scyros,
 Paraissait se livrer en proye
 Aux Jeux, aux Amours, au repos ;
 Et devait un jour sur les flots
 Porter la flamme devant Troye :
 Ainsi, quand Phryné dans ses bras
 Tenait le jeune Alcibiade,
 Phryné ne le possédait pas ;

Et son nom fut dans les combats
Egal au nom de Miltiade:
Jadis les Amans, les Epoux,
Tremblaient en vous voyant paraître;
Près des Belles & près du Maître
Vous avez fait plus d'un jaloux;
Enfin, c'est aux Héros à l'être.

C'est rarement que dans Paris,
Parmi les festins & les ris,
On démêle un grand caractere;
Le préjugé ne conçoit pas
Que celui qui sçait l'art de plaire
Sçache aussi sauver les Etats.
Le grand homme échappe au Vulgaire:
Mais lorsqu'aux champs de Fontenoi
Il sert sa Patrie & son Roi,
Quand sa main, des Peuples de Gènes,
Défend les jours & rompt les chaînes;
Lorsqu'aussi prompt que les éclairs,
Il chasse les Tyrans des mers
Des murs de Minorque opprimée;
Alors ceux qui l'ont reconnu
En parlent comme son Armée:
Chacun dit: *Je l'avais prévu.*
Les succès font la renommée.

Homme aimable, illustre Guerrier,
En tout tems l'honneur de la France,
Triomphez de l'Anglais altier,
De l'Envie & de l'Ignorance.

Je ne sçais si dans Port-Mahon
Vous trouverez un Statuaire ;
Mais vous n'en avez plus à faire
Vous avez gravé votre nom
Sur les débris de l'Angleterre :
Il sera béni chez l'Ibere,
Et chéri dans ma Nation.

De deux *Richelieu* sur la Terre
Les exploits seront admirés ;
Déjà tous deux sont comparés,
Et l'on ne sçait quel on préfere.
Le Cardinal affermissait,
Et partageait le rang suprême
D'un Maître qui le chérissait ;
Vous vengez un Roi qui vous aime :
Le Cardinal fut plus puissant,
Et même un peu trop redoutable ;
Vous me paraissez bien plus grand,
Puisque vous êtes plus aimable.

ÉPITRE A MONSIEUR DE V***,

En lui envoyant un Poëme sur la Grâce.

Toi, qui fais des yeux d'Emilie
Passer dans tes Ecrits les feux & la douceur ;
Toi, l'Apollon de ta patrie ;
Du goût & du talent juste appréciateur,
Voltaire, en le lisant fait grace à cet ouvrage,
Fruits de quelques momens dérobés à Thémis.

Respectant mon sujet, j'y parle le langage;
Non d'un Docteur subtil, mais d'un Chrétien soumis.
De la Grace, en mes vers, scrutateur téméraire,
Suivant de la raison le faux jour qui nous luit,
  De ce redoutable mystere,
  Oserais-je percer la nuit?
  Loin d'avoir cette vaine audace,
  Sur le voile myftétieux,
Dont l'Eternel voulut envelopper la Grace,
Je ne porterai pas mes regards curieux.
Mais au maître des vers nobles, harmonieux,
Au rival de Milton, de Virgile & d'Homere,
Préfenter un Poëme & tenter de lui plaire,
  Est-ce être moins audacieux?
Toutefois si je dis le motif qui m'infpire,
  Tu cesseras d'être surpris.
Richelieu l'a voulu, ce mot doit te suffire.
Eh! qui sçait mieux que toi combien il a d'empire
  Sur les cœurs & fur les esprits?
C'est un pouvoir secret que toi seul peux décrire.
  Chacun le retrouve en ce lieu
  Tel que ta mufe le renomme;
  On l'adore ici comme un Dieu,
  Parce qu'il y vit comme un homme.

RÉPONSE DE M. DE V***.

Lorsque vous me parlez des graces naturelles
  Du Héros votre Commandant,
Et de la Déïté qu'on adore à Bruxelles,
  C'est un langage qu'on entend.

La Grace du Seigneur est bien d'une autre espece;
Moins vous me l'expliquez, plus vous en parlez bien;
 Je l'adore & n'y comprends rien.
L'attendre & l'ignorer, voilà notre sagesse,
Tout docteur, il est vrai, sçait le secret de Dieu;
Elûs de l'autre Monde, ils sont dignes d'envie,
 Mais qui vit auprès d'Emilie,
 Ou bien auprès de Richelieu,
 Est un Elû de cette vie.

ÉPITRE

A MONSIEUR L'ABBÉ DE ROTHELIN.

Docte Abbé, dont l'esprit guidé par la sagesse,
Aux fruits de la Raison joint les fleurs du Permesse,
Souffre que dans ton goût cherchant un sûr appui,
L'amitié, par ces vers, te consulte aujourd'hui.
De la vaste science embrassant l'étendue,
Dans ses riches Etats rien n'échappe à ta vûe ;
Philosophe, Critique, ardent ami des Arts,
Promenant en tous lieux tes avides regards,
Tantôt tu te nourris des vérités divines,
Tantôt l'Antiquité, du sein de ses ruines,
Offre à tes yeux perçans, dans ses restes usés,
Quelques faits précieux par le tems déguisés.
Tu portes le flambeau dans ces routes obscures,
Des Sçavans rebutés éternelles tortures.
Quelquefois plus hardi, d'un esprit incertain,
Tu sondes le mystére ou du vuide ou du plein;

Mais bientôt méprisant ce problême frivole,
Qu'enfanta le loisir dans l'ombre de l'école,
A toi-même indulgent, docile à tes desirs,
Dans de plus beaux objets tu cherches tes plaisirs.
Ton cœur s'émeut aux sons du fier Chantre d'Achille ;
Il s'amuse du Tasse, il adore Virgile ;
Enchanté de Corneille, il aime son rival ;
La Fontaine te charme, & son style inégal,
Dans son défordre même imitant la Nature,
Te plaît, malgré la regle, & brave ta censure ;
Tu mets dans la balance Horace, Despréaux :
L'un plus aisé, plus vif en ses rians tableaux ;
L'autre esclave de l'Art, fidele à l'harmonie,
Au joug de la méthode asservit son génie :
Ainsi donc, tour à tour, passant du grave au doux,
Tu sçais, sans les confondre, allier tous les goûts.
Mais dis-moi quel démon, dans sa bisarre audace,
Souffle dans tous les cœurs le dégoût du Parnasse ?
Aujourd'hui sur son Trône Apollon étonné,
De tous ses Courtisans se voit abandonné.
En vain pour repeupler les rives du Permesse,
Il répand les trésors de Rome & de la Gréce ;
En vain à nos Français par l'erreur éblouïs,
Il peint ces jours heureux, ce siecle de Louis,
Où l'Art, encore enfant, sçut franchir les obstacles,
Et, Géant tout à coup, enfanta des miracles.
Rien ne peut ramener ses sujets révoltés ;
Apollon, (disent-ils, par l'orgueil excités)
Cet enchanteur des sens n'est qu'une vaine idole ;
Il faut détruire enfin son culte trop frivole ;
Il faut à la Raison consacrant nos travaux,
Dompter la vérité par des efforts nouveaux.

A a 4

Découvrir le secret de ces loix si profondes,
Qui firent la distance & la course des Mondes.

Ainsi la régle en main, & d'Euclide escortés,
Ils cherchent pas à pas d'obscures vérités ;
Créateurs, dans l'espace ils forment cent chimeres,
Et dédaignent des sens les objets trop vulgaires :
L'un veut que, par le plein chaque astre resserré,
Puisse écarter les corps dont il est entouré.
Un second, à son tour, fait une autre méthode,
A ces corps trop serrés donne un lieu plus commode,
Dans un vuide infini, le corps mû sans moteur,
Court sans être poussé, pese sans pesanteur.
Être faible & rampant, ta vaine conjecture
Veut embrasser ce cercle où roule la Nature.
Si par égard encor pour les faibles Mortels,
Ils n'osent d'Apollon renverser les autels,
Le faux goût qui les guide au milieu d'un délire,
Du Dieu brillant des sons veut accorder la lyre.

Aujourd'hui le Génie esclave du Compas,
Dans sa course, en tremblant, mesure tous ses pas ;
A ses austeres loix cette regle importune,
Asservit tous les Arts, la Chaire, la Tribune,
Cet Art plus libre encor, cet Art charmant des vers,
Languit emprisonné dans des indignes fers.
Oui, Borée, entouré de frimats & de glace,
En un désert aride a changé le Parnasse :
Son Ciel jadis si pur, obscurci de vapeurs,
Empoisonne à la fois les lauriers & les fleurs.
Ce siécle raisonneur, en sa froide manie,
Par de tristes calculs, veut régler l'harmonie,

Proscrit comme un écart un aimable détour;
Et bannit des écrits & la grace & le tour.
Offrir la vérité sous quelque noble image,
C'est, dit-on, la voiler d'un importun nuage:
Sa beauté sans atours a des attraits puissans;
L'erreur seule a besoin du prestige des sens.
Ainsi par ses discours devenu plus timide,
De Pégase trop vif, Phébus retient la bride.
Un Poëte aujourd'hui toujours de sens rassis,
De l'exacte Raison suit le chemin précis.
Sur sa route un ruisseau coulant dans la prairie,
Offre à ses yeux l'émail d'une rive fleurie.
L'Ombre & l'Amour, cachés sous de jeunes ormeaux,
A calmer leurs ardeurs excitent les oiseaux;
Iris en rougissant, en ce lieu moins sévere,
Se laisse dérober une faveur légere.
Les Plaisirs sur ces bords amenant le sommeil,
Renaissent plus brillans au retour du Soleil;
Pour ces riants objets sa muse indifférente,
N'ose se détourner dans sa marche prudente;
Et dédaignant des sens le langage vainqueur,
Parle toujours raison, jamais ne parle au cœur.
Est-ce ainsi qu'autrefois le sublime Virgile,
Répandant les trésors de sa veine fertile,
Par sa douce éloquence entraînait les esprits?
La Raison & le Goût d'accord en ses écrits,
Se prêtent tour à tour un secours favorable.
Son Art aux vérités donne un habit aimable.
S'il veut de la Physique étaler les secrets,
Ses dogmes déguisés sous les plus nobles traits,
Par ses mains adoucis perdent leur air sauvage,
De figures sans nombre il orne son ouvrage,

Dans les moindres sujets, humble sans s'avilir,
D'une image élégante il sçait les ennoblir.
Le tendre Amour gémit dans les vers de Tibulle ;
Un peu plus libertin, il inspire Catulle ;
Et sur les pas d'Ovide attirant tous les cœurs,
Il dicte ses leçons sur un Trône de fleurs.
En vain sur le Théâtre étalant sa morale,
Et du cœur des humains parcourant le Dédale,
Senéque nous instruit en son style profond :
Le lecteur languissant l'admire & se morfond ;
Et fuyant un Auteur dont la raison le glace,
S'attendrit chez Tibuelle & vit avec Horace.

L'homme, quoi que l'on dise, est fait pour le plaisir.
Entre les vérités il a peine à choisir :
Passant du pour au contre, en vain dans sa balance,
Il croit pouvoir fixer la tranquille évidence ;
Elle échappe sans cesse ; & depuis six mille ans,
Rebute des mortels les vœux les plus pressans.
Mais l'objet des Beaux Arts, d'un abord plus facile,
Promet à nos efforts une moisson fertile ;
Et flattant de nos cœurs les avides desirs,
Au lieu de vérités, il offre des plaisirs.

Abbé, toi dont le goût, dans ta démarche sûre,
Du préjugé subtil démêle l'imposture,
De l'erreur séduisante écarte les brouillards,
Eclaire les esprits, viens au secours des Arts ;
Que par toi rétabli l'Apollon de la France
Ranime ses concerts, réchauffe l'éloquence ;
Que d'autres Bossuets, des Racines nouveaux,
De ces Auteurs fameux soient de dignes Rivaux.

*LE PHILOSOPHE,

A MADAME LA MARQUISE DE T***.

Tu m'appelles à toi, vaste & brillant génie,
Minerve de la France, immortelle Emilie,
Disciple de Newton & de la Vérité,
Tu guides mon essor, je vole à ta clarté :
Je renonce aux plaisirs, aux lauriers du Théâtre,
Dont mon esprit trompé fut long-tems idolâtre.
De ces triomphes vains mon cœur n'est plus touché ;

Le charme tout-puissant de la Philosophie,
Eleve mon esprit au-dessus de l'envie ;
Tranquille au haut des Cieux qu'un sage s'est soumis,
J'ignore comme lui si j'ai des ennemis,
Je ne les connais pas. D'une noble carriere
Le sublime Newton vient m'ouvrir la barriere.
Déjà les tourbillons, l'un par l'autre pressés,
Se mouvant sans espace & sans régle entassés,
Ces fantômes sçavans à mes yeux disparaissent ;
Tout était confondu, les vérités renaissent.
Newton dit : le cahos est docile à sa voix ;
Vers un centre commun tout gravite à la fois ;
Tout est en mouvement ; la Terre suspendue,
En atôme léger, nage dans l'étendue ;
L'espace, ou plutôt Dieu dans son immensité,
Balance sur son poids l'Univers agité ;

---

* Cette Piece est totalement changée dans les éditions que nous avons de l'Auteur ; c'est ici la premiere façon.

Graviter, se mouvoir, c'est le ressort du Monde,
La lumiere n'est plus une étude profonde :
Le facile Newton dévoile l'Univers,
Les souterrains, les eaux, les Cieux lui sont ouverts;
Son vigoureux calcul abrége ou diligente
De l'Astre des saisons la course étincelante :
L'émeraude, l'azur, la pourpre & le rubis,
Sont l'immortel tissu de ses riches habits ;
Chacun de ses rayons dans sa substance pure,
Porte en soi les couleurs qui parent la Nature ;
Tamisés, réfléchis, leurs tons harmonieux,
En peignant les objets, se font entendre aux yeux.

Confidens du Très-Haut, substances éternelles,
Qui brillez de ses feux, qui couvrez de vos aîles
Le Trône où votre Maître est assis parmi vous,
Parlez, du grand Newton n'êtes-vous point jaloux ?

Comettes, que l'on craint à l'égal du tonnerre,
Cessez d'épouvanter les peuples de la Terre,
Dans une ellypse immense achevez votre cours ;
Remontez, descendez près de l'Astre des jours,
Lancez vos feux, volez, & renaissant sans cesse,
Des Mondes épuisés ranimez la vieillesse ;
Et toi, sœur du Soleil, Astre qui dans les Cieux,
Des sages éblouis as fatigué les yeux,
Les travaux de tes nuits, tes phases sont prédites,
Newton des premiers mois retraça les orbites.
Terre, change de forme & que ta pesanteur,
Abbaissant tes côtés, souleve l'équateur.
Pôle immobile aux yeux, si pesant dans ta course,
Echappe au char glacé des sept Astres de l'Ourse;

Que ta lenteur embrasse, en ses longs mouvemens,
Deux cens siecles entiers par-delà six mille ans.
Que ces objets sont beaux ! ah ! qu'une ame épurée,
Goûte les vérités dont elle est éclairée !
C'est dans le sein de Dieu, loin de son corps mortel,
Que l'esprit va puiser ce corps universel.

Vous, à qui ces secrets ont sçu se faire entendre,
Répondez, Emilie : à l'âge le plus tendre,
Comment avez-vous pu dérober ses beaux jours,
Et malgré les plaisirs, suivre l'épineux cours,
Où le hardi Newton franchit la nuit obscure
Du sçavant labyrinthe où se perd la Nature ?
Puissé-je auprès de vous, dans un Temple écarté,
Aux regards des Français montrer la vérité !
Tandis qu'Algaroti, sûr d'instruire & de plaire,
Sur les bords étrangers conduit cette Étrangere,
Le compas à la main, j'en veux tracer les traits,
Sans répandre des fleurs, sans changer ses attraits ;
De mes crayons grossiers dessinant l'Immortelle,
Cherchant à l'embellir, je la rendrais moins belle ;
Elle est ainsi que vous noble, simple, sans fard,
Au-dessus de l'éloge, au-dessus de mon Art.

VERS,
Sur un Dindon à l'ail.

Un Dindon tout à l'ail, un Seigneur tout à l'ambre,
  A souper vous sont destinés :
On doit, quand R *** paraît dans une chambre,
  Bien défendre son cœur, & bien boucher son nez.

VERS,

Sur ce que l'Auteur occupait, à Sceaux, la chambre de M. de S. Aulaire, que Madame la Duchesse du Maine appellait son Berger.

J'AI la Chambre de Saint Aulaire,
Sans en avoir les agrémens ;
Peut-être à quatre-vingt dix ans,
J'aurai le cœur de sa Bergere :
Il faut tout attendre du tems,
Et sur-tout du désir de plaire.

SUR UNE MALADIE
de Madame de P***.

LACHÉSIS tournait son fuseau,
Filant avec plaisir les beaux jours d'Isabelle ;
J'apperçus Atropos qui, d'une main cruelle,
Voulait couper le fil, & la mettre au tombeau ;
J'en avertis l'Amour ; mais il veillait pour elle,
Et du mouvement de son aîle,
Il étourdit la Parque, & brisa son ciseau.

IMPROMPTU,

Sur la Maison de M. Gendron, occupée autrefois par Despréaux.

C'EST ici le vrai Parnasse
　Des vrais Enfans d'Apollon,
Sous le nom de Boileau ces lieux virent Horace,
Esculape y paraît sous celui de Gendron.

MADRIGAL.

ON disait que l'Hymen a l'Intérêt pour frere,
Qu'il est traître, sans choix, aveugle, mercénaire;
Ce n'est point-là l'Hymen, on le connaît bien mal.
Ce Dieux des cœurs heureux est chez vous, d'***;
La Vertu le conduit, la Tendresse l'anime,
Le bonheur sur ses pas est fixé sans retour;
Le véritable Hymen est le fils de l'estime,
　　Et le frere du tendre Amour.

ÉPITRE

A Messieurs le Comte, le Chevalier, & l'Abbé de SADE.

Trio charmant, que je remarque
Entre ceux qui font mon appui;
Trio, par qui *Laure* (1) aujourd'hui
Revient de la fatale Barque;
Vous qui pensez mieux que *Pétrarque*,
Et rimez aussi-bien que lui,
Je ne puis quitter mon étui,
Pour le souper où l'on m'embarque;
Car, la cousine de la Parque,
La Fievre, au minois catéreux,
A l'air hagard, au cerveau creux,
A la marche vive, inégale,
De mes jours compagne infernale;
M'oblige, pauvre vaporeux,
D'avaler les juleps affreux,
Dont Monsieur *Géoffroi* me régale;
Tandis que d'un gosier heureux,
Vous buvez la liqueur vitale
D'un vin brillant & savoureux.

---

(1) La belle LAURE s'appellait DE SADE, & était de cette Maison.

PORTRAIT

PORTRAIT
DE MONSIEUR DE LA FAYE.

Il a réuni le mérite,
Et d'*Horace* & de *Pollion*,
Tantôt protégeant APOLLON,
Et tantôt chantant à sa suite.
Il reçut deux présens des Dieux,
Les plus charmans qu'ils puissent faire :
L'un était le talent de plaire ;
L'autre, le secret d'être heureux.

MADRIGAL
A MADAME LA PRINCESSE **.

Souvent un air de vérité
Se mêle au plus grossier mensonge ;
Cette nuit, dans l'erreur d'un songe,
Au rang des Rois j'étais monté.
Je vous aimais, Princesse, & j'osais vous le dire :
A mon réveil, les Dieux ne m'ont pas tout ôté :
Je n'ai perdu que mon empire.

MONSIEUR CLAIRAUT,
A MONSIEUR DE VOLTAIRE.

Laisse à *Clairaut* tracer la ligne
Du rayon qui frappe tes yeux :
Armé d'un verre audacieux,
Qu'il aille au cercle radieux
Chercher quelque treizieme signe
Qu'il donne son nom glorieux
A la premiere tache insigne,
Qu'il découvrira dans les cieux.
   Toi, d'un plus aimable délire
Ecoute les tendres leçons ;
D'une autre muse qui t'inspire
Ne dédaigne point les chansons.
Quitte ce compas, prends ta lyre.
Je donnerais tout *Pemberton*,
Et tous les calculs de *Newton*,
Pour un sentiment de ZAÏRE.

RÉPONSE DE M. DE VOLTAIRE.

Un certain Chantre abandonnait sa lyre ;
Nouveau *Képler*, un télescope en main,
Lorgnant le ciel, il prétendait y lire,
Et décider sur le vuide & le plein.
Un rossignol, du fond d'un bois voisin,

Interrompit son morne & froid délire;
Ses doux accens l'éveillerent soudain:
(A la nature il faut qu'on se soumette;)
Et l'Astronome, entonnant un refrain,
Reprit la lyre, & brisa sa lunette.

VERS

SUR MONSIEUR DE F****.

D'UN nouvel Univers il ouvrit la barriere:
Des infinis sans nombre autour de lui naissans,
Mésurés par ses mains, à son ordre croissans,
A nos yeux étonnés il traça la carriere.

VERS,

Pour mettre au bas du Portrait de Monsieur de MAUPERTUIS.

LE globe mal connu, qu'il a sçu mesurer,
Devient un monument où sa gloire se fonde;
Son sort est de fixer la figure du monde,
   De lui plaire & de l'éclairer.

MADRIGAL.

AH! *Camargo*, que vous êtes brillante!
Mais que *Sallé*, grands Dieux! est ravissante!

Que vos pas sont légers & que les siens sont doux !
Elle est inimitable, & vous êtes nouvelle :
 Les Nymphes sautent comme vous,
 Et les Graces dansent comme elle.

A MONSIEUR DE LA P****,

En lui envoyant un exemplaire de SÉMIRAMIS.

Mortel de l'espéce très-rare
 Des solides & beaux esprits,
Je vous offre un tribut qui n'est pas d'un grand prix.
Vous pourriez donner mieux : mais vos charmans Ecrits
Sont le seul de vos biens dont vous soyez avare.

A MADAME LA COMTESSE DE LA N***,

En lui envoyant l'Epître sur la Calomnie.

Parcourez donc de vos yeux pleins d'attraits,
 Ces vers contre la Calomnie :
Ce monstre dangereux ne vous blessa jamais,
Vous êtes cependant sa plus grande ennemie.
 Votre esprit sage & mesuré,
 Non moins indulgent qu'éclairé,
 Excuse, quand il peut médire ;
 Et des vices de l'Univers,
 Votre vertu, mieux que mes vers,
 Fait à tout moment la satyre.

A MADAME DE**.

Vos yeux sont beaux ? mais votre ame est plus belle ;
Vous êtes simple & naturelle,
Et sans prétendre à rien, vous triomphez de tous :
Si vous eussiez vécu du tems de *Gabrielle* (1),
Je ne sçais pas ce qu'on eût dit de vous ;
Mais on n'aurait point parlé d'elle.

SUR LE LOUVRE.

Monumens imparfaits de ce siécle vanté,
Qui sur tous les beaux Arts a fondé sa mémoire,
Vous verrai-je toujours, en attestant sa gloire,
Faire un juste reproche à sa postérité ?
Faut-il que l'on s'indigne, alors qu'on vous admire,
Et que les Nations qui veulent nous braver,
Fieres de nos défauts, soient en droit de nous dire,
Que nous commençons tout pour ne rien achever ?
Sous quels débris honteux, sous quel amas rustique
On laisse ensevelis ces chef-d'œuvres divins !
Quel Barbare a mêlé la bassesse Gothique
A toute la grandeur des Grecs & des Romains ?
Louvre, Palais pompeux dont la France s'honore,
Sois digne de ce Roi ton maître & notre appui ;
Embellis les climats que sa vertu décore,
Et dans tout ton éclat montre-toi comme lui.

(1) La belle Gabrielle d'Estrées.

PIECES

A MADAME DE**,
En lui envoyant la HENRIADE, *& l'Histoire de* CHARLES XII.

Deux Héros différens, l'un superbe & sauvage,
L'autre toujours aimable & toujours amoureux,
A l'immortalité prétendent tous les deux ;
Mais pour être immortel, il faut votre suffrage.
Ah ! si sous tous les deux vous eussiez vu le jour,
Plus justement leur gloire eût été célébrée,
Henri quatre pour vous aurait quitté d'*Etrée*,
 Et Charles douze aurait connu l'amour.

A M. NERICAULT DESTOUCHES.
INVITATION A DINER.

Auteur solide, ingénieux,
Qui du Théâtre êtes le maître,
Vous qui fîtes le *Glorieux*,
Il vous appartiendrait de l'être.
Je le serai, j'en suis tenté,
Si demain ma table s'honore
D'un convive aussi souhaité ;
Mais je sentirai plus encore
De plaisir que de vanité.

PLACET DE L'AUTEUR
A MONSEIGNEUR LE RÉGENT,

Pour obtenir son Rappel.

PRINCE, dont la vertu va changer nos destins,
Toi, qui par tes bienfaits signales ta puissance,
Toi, qui fais ton plaisir du bonheur des humains,
PHILIPPE, il est pourtant un malheureux en France.
    Du Dieu des Vers un fils infortuné,
    Depuis un tems, fut par toi condamné
A fuir loin de ces bords qu'embellit ta présence.
Songe que d'Apollon souvent les Favoris
    D'un Prince assurent la mémoire.
    PHILIPPE, quand tu les bannis,
    Souviens-toi que tu te ravis
    Autant de témoins de ta gloire.
Jadis le tendre Ovide eut un pareil destin,
Auguste l'exila dans l'affreuse Scythie:
Auguste est un Héros; mais ce n'est pas enfin
    Le plus bel endroit de sa vie.
Grand Prince, puisses-tu devenir aujourd'hui,
Et plus clément qu'Auguste, & plus heureux que lui.

VERS

Pour mettre au bas du Portrait de Monsieur
BERNOUILLI.

Son esprit vit la vérité,
Et son cœur connut la justice :
Il a fait l'honneur de la Suisse,
Et celui de l'Humanité.

VERS

Pour mettre au bas du Portrait de Monsieur
LEIBNITZ.

Il fut dans l'Univers connu par ses ouvrages,
Et dans son pays même il se fit respecter :
Il instruisit les Rois, il éclaira les Sages ;
Plus sage qu'eux, il sçut douter.

VERS
A MONSIEUR DE LA NOUE,
Auteur de MAHOMET II.

Mon cher *Lanque*, illustre pere
De l'invincible Mahomet,
Soyez le parrein d'un cadet,
Qui, sans vous, n'est pas fait pour plaire.

FUGITIVES, 393

Votre fils fut un conquérant ;
Le mien a l'honneur d'être Apôtre,
Prêtre, filou, dévot, brigand :
Faites-en l'Aumônier du vôtre.

ÉPITRE
AU ROI DE PRUSSE.

LES Fileuses des destinées,
Les Parques ayant mille fois
Entendu les ames damnées,
Parler là-bas de vos exploits,
De vos conquêtes, de vos loix,
Et de tant de belles journées,
Vous crurent le plus vieux des Rois.
Alors des rives du Cocyte,
A Berlin vous rendant visite,
ATROPOS vint avec le Tems,
Croyant trouver des cheveux blancs,
Front ridé, face décrépite,
Et discours de quatre-vingts ans.
Que l'inhumaine fut trompée !
Elle apperçut de blonds cheveux,
Un teint fleuri, de grands yeux bleus,
Et votre flute & votre épée.
Elle songea, pour mon bonheur,
Qu'*Orphée* autrefois, par sa lyre,
Et qu'*Alcide*, par sa valeur,
La braverent dans son empire.

Elle trembla, quand elle vit
Le Monarque qui réunit
Les dons d'*Orphée* & ceux d'*Alcide*;
Doublement elle vous craignit,
Et jettant son ciseau perfide,
Chez ses sœurs elle s'en alla;
Et pour vous le Trio fila,
Une trame toute nouvelle,
Brillante, dorée, immortelle;
Et la même que pour LOUIS;
Car vous êtes tous deux amis :
Tous deux vous forcez des murailles,
Tous deux vous gagnez des batailles,
Contre les mêmes ennemis :
Vous regnez sur des cœurs soumis;
L'un à Berlin, l'autre à Versailles.
Tous deux un jour.... mais je finis;
Il est trop aisé de déplaire,
Quand on parle aux Rois trop long-tems;
Comparer deux Héros vivans,
N'est pas une petite affaire.

POUR MADEMOISELLE DE CHAROLOIS,

Peinte en habit de Cordelier.

FRERE Ange de *Charolois*
Dis-moi par quelle aventure
Le cordon de Saint *François*
Sert à Vénus de ceinture?

INSCRIPTION.

Mise sur la nouvelle porte de Nevers, élevée en l'honneur de LOUIS XV.

(*Du côté de Paris.*)

Au grand homme modeste, au plus doux des vainqueurs,
Au Pere de l'Etat, au Maître de nos cœurs.

(*En dedans de la Ville.*)

A ce grand monument qu'éleva l'abondance,
Reconnoissez Nevers, & jugez de la France.

(*En dedans de la Porte.*)

Dans ces tems fortunés de gloire & de puissance,
Où Louis répandant les bienfaits & l'effroi,
Triomphait des Anglais aux champs de Fontenoi
Et faisait avec lui triompher sa clémence,
Tandis que tous les Arts, aimés & soutenus,
Embellissaient l'Etat que sa main sçut défendre ;
Tandis qu'il renversait les portes de la Flandre,
Pour fermer à jamais les portes de Janus,
Les peuples de Nevers, dans ces jours de victoire,
Ont voulu signaler leur bonheur & sa gloire.
Etalez à jamais, augustes monumens,
Le zele & la vertu de ceux qui vous fonderent ;
Instruisez l'avenir, soyez vainqueurs du tems,
Ainsi que le grand nom, dont leurs mains vous ornerent.

PROLOGUE,

A. S. A. S. Madame la Duchesse DU MAINE, *à une représentation de la Comédie de la* PRUDE, *le* 15 *Décembre* 1747.

O Vous, dans tous les tems, par Minerve inspirée,
Des plaisirs de l'esprit protectrice éclairée,
Vous avez vu finir ce siécle glorieux,
Ce siécle des talens accordé par les Dieux.
 Vainement on se dissimule,
Qu'on fait pour l'égaler des efforts superflus,
Daignez favoriser ce faible crépuscule,
 Du beau jour qui ne brille plus :
Ranimez les accens des filles de Mémoire,
De la France, à jamais, éclairez les esprits,
Et lorsque vos enfans combattent pour sa gloire,
 Soutenez-la dans nos Ecrits.
Vous n'avez point ici de ces pompeux Spectacles,
Où le chant & la danse étalent leurs miracles :
Daignez-vous abaisser à de moindres sujets ;
L'esprit aime à changer de plaisirs & d'objets.
Nous possedons bien peu, c'est ce peu qu'on vous donne :
A peine en nos récits vous verrez quelques traits
D'un Comique oublié, que Paris abandonne.
Puissent tant de Beautés, dont les brillans attraits
Valent mieux, à mon sens, que les vers les mieux faits,
S'amuser avec vous, d'une *Prude* friponne,
 Qu'elles n'imiteront jamais.

On peut bien sans effronterie,
Aux yeux de la Raison, jouer la Pruderie ;
Et puisque tout défaut à Sceaux est combattu,
Quand on fait devant vous la satyre du vice,
C'est un nouvel hommage, un nouveau sacrifice
  Que l'on présente à la Vertu.

ÉPITRE

A Mlle MALCRAIS DE LA VIGNE.*

Toi, dont la voix brillante a volé sur nos rives,
Toi, qui tiens dans Paris nos Muses attentives,
  Qui sçait si bien associer,
  Et la science & l'art de plaire,
  Et les talens de *Des-Houliere*,
  Et les études de *Dacier* ;
J'ose envoyer aux pieds de ta Muse divine,
Quelques faibles Ecrits, enfans de mon repos :
CHARLES fut seulement l'objet de mes travaux ;
  HENRI QUATRE fut mon Héros,
  Et tu seras mon Héroïne.
En te donnant mes vers, je te veux avouer
  Ce que je suis, ce que je voudrais être,
Te peindre ici mon ame & te faire connaître
  Celui que tu daignes louer.

---

* M. *Desforges Maillard* a publié dans sa jeunesse plusieurs de ses Ouvrages sous ce nom supposé, & adressé des Pieces à nos meilleurs Poëtes, qui lui ont tous répondu. Il s'était acquis de la réputation avec son nom de *Malcrais de la Vigne*.

Pélissier, par son art, le *Maure* par sa voix ;
L'agile *Camargo*, *Sallé* l'enchanteresse,
Cette austere *Sallé*, faite pour la tendresse,
Tour à tour ont mes vœux & suspendent mon choix.

Je fais ce que je puis, hélas ! pour être sage,
  Pour amuser ma liberté ;
  Mais si quelque jeune Beauté,
  Empruntant ta vivacité,
  Me parlait ton charmant langage,
Je rentrerais bientôt dans ma captivité.

(Le reste de l'Epître, dont voilà la fin, comme dans les éditions connues.)

ÉPITRE A MADAME DE**.

Belle maman, soyez l'arbitre,
Si la fievre n'est pas un titre
Suffisant pour se disculper,
De ne point aujourd'hui souper ;
Je suis au lit comme un bélitre,
Fort mécontent de m'occuper,
A sentir mon pouls galoper.
Beaucoup de sang, couleur de litre,
De mon bras on vient d'extirper ;
Et c'est à force de lamper,
Qu'il est, dit-on, trop plein de nitre :
Mais j'espere d'en réchapper,
Puisqu'en écrivant cette Epître,
L'Amour me dresse mon pupitre.

VERS,
ENVOYÉS A MONSIEUR SYLVA.

Au Temple d'Epidaure on offroit les images
Des humains conservés & guéris par les Dieux.
Sylva, qui de la mort est le maître comme eux,
    Mérite les mêmes hommages:
Esculape nouveau, mes jours sont tes bienfaits;
Et tu vois ton ouvrage en revoyant mes traits.

INSCRIPTION POUR L'AMOUR.

Qui que tu sois, voici ton maître;
Il l'est, le fut, ou le doit être.

LA DISPUTE.

De *Beauffe* & moi, criailleurs effrontés,
Dans un souper clabaudions à merveille,
Et tour à tour épluchions les beautés,
Et les défauts de *Racine* & *Corneille*.
A piailler serions encor, je croi,
Si n'eussions vu, sur la double colline,
Le grand *Corneille* & le tendre *Racine*,
Qui se moquaient de *de Beauffe* & de moi.

AVANTAGES DE LA RAISON.

La Raison est de l'homme, & le guide & l'appui;
Il l'apporte en naissant, elle croît avec lui.
C'est elle qui des traits de sa divine flamme,
Purifiant son cœur, illuminant son âme,
Montre à ce malheureux par le vice abbattu,
Que la félicité n'est que dans la vertu;
Qu'elle donne aux humains couverts de son égide,
La volupté tranquille, innocente & solide,
La joie, & la santé qu'entretient dans sa fleur,
Le repos de l'esprit, & le calme du cœur;
Que par elle un mortel, aussi ferme que libre,
Au milieu des revers, garde un juste équilibre,
Rit de ses ennemis, & résistant au sort,
Affronte l'indigence, & les fers & la mort,
Comme un rocher qui frappe une mer mugissante,
Brave des flots émus la fureur impuissante.

AU ROI DE PRUSSE.

La mere de la Mort, la Vieillesse pesante,
A, de son bras d'airain, courbé mon faible corps,
Et des maux qu'elle entraîne une suite effrayante,
De mon ame immortelle attaque les ressorts.

Je brave vos assauts, redoutable Vieillesse;
Je vis auprès d'un sage, & je ne vous crains pas:
 Il vous prêtera plus d'appas,
Que le plaisir trompeur n'en donne à la Jeunesse.

Coulez,

Coulez, mes derniers jours, sans trouble, sans terreurs,
Coulez près d'un Héros, dont le mâle génie,
Vous fait goûter en paix le songe de la vie,
Et dépouille la mort de ce qu'elle a d'horreurs.

Ma raison qu'il éclaire, en est plus intrépide;
Mes pas par lui guidés, en sont plus affermis;
Un mortel que Pallas couvre de son égide,
Ne craint point les Dieux ennemis.

Philosophe des Rois, que ma carriere est belle!
J'irai de *Sans-souci* (1), par des chemins de fleurs,
Aux Champs Eliséens parler à *Marc-Aurele*,
Du plus grand de ses Successeurs.

A *Salluste* jaloux, je lirai votre histoire;
A *Lycurgue*, vos loix ; à *Virgile*, vos vers:
Je surprendrai les morts, ils ne pourront m'en croire;
Nul d'eux n'a rassemblé tant de talens divers.

Mais lorsque j'aurai vu les ombres immortelles,
N'allez pas, après moi, confirmer mes récits.
Vivez, rendez heureux ceux qui vous sont soumis,
Et n'allez que fort tard auprès de vos modéles.

MADRIGAL.

POPE, l'Anglais, ce sage si vanté,
Dans sa morale, au Parnasse embellie,
Dit que les biens, les seuls biens de la vie,
Sont le repos, l'aisance & la santé :

---

(1) Maison de Plaisance du Roi de Prusse.

Il se trompait. Quoi ! dans l'heureux partage
Des dons du ciel faits à l'humain séjour,
Ce triste Anglais n'a point compté l'amour !
Qu'il est à plaindre ! il n'est heureux, ni sage.

ÉTRENNES

A FEU MONSEIGNEUR LE DAUPHIN.*

Noble Sang du plus grand des Rois,
Son amour & notre espérance,
Vous qui, sans regner sur la France,
Regnez sur le cœur des Français ;
Pourrez-vous souffrir que ma veine
Par un effort ambitieux,
Ose vous donner une étrenne ;
Vous qui n'en recevez que de la main des Dieux,
La Nature, en vous faisant naître,
Vous étrenna de ses plus beaux attraits,
Et fit voir dans vos premiers traits,
Que le fils de Louis était digne de l'être.
Tous les Dieux, à l'envi, vous firent leur présent,
Mars vous donna la force & le courage ;
Minerve, dès vos jeunes ans,
Ajoûta la sagesse au feu bouillant de l'âge ;
L'immortel Apollon vous donna la beauté ;
Mais un Dieu plus puissant que j'implore en mes peines,
Voulut aussi me donner mes étrennes,
En vous donnant la libéralité.

---

* Ces Vers furent présentés à ce Prince par un Soldat des Invalides.
L'Auteur avait alors à peine quinze ans.

LE LOUP MORALISTE,

FABLE.

Un Loup, à ce que dit l'histoire,
Voulut donner un jour des leçons à son fils,
  Et lui graver dans la mémoire,
Pour être honnête Loup, de beaux & bons avis.
Mon fils, lui disait-il, dans ce désert sauvage,
A l'ombre des forêts, vous passerez vos jours ;
Vous pourrez cependant, avec les petits Ours,
Goûter les doux plaisirs qu'on permet à votre âge ;
Contentez-vous du peu que j'amasse pour vous,
Point de larcin, menez une innocente vie,
  Point de mauvaise compagnie,
Choisissez pour amis les plus honnêtes Loups.
Ne vous démentez point, soyez toujours le même ;
Ne satisfaites point vos appétits gloutons ;
Mon fils, jeûnez plutôt l'Avent & le Carême,
Que de sucer le sang des malheureux moutons ;
  Car enfin, quelle barbarie !
Quels crimes ont commis ces innocens agneaux ?
Au reste, vous sçavez qu'il y va de la vie :
D'énormes chiens défendent les troupeaux.
Hélas ! je m'en souviens, un jour votre grand pere,
Pour appaiser sa faim, entra dans un hameau :
Dès qu'on s'en apperçut ; ô bête carnaciere ;
Au Loup, s'écria-t-on ; l'un s'arme d'un hoyau,
L'autre prend une fourche, & mon pere eut beau faire,

Hélas ! il y laissa sa peau ;
De sa témérité ce fut-là le salaire.
Sois sage à ses dépens, ne suis que la vertu,
Et ne sois point battant de peur d'être battu :
Si tu m'aimes, déteste un crime que j'abhorre.
Le petit vit alors, dans la gueule du Loup,
De la laine, & du sang qui dégoûtait encore ;
　Il se mit à rire à ce coup.
Comment ! petit fripon, dit le Loup en colere,
　Comment ! vous riez des avis
　Que vous donne ici votre pere !
Tu seras un vaurien, va, je te le prédis :
Quoi ! se moquer déjà d'un conseil salutaire !
　L'autre répondit en riant :
Mon pere, je ferai ce que je vous vois faire,
　Votre exemple est un bon garant.
Tel un Prédicateur, sortant d'un bon repas,
　Monte dévotement en chaire,
　Et vient bien fourré, gros & gras,
　Prêcher contre la bonne chere.

IMPROMPTU,
SUR UNE TABATIERE CONFISQUÉE.

Adieu, ma pauvre tabatiere,
　Adieu, je ne te verrai plus ;
　Ni soins, ni larmes, ni priere,
Ne te rendront à moi ; mes efforts sont perdus :
　Adieu, ma pauvre tabatiere,
　Adieu, doux fruit de mes écus.

S'il faut à prix d'argent te racheter encore,
J'irai plutôt vuider les tréfors de Plutus ;
Mais ce n'est pas ce Dieu que l'on veut que j'implore,
Pour te revoir, hélas! il faut prier Phébus....
Qu'on oppose entre nous une forte barriere !
Me demander des vers, hélas! je n'en puis plus.
  Adieu, ma pauvre tabatiere,
  Adieu, je ne te verrai plus.

LE VRAI DIEU,

ODE.

Se peut-il que, dans ses ouvrages,
L'homme aveugle ait mis son appui,
Et qu'il prodigue ses hommages
A des Dieux moins divins que lui ?
Jusqu'à quand, par d'affreux blasphêmes,
Rendrons-nous des honneurs suprêmes,
Aux métaux qu'ont formé nos mains ?
Jusqu'à quand l'encens de la terre
Ira-t-il grossir le tonnerre,
Prêt à tomber sur les humains ?

Descends des demeures divines,
Grand Dieu, les tems sont accomplis ;
L'Erreur enfin, sur ses ruines,
Va voir tes Temples rétablis.
Un jour pur commence à paraître,
Sur la terre un Dieu vient de naître

Pour nous arracher au tombeau ;
De l'enfer les monstres terribles,
Abaissant leurs têtes horribles,
Tremblent au pied de son berceau.

Mais l'homme constant dans sa rage,
S'oppose à sa félicité ;
Amoureux de son esclavage,
Il s'endort dans l'iniquité.
Je vois ses mains infortunées,
Aux palmes du ciel destinées,
S'offrir à des fers odieux.
Il boit dans la coupe infernale ;
Et l'épais venin qu'elle exhale,
Dérobe le jour à ses yeux.

Ne peut-il des nuages sombres,
Percer la longue obscurité ?
Son Dieu porte, à travers les ombres,
Le flambeau de la vérité.
Ouvre les yeux, homme infidele,
Suis le Dieu puissant qui t'appelle ;
Mais tu te plais à l'ignorer.
Affermi dans l'ingratitude,
Tu voudrais que l'incertitude
Te dispensât de l'adorer.

Mets le comble à tes injustices,
Il n'est plus tems de reculer ;
Ses vertus condamnent tes vices,
Il faut le suivre ou l'immoler.
L'Erreur, la Colere, l'Envie,
Tout s'est armé contre sa vie ;

Que tardes-tu ? Perce son flanc ;
De ses jours il t'a rendu maître,
Et qui l'a bien pu méconnaître,
Craindra-t-il de verser son sang ?

Ciel ! déjà ta rage exécute
Ce qu'a présagé ma douleur ;
Ton Juge à tous les maux en bute,
Va succomber sous ta fureur.
Je vous vois, victime innocente,
Sous le faix d'une croix pesante,
Vous traîner jusqu'au triste lieu ;
Tout est prêt pour le Sacrifice :
Vous semblez, de vos maux complice,
Oublier que vous êtes Dieu.

O toi, dont la course céleste
Annonce aux hommes ton Auteur,
Soleil, en cet état funeste,
Reconnais-tu ton Créateur ?
C'est à toi de punir la terre ;
Si le Ciel suspend ton tonnerre,
Ta clarté doit s'évanouir.
Va te cacher au sein de l'onde :
Peux-tu donner le jour au Monde,
Quand ton Dieu cesse d'en jouir.

Mais quel prodige me découvre
Les flambeaux obscurs de la nuit ?
Le voile du Temple s'entr'ouvre ;
Le Ciel gronde, le jour s'enfuit.
La terre, en abîmes ouverte,
Avec regret se voit couverte

Du sang du Dieu qui la forma ;
Et la Nature consternée,
Semble à jamais abandonnée
Du feu divin qui l'anima.

    Toi seul, insensible à tes peines,
Tu chéris l'instant de ta mort ;
Grand Dieu ! grace aux fureurs humaines ;
L'Univers a changé de sort.
Je vois des palmes éternelles
Croître en ces campagnes cruelles,
Qu'arrosa ton Sang précieux.
L'homme est heureux d'être perfide ;
Et coupables d'un Déicide,
Tu nous fais devenir des Dieux.

ODE

COMPOSÉE EN 1713.

Aux maux les plus affreux le Ciel nous abandonne ;
Le désespoir, la mort, la faim nous environne,
Et les Dieux, contre nous soulevés tant de fois,
Equitables vengeurs des crimes de la terre,
    Ont frappé du tonnerre
    Les Peuples & les Rois.

Des plaines du Tortose, aux bords du Boristhene,
Mars a conduit son char attelé par la Haine ;

Les Vents contagieux ont volé fur fes pas;
Et foufflant de la mort les femences funeftes,
　　Ont dévoré les reftes,
　　Echappés aux combats.

D'un Monarque puiffant la race fortunée
Rempliffait de fon nom l'Europe confternée;
Je n'ai fait que paffer, ils étaient difparus;
Et le peuple abattu, que ce malheur étonne,
　　Les cherche auprès du Thrône,
　　Et ne les trouve plus.

Peuples, reconnaiffez la main qui vous accable;
Ce n'eft pas du Deftin l'arrêt irrévocable,
C'eft le courroux des Dieux, mais facile à calmer;
Méritez d'être heureux; ofez quitter le vice!
　　C'eft par ce facrifice
　　Qu'on peut les défarmer.

Rome, en fages héros autrefois fi fertile,
Qui fut des premiers Rois la terreur ou l'afyle,
Rome fut vertueufe & dompta l'Univers;
Mais l'Orgueil & le Luxe, enfans de la Victoire,
　　Du comble de la gloire,
　　L'ont mife dans les fers.

Quoi! verra-t-on toujours de ces tyrans ferviles,
Oppreffeurs infolens des veuves des pupilles,
Elever des Palais dans nos champs défolés
Verra-t-on cimenter leurs portiques durables,
　　Du fang des miférables,
　　Devant eux immolés?

Elevés dans le fein d'une infâme avarice,
Leurs enfans ont fucé le lait de l'injuftice,

Et dans les Tribunaux vont juger les humains;
Malheur à qui, fondé sur la faible innocence,
　　A mis son espérance
　　En leurs indignes mains.

Des Nobles cependant l'ambition captive,
S'endort entre les bras de la mollesse oisive,
Et ne porte aux combats que des coups languissans;
Cessez, abandonnez à des mains plus vaillantes,
　　Ces piques trop pesantes,
　　Pour vos bras impuissans.

Voyez cette Beauté sous les yeux de sa mere;
Elle apprend en naissant l'art dangereux de plaire,
Et d'exciter en nous nos funestes penchans;
Son enfance prévient le tems d'être coupable,
　　Le vice, trop aimable,
　　Instruit ses premiers ans.

Bientôt bravant les yeux de l'époux qu'elle outrage,
Elle abandonne aux mains d'un Courtisan volage,
De ses trompeurs appas le charme empoisonneur.
Que dis-je ? Cet époux à qui l'hymen la lie,
　　Trafiquant l'infamie,
　　La livre au deshonneur.

Ainsi, vous outragez les Dieux & la Nature !
Oh ! que ce n'était point de cette source impure,
Qu'on vit naître les Francs, des Scythes successeurs
Qui du char d'Attila détachant la fortune,
　　De la cause commune
　　Furent les défenseurs.

Le Citoyen alors sçavait porter les armes,
Sa fidelle moitié, qui négligeait ses charmes,

Pour son retour heureux préparait des lauriers,
Recevait dans ses mains sa cuirasse sanglante,
    Et sa hache fumante
    Du trépas des guerriers.

Au travail endurcis, leur superbe courage,
Ne prodigua jamais un imbécille hommage
A de vaines Beautés, à leurs yeux, sans appas;
Et d'un sexe timide, & né pour la mollesse,
    Ils plaignaient la faiblesse,
    Et ne l'adoraient pas.

De ces sauvages tems l'héroïque rudesse,
Leur dérobait encor la délicate adresse,
D'excuser leurs forfaits par un subtil détour;
Jamais on n'entendit leur bouche peu sincere
    Donner à l'adultere
    Le tendre nom d'amour.

Mais insensiblement l'adroite politesse,
Des cœurs efféminés souveraine maîtresse,
Corrompit de nos mœurs l'austere pureté;
Et du subtil mensonge empruntant l'artifice,
    Bientôt à l'injustice
    Donna l'air d'équité.

Le luxe à ses côtés marche avec arrogance,
L'or qui naît sous ses pas s'écoule en sa présence,
Le fol Orgueil le suit, compagnon de l'Erreur;
Il sappe des Etats la grandeur souveraine,
    De leur chute certaine,
    Brillant avant-coureur.

ÉPITRE
À MONSIEUR GÉNONVILLE.

Ami, que je chéris de cette amitié rare,
Dont Pylade a donné l'exemple à l'Univers,
  Et dont Chaulieu chérit la Fate ;
Vous, pour qui les trésors d'Apollon sont ouverts,
  Vous dont les agrémens divers,
   L'imagination féconde,
L'esprit & l'enjouëment, sans vice & sans travers,
Seraient chez nos neveux célébrés dans mes vers,
Si mes vers, comme vous, plaisaient à tout le monde :
Votre Epître a charmé le Pasteur de Sully ;
Il se connaît au bon, & par-tout il vous aime ;
Votre Ecrit est par nous dignement accueilli,
  Et vous serez reçu de même.

Il est beau, mon cher ami, de venir à la campagne, tandis que Plutus tourne toutes les têtes à la Ville. Etes-vous réellement devenus tous fous à Paris ? Je n'entends parler que de millions ; on dit que tout ce qui était à son aise est dans la misere, & que tout ce qui était dans la mendicité, nage dans l'opulence. Est-ce une réalité ? Est-ce une chimere ? La moitié de la Nation a-t-elle trouvé la Pierre philosophale dans les moulins à papier ? *Law* est-il un Dieu, un Fripon, ou un Charlatan qui s'empoisonne de la drogue qu'il distribue à tout le monde ? Se contente-t-on de richesses imaginaires ? C'est un cahos que je ne puis débrouiller, & auquel je m'imagine que vous n'entendez rien. Pour moi je ne me livre à d'autres chimeres qu'à celles de la Poésie.

Avec l'Abbé Courtin je vis ici tranquille,
    Sans aucun regret pour la Ville,
    Où certain Ecossais malin,
      Comme la vieille Sibylle,
      Dont parle le bon Virgile,
Sur des feuillets volans écrit notre destin.
    Venez nous voir un beau matin,
    Venez, aimable Génonville ;
      Apollon, dans ces climats,
    Vous prépare un riant asyle :
      Voyez qu'il vous tend les bras,
      Et vous rit d'un air facile.
      Deux J.*** en ce lieu,
      Ouvriers de l'Evangile,
      Viennent, de la part de Dieu,
      Faire un voyage inutile.
Ils veulent nous prêcher demain ;
Mais pour nous défaire soudain
De ce couple de chattemites,
Il ne faudra, sur leur chemin,
Que mettre un gros Saint Augustin ;
C'est le Ratelier des J***.

*ÉPITRE A MADAME DE**,

Sur le péril qu'elle avait couru en traversant la Loire.

Sçavez-vous, belle Douairiere,
Ce que dans Sully l'on faisait,
Lorsqu'Eole vous conduisait
D'une si terrible maniere ;
Certain malin esprit riait,
Et pour vous déjà préparait
Une Epitaphe familiere,
Disant qu'on vous repêcherait
Incessamment dans la riviere.
Cependant l'Espar, la Vrilliere,
Guiche, Sully, tout soupirait ;
Roussi comme un Diable jurait,
Et l'Abbé Courtin qui pleurait,
En voyant votre heure derniere,
Adressait à Dieu sa priere,
Et pour vous tout bas marmotait
Quelque Oraison de son Bréviaire,
Qu'alors, contre son ordinaire,
Dévotement il récitait,
Dont à peine il se souvenait,
Et que même il n'entendait guere.

---

* Cette Epître est fort différente ici des autres éditions.

Mais quel spectacle j'envisage!
Les Amours qui, de tous côtés,
S'opposent à l'affreuse rage
Des vents contre vous irrités;
Je les vois; ils sont à la nage,
Et plongés jusqu'au cou dans l'eau,
Ils conduisent votre bateau,
Et vous voilà sur le rivage.
Daphné, songez à faire usage
Des jours qu'Amour a conservés.
C'est pour lui qu'il les a sauvés;
En faut-il dire davantage ?
Daignez pour moi vous employer
Près de ce Duc aimable & sage,
Qui fit avec vous ce voyage,
Où vous pensâtes vous noyer,
Et que votre bonté l'engage
A conjurer un peu l'orage
Qui sur moi gronde maintenant;
Et qu'enfin au Prince Régent
Il tienne à peu près ce langage:

Prince, dont la vertu va changer nos destins,
Toi, qui par tes bienfaits signales ta puissance,
Toi, qui fais ton plaisir du bonheur des humains,
PHILIPPE, il est pourtant un malheureux en France.
 Du Dieu des vers un fils infortuné,
 Depuis un tems, fut par toi condamné
A fuir loin de ces bords qu'embellit ta présence;
Songe que d'Apollon souvent les Favoris
  D'un Prince assurent la mémoire;

PHILIPPE, quand tu les bannis,
Souviens-toi que tu te ravis
Autant de témoins de ta gloire.
Jadis le tendre Ovide eut un pareil destin ;
Auguste l'exila dans l'affreuse Scythie.
Auguste est un Héros ; mais ce n'est pas enfin
Le plus bel endroit de sa vie.
Grand Prince, puisses-tu devenir aujourd'hui,
Et plus clément qu'Auguste, & plus heureux que lui.

VERS

Sur l'Election du Roi STANISLAS.

Il fallait un Monarque aux fiers Enfans du Nord,
Un peuple de Héros s'assemblait pour l'élire ;
Mais l'Aigle de Russie & celui de l'Empire
Menaçaient la Pologne & maîtrisaient le Sort :
De la France aussi-tôt, son Trône & sa Patrie,
La Vertu descendit aux champs de Varsovie :
Mars conduisait ses pas. Vienne en frémit d'effroi ;
La Pologne à genoux courut la reconnaître.
Peuples nés, leur dit-elle, & pour Mars & pour moi,
De nos mains à jamais recevez votre Maître :
STANISLAS à l'instant vint, parut, & fut Roi.

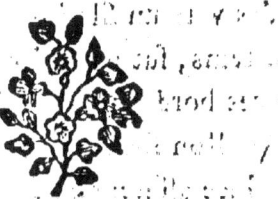

ODE

Sur la construction de l'Autel de Notre-Dame en 1714.

Du Roi des Rois la voix puissante,
S'est fait entendre dans ces lieux :
L'or brille, la toile est vivante,
Le marbre s'anime à mes yeux.
Prêtresses de ce Sanctuaire,
La Paix, la Piété sincere,
La Foi, Souveraine des Rois,
Du Très-Haut Filles immortelles,
Rassemblent en foule autour d'elles
Les Arts animés par leurs voix.

O Vierges, Compagnes des Justes,
Je vois deux Héros (1) prosternés,
Dépouiller leurs bandeaux augustes,
Par vos mains tant de fois ornés ;
Mais quelle puissance céleste
Imprime sur leur front modeste
Cette suprême majesté !
Terrible & sacré caractere,
Dans qui l'œil étonné révere
Les traits de la Divinité.

---

(1) Les statues de Louis XIII & de Louis XIV sont aux deux côtés de l'Autel.

L'un voua ces pompeux portiques;
Son fils vient de les élever.
O que de projets héroïques
Seul il est digne d'achever!
C'est lui, c'est ce Sage intrépide,
Qui triompha du Sort perfide,
Contre la Vertu conjuré,
Et de la Discorde étouffée,
Vient dresser un nouveau trophée (1)
Sur l'Autel qu'il a consacré.

Telle autrefois la Cité sainte
Vit le plus sage des Mortels,
Du Dieu qu'enferme son enceinte,
Dresser les superbes Autels.
Sa main redoutable & chérie,
Loin de sa paisible Patrie,
Ecartait les troubles affreux;
Et son autorité tranquille,
Sur un Peuple à lui seul docile,
Faisait luire des jours heureux.

O toi, cher à notre mémoire,
Puisque LOUIS te doit le jour,
Descends du pur sein de la Gloire,
Des bons Rois immortel séjour;
Reviens sur ces rives illustres,
Où ton fils, depuis tant de lustres,

─────────────────────────────

(1) La Paix de l'Empereur faite dans le tems que le Chœur a été achevé.

Porte ton Sceptre dans ses mains :
Reconnais-le aux vertus suprêmes,
Qui ceignent de cent diadêmes
Son front respectable aux humains.

Viens ; l'Héréfie infinuante,
Le Duel armé par l'Affront,
La Révolte pâle & sanglante,
Ici ne levent plus leur front.
Tu vis leur cohorte effrénée,
De leur haleine empoisonnée,
Souffler leur rage sur les Lys :
Leurs dents, leurs flèches sont brisées,
Et sur leurs têtes écrasées
Marche ton invincible fils.

Viens sous cette voûte nouvelle,
De l'Art ouvrage précieux.
Là, brûle allumé par son zèle,
L'encens que tu promis aux Cieux ;
Offre au Dieu que son cœur révère,
Ses vœux ardens, sa foi sincere,
Humble tribut de piété.
Voilà les dons que tu demandes,
Grand Dieu ; ce sont-là les offrandes
Que tu reçois dans ta bonté.

Les Rois sont les vives images
Du Dieu qu'ils doivent honorer ;
Tous lui consacrent des hommages,
Combien peu sçavent l'adorer !
Dans une offrande fastueuse,
Souvent leur piété pompeuse

Au Ciel est un objet d'horreur,
Sur l'Autel que l'Orgueil lui dresse;
Je vois une main vengeresse
Tracer l'arrêt de sa fureur (1).

Heureux le Roi que la Couronne
N'éblouit point de sa splendeur;
Qui, fidele au Roi qui la donne,
Ose être humble dans sa grandeur;
Qui, donnant aux Rois des exemples,
Au Seigneur éleve des Temples,
Des asyles aux malheureux;
Dont la clairvoyante Justice
Démêle & confond l'artifice
De l'hypocrite ténébreux.

Assise avec lui sur le Trône,
La Sagesse est son ferme appui;
Si la fortune l'abandonne,
Le Seigneur est toujours à lui.
Ses vertus seront couronnées
D'une longue suite d'années,
Trop courte encore à nos souhaits;
Et l'Abondance, dans ses Villes,
Fera germer ses dons fertiles,
Cueillis par les mains de la Paix.

---

(1) *Apparuerunt digiti quasi hominis scribentis.*

RÉPONSE DE M. DE VOLTAIRE

A MONSIEUR DE XIMENEZ,

Qui lui avait envoyé une Traduction de la septieme Elégie d'Ovide.

Les personnes qui ont l'honneur de vous connaître, Monsieur, vous rendront la justice d'avouer que vous êtes plus fait pour traduire les amours fortunés d'Ovide, que ses amours malheureux. Si d'ailleurs quelque Beauté avait à se plaindre de vous, elle serait discrette ; & vous pourriez vous vanter de vos exploits sans lui déplaire. Il y a de très-galans hommes qui ont perdu partie, revanche & le tout, sans en rien dire. Vous n'êtes pas de ces gens-là ; & je vous crois très-heureux au jeu. Pour moi qui ne joue point, je vous souhaite d'aussi bonnes parties que vous avez fait de bons vers. Goûtez les plaisirs, & chantez-les.

J'ai l'honneur d'être, &c.

RÉPONSE DE M. DE VOLTAIRE

A une Epître en Vers de M. DE XIMENEZ.

Vous flattez trop ma vanité ;
Cet art si séduisant vous était inutile,
L'art des Vers suffisait ; & votre aimable style
 M'a lui seul assez enchanté,

Votre âge quelquefois hazarde ses prémices;
    En esprit ainsi qu'en amour :
Le tems ouvre les yeux, & l'on condamne un jour
De ses goûts passagers les premiers sacrifices,
    A la moins aimable Beauté,
Dans son besoin d'aimer on prodigue son ame;
On prête des appas à l'objet de sa flamme ;
    Et c'est ainsi que vous m'avez traité.
Ah! ne me quittez point, séducteur que vous êtes;
    Ma Muse a reçu vos sermens.
Je sens qu'elle est au rang de ces vieilles coquettes;
    Qui pensent fixer leurs Amans.
J'ai l'honneur d'être, &c.

VERS A M. LOUIS RACINE,

Sur son Poëme de la GRACE.

CHER Racine, j'ai vû, dans tes Vers didactiques,
De ton J. . . . . les Leçons fanatiques.
Quelquefois je te loue, & ne te crois en rien ;
Si ton style me plaît, ton Dieu n'est pas le mien.
Tu t'en fais un Tyran, je veux qu'il soit mon Pere ;
Ton hommage est forcé, le mien est volontaire.
De son sang, mieux que toi, je reconnais le prix ;
Tu le sers en Esclave, & je le sers en Fils.
Crois-moi, n'affecte plus une inutile audace ;
Il faut comprendre Dieu pour comprendre sa grace ;
Soumettons nos esprits, soumettons-lui nos cœurs,
Et soyons des Chrétiens, & non pas des Docteurs.

VERS A M. DE VOLTAIRE,

PAR M. F** DE ROUEN.

Assis devant votre Pupitre,
Avec votre plume j'écris ;
Cela semble d'abord un titre,
Pour façonner des vers polis :
Aussi je voulais vous en faire,
Mais Apollon m'a reconnu.
J'ai beau vouloir vous contrefaire,
De lui je n'ai rien obtenu.
Je vois trop que c'est tems perdu
Et qu'il ne répond qu'à *Voltaire*.

RÉPONSE DE M. DE VOLTAIRE.

On m'a conté, l'on m'a menti peut-être,
Qu'*Apelle* un jour vint, entre cinq & six,
Confabuler chez son Ami *Zeuxis* :
Mais ne trouvant personne en son taudis,
Fit, sans billet, sa visite connaître.
Sur un Tableau par *Zeuxis* commencé
Un simple trait fut hardiment tracé.
Zeuxis revint : puis en voyant paraître
Ce trait léger, & pourtant achevé,
Il reconnut son Maître & son Modéle.
Je suis *Zeuxis* : mais chez moi j'ai trouvé
Des traits formés par la main d'un *Apelle*.

VERS
A MADAME DE PRIE.

DE Prie, objet aimable & rare assurément,
Que vous passez, d'un vol rapide,
Du grave à l'enjoué, du frivole au solide ;
Que vous unissez plaisamment
L'esprit d'un Philosophe & celui d'un Enfant ?
J'accepte les lauriers que votre main me donne ;
Mais ne peut-on tenir de vous qu'une Couronne ?
Vous connaissez *Alain*, ce Poëte fameux,
Qui s'endormit un jour au Palais de sa Reine ?
Il en reçut un baiser amoureux ;
Mais il dormoit, & la faveur fut vaine.
Vous me pourriez payer d'un prix plus doux,
Et si votre bouche vermeille
Doit quelque chose aux vers que je chante pour vous,
N'attendez pas que je sommeille.

A MONSIEUR **,
Qui présidait à une Fête.

DAMON, aimé de tout le monde,
Vous enchantez également
Le Philosophe, l'Ignorant,
Le Galant, à perruque blonde,
Le Citoyen, le Courtisan.

En Apollon, vous êtes mon Confrere ;
Maître dans l'art d'aimer, bien plus dans l'art de plaire,
Vif sans emportement, complaisant sans fadeur ;
    Homme d'esprit, sans être Auteur.
    Vous présidez à cette fete,
Vous avez tout l'honneur de cette aimable jour ;
Mes lauriers étoient faits pour ceindre votre tête,
Mais vous n'en recevez que des mains de l'Amour.

VERS
POUR MADEMOISELLE SALLÉ.

De tous les cœurs & du sien la maîtresse,
Elle allume des feux qui lui sont inconnus ;
  De Diane c'est la Prêtresse,
  Dansant sous les traits de Vénus.

VERS AU ROI DE PRUSSE,

En lui renvoyant le Cordon de l'Ordre du Mérite & la Clef de Chambellan.

Je le reçus avec tendresse,
Je vous le rends avec douleur ;
Comme un Amant, dans sa fureur,
Rend le portrait de sa Maîtresse.

A MADAME DE**.

Ainsi donc vous réuniſſez
Tous les Arts, tous les goûts, tous les talens de plaire;
* * *, vous embelliſſez
La Cour, le Parnaſſe & Cythere.
Charme de tous les cœurs, Tréſor d'un ſeul mortel;
Qu'un ſort ſi beau ſoit éternel.
Que vos jours précieux ſoient comptés par des fêtes,
Que de nouveaux ſuccès marquent ceux de * *.
Soyez tous deux ſans ennemis,
Et gardez tous deux vos conquêtes.

ÉPIGRAMME CONTRE D**.

Danc * ſi mépriſé jadis,
Fait voir aux pauvres de génie
Qu'on peut gagner l'Académie,
Comme on gagne le Paradis.

ÉPIGRAMME
CONTRE UN POETE.

Connaissez-vous certain Rimeur obſcur,
Sec & guindé, toujours froid, toujours dur,

//
FUGITIVES.

Ayant la rage, & non l'art de médire,
Qui ne peut plaire & peut encor moins nuire;
Pour ses méfaits dans la geole encagé,
A Saint Lazare, après ce fustigé,
Chassé, battu, détesté pour ses crimes,
Honni, berné, conspué pour ses rimes,
Cocu, content, parlant toujours de soi?
Chacun s'écrie, eh! c'est le Poëte R..

ÉPIGRAMME.

LA MUSE DE SAINT MICHEL.

Notre Monarque, après sa maladie,
Etait, à Metz, attaqué d'insomnie;
Ah! que de gens l'auraient guéri d'abord!
Le Poëte R* dans Paris versifie,
La Piéce arrive, on la lit, le ROI dort:
De Saint Michel la Muse soit bénie.

FRAGMENT D'UNE ODE.

Loin d'ici ce discours vulgaire,
Qui dit que l'esprit dégénere,
Que tout change & que tout finit:
La Nature est inépuisable,
Et le travail infatigable
Est le Dieu qui la rajeunit.

ÉPIGRAMME
ADRESSÉE A L'ABBÉ DE CHAULIEU.

Cher Abbé, je vous remercie
Des Vers que vous m'avez prêtés,
A leurs ennuyeuses beautés
J'ai reconnu l'A * * *.
La *Mothe* n'écrit pas fort bien,
Vos Vers m'ont servi d'antidote
Contre ce froid Rhétoricien;
Danchet écrit comme la *Mothe*,
Mais sur-tout n'en dites rien.

VERS
A MADAME DU BOCCAGE,
Lors de son départ pour Rome.

Allez au Capitole, allez, rapportez-nous
Les myrtes de Pétrarque & les lauriers du Tasse :
Si tous deux revivaient, ils chanteraient pour vous;
Et voyant vos beaux yeux & votre Poësie,
  Tous deux mourraient à vos genoux
  Ou d'amour ou de jalousie.

LETTRE A M. DE C***,
SUR
LE TEMPLE DU GOUT.

Monsieur, vous avez vu, & vous pouvez rendre témoignage comment cette bagatelle fut conçue & exécutée. C'était une plaisanterie de Société. Vous y avez eu part comme un autre ; chacun fournissait ses idées ; & je n'ai gueres eu d'autre fonction que celle de les mettre par écrit.

M. de ** disait que c'était dommage que Bayle eût enflé son Dictionnaire de plus de deux cens articles de Ministres & de Professeurs Luthériens ou Calvinistes ; qu'en cherchant l'article de *César*, il n'avait rencontré que celui de *Jean Césarius*, Professeur à Cologne ; & qu'au lieu de Scipion, il avait trouvé six grandes pages sur *Gérard Scioppius*. De-là on concluait, à la pluralité des voix, à réduire Bayle en un seul tome, dans la Bibliotheque du Temple du Goût.

Vous m'assuriez tous que vous aviez été assez ennuyés en lisant l'Histoire de l'Académie Française ; que vous vous intéressiez fort peu à tous les détails des ouvrages de *Balesdeus*, de *Porcheres*, de *Bardin*, de *Baudoin*, de *Faret*, de *Colletet*, & d'autres pareils grands hommes ; & je vous en crus sur votre parole. On ajoutait qu'il n'y a gueres aujourd'hui de femmes d'esprit qui n'écrive de meilleures Lettres que Voiture, on disait que Saint-Evremont n'aurait jamais dû faire de vers, & qu'on ne devait pas imprimer toute sa prose. C'est le sentiment du Public éclairé ; & moi qui trouve toujours tous les livres trop longs, & sur-tout les miens, je reduisais aussitôt tous ces volumes à très-peu de pages.

Je n'étais en tout cela que le Sécretaire du Public ; si ceux qui perdent leur cause se plaignent, ils ne doivent pas s'adresser à celui qui a écrit l'Arrêt.

Je sçais que des Politiques ont regardé cette innocente plaisanterie du Temple du Goût comme un grave attentat. Ils prétendent qu'il n'y a qu'un mal-intentionné qui puisse avancer, que le Château de Versailles n'a que sept croisées de face sur la cour, & soutenir que le Brun, qui était premier Peintre du Roi, a manqué de coloris.

Des Rigoristes disent, qu'il est impie de mettre des filles de l'Opéra, Lucrece & des Docteurs de Sorbonne dans le *Temple du Goût*.

Des Auteurs, auxquels on n'a point pensé, crient à la Satyre, & se plaignent que leurs défauts sont désignés, & leurs grandes beautés passées sous silence ; crime irrémissible qu'ils ne pardonneront de leur vie, & ils appellent le *Temple du Goût* un Libelle diffamatoire.

On ajoute qu'il est d'une ame noire, de ne louer personne sans un petit correctif ; & que dans cet ouvrage dangereux nous n'avons jamais manqué de faire quelque égratignure à ceux que nous avons caressés.

Je répondrai en deux mots à cette accusation : qui loue tout, n'est qu'un flatteur. Celui-là seul sçait louer, qui loue avec restriction.

Enfuite, pour mettre de l'ordre dans nos idées, comme il convient dans ce siécle éclairé, je dirai qu'il faudrait un peu distinguer entre la *Critique*, la *Satyre* & le *Libelle*.

Dire que le *Traité des Etudes* est un Livre à jamais utile, & que par cette raison même il en faut retrancher quelques plaisanteries, & quelques familiarités peu convenables à ce sérieux ouvrage : dire que les *Mondes* est un Livre charmant & unique, & qu'on est fâché d'y trouver que *le jour est une Beauté blonde, & la nuit une Beauté brune*, & d'autres petites douceurs : voilà, je crois, de la critique.

Que Despréaux ait écrit :

. . . . . Pour trouver un Auteur fans défaut,
La raison dit Virgile, & la rime Quinaut.

C'est de la satyre, & de la satyre même assez injuste en tout sens, (avec le respect que je lui dois); car la rime de *défaut* n'est point assez belle pour rimer avec *Quinaut*; & il est aussi peu vrai de dire que Virgile est sans défaut, que de dire que Quinaut est sans naturel & sans graces.

Les *Couplets* de *Rousseau*, le *Masque de Laverne*, & telle autre horreur, certains ouvrages de *Gacon*; voilà ce qui s'appelle un *Libelle diffamatoire*.

Tous les honnêtes gens qui pensent, font *critiques*; les malins font *satyriques*; les pervers font des *Libelles* : & ceux qui ont fait, avec moi, le Temple du Goût, ne font assurément ni malins, ni méchans.

Enfin, voilà ce qui nous amusa pendant plus de

quinze jours. Les idées se succédaient les unes aux autres; on changeait tous les soirs quelque chose, & cela a produit sept ou huit *Temples du Goût*, absolument différens.

Un jour nous y mettions les Etrangers, le lendemain nous n'admettions que les Français. Les Mafféi, les Popes, les Bononcini ont perdu à cela plus de cinquante vers, qui ne sont pas fort à regretter. Quoi qu'il en soit, cette plaisanterie n'était point du tout faite pour être publique.

Une des plus mauvaises & des plus infidelles copies d'un des plus négligés brouillons de cette bagatelle, ayant couru dans le monde, a été imprimée sans mon aveu; & celui qui l'a donnée, quel qu'il soit, a très-grand tort.

Peut-être fait-on plus mal encore de donner cette nouvelle édition : il ne faut jamais prendre le Public pour le confident de ses amusemens; mais la sottise est faite, & c'est un de ces cas où l'on ne peut faire que des fautes.

Voici donc une faute nouvelle; & le Public aura cette petite esquisse (si cela même peut en mériter le nom) telle qu'elle a été faite dans une société où l'on sçavait s'amuser sans la ressource du jeu, où l'on cultivait les Belles Lettres sans esprit de parti, où l'on aimait la vérité plus que la satyre, & où l'on sçavait louer sans flatterie.

S'il avait été question de faire un Traité du Goût, on aurait prié les *de Côtes* & les *Beaufrancs* de parler d'Architecture, les *Coypels* de définir leur Art avec esprit, les *Destouches* de dire quelles sont les graces de la Musique, les *Crébillons* de peindre la terreur qui doit animer le Théâtre : pour peu que

que chacun d'eux eût voulu dire ce qu'il sçait, cela aurait fait un gros *in-folio* ; mais on s'est contenté de mettre en général les sentimens du Public, dans un petit Ecrit sans conséquence, & je me suis chargé uniquement de tenir la plume.

Il me reste à dire un mot sur notre jeune Noblesse qui employe l'heureux loisir de la paix à cultiver les Lettres & les Arts ; bien différente en cela des augustes Visigoths leurs ancêtres, qui ne sçavaient pas signer leurs noms. S'il y a encore dans notre Nation si polie, quelques barbares & quelques mauvais plaisans qui osent désapprouver des occupations si estimables, on peut assurer qu'ils en feraient autant, s'ils le pouvaient. Je suis très-persuadé que, quand un homme ne cultive point un talent, c'est qu'il ne l'a pas ; qu'il n'y a personne qui ne fit des vers, s'il était né Poëte ; & de la musique, s'il était né Musicien.

Il faut seulement que les graves Critiques, aux yeux desquels il n'y a d'amusement honorable dans le monde que le Lansquenet & le Biribi, sçachent que les Courtisans de Louis XIV, au retour de la conquête de Hollande en 1672, dansèrent à Paris sur le Théâtre de *Lully*, dans le jeu de paume de *Belleaire*, avec les Danseurs de l'Opéra, & que l'on n'osa pas en murmurer. A plus forte raison doit-on, je crois, pardonner à la Jeunesse d'avoir eu de l'esprit dans un âge où l'on ne connaissait que la débauche.

Omne tulit punctum qui miscuit utile dulci.

Je suis, &c.

PRINCIPALES VARIANTES
DU
TEMPLE DU GOUT.

Il est bon (1) que vous observiez de près un Dieu que vous voulez servir.

  Vous l'avez pris pour votre Maître;
  Il l'est, ou du moins le doit être;
  Mais vous l'encensez de trop loin,
  Et nous allons prendre le soin
  De vous le faire mieux connaître.

Je remerciai son Eminence de sa bonté, & je lui dis: Monseigneur, je suis extrêmement indiscret; si vous me menez avec vous, je m'en vanterai à tout le monde:

  Et, si dans son malin vouloir,
  Quelque Critique veut sçavoir
  En quels lieux, en quel coin du Monde,
  Est bâti ce divin manoir,
  Que faudra-t-il que je réponde?

Le Cardinal me répliqua que le Temple était dans le pays des Beaux-Arts, qu'il voulait absolument que je l'y suivisse, & que je fisse ma rela-

___
(1) C'est le Cardinal de Polignac qui adresse la parole à M. de Voltaire.

tion avec sincérité ; que s'il arrivait qu'on se moquât un peu de moi, il n'y aurait pas grand mal à cela, & que je le rendrais bien, si je voulais. J'obéis, & nous partîmes.

II.

On repoussait plus fierement ces hommes injustes & dangereux, ces ennemis de tout mérite, qui haïssent sincerement ce qui réussit, de quelque nature qu'il puisse être. Leurs bouches distillent la médisance & la calomnie (1). Ils disent que *Télémaque* est un Libelle contre Louis XIV, & *Esther* une satyre contre le Ministere : ils donnent de nouvelles clefs de la Bruyére ; ils infectent tout ce qu'ils touchent.

III.

Ah ! bon Dieu ! s'écria la Critique (2), quel horible jargon ! Elle fit ouvrir la porte pour voir l'animal qui avait un cri si singulier. Quel fut son étonnement, quand tout le monde lui dit que c'était Rousseau ! Elle lui ferma la porte au plus vîte. Le Rimeur désespéré lui criait dans son style Marotique :

> Eh ! montrez-vous un peu moins difficile ;
> J'ai, près de vous, mérité d'être admis.
> Reconnaissez mon humeur & mon style ;
> Voici des vers contre tous mes amis.

---

(1) On a fait réellement ces reproches à *Fénelon* & à *Racine*, dans de misérables Libelles que personne ne lit plus aujourd'hui, & auxquels la malignité donna de la vogue dans leur tems.

(2) Brekekeke, koax, koax, koax, koax. Vers de Rousseau.

O vous, Critique ! ô vous, Déesse utile !
C'était par vous que j'étais inspiré,
En tout pays, en tout tems abhorré,
Je n'ai que vous désormais pour asyle.

A ces paroles, la Critique fit ouvrir le Temple, parut d'un air de Juge, & parla ainsi au Cynique :

    Rousseau, tu m'as trop méconnue ;
    Jamais ma candeur ingénue
    A tes écrits n'a présidé.
    Ne prétends pas qu'un Dieu t'inspire,
    Quand ton esprit n'est possédé
    Que du Démon de la Satyre.

IV.

Enfin, après ces retardemens agréables, au milieu des Beaux-Arts, des Muses, des Plaisirs mêmes, nous arrivâmes jusqu'à l'Autel & jusqu'au Trône du Dieu du Goût.

    Je vis ce Dieu qu'en vain j'implore,
    Ce Dieu charmant que l'on ignore,
    Quand on cherche à le définir ;
    Ce Dieu qu'on ne sçait point servir,
    Quand avec scrupule on l'adore.
    Il se plaisait à consulter
    Ces Graces, simples & naïves,
    Dont la France doit se vanter ;
    Ces Graces, piquantes & vives,
    Que les Nations attentives
    Voulurent souvent imiter ;

Qui de l'Art ne font point captives,
Qui régnaient jadis à la Cour,
Et que la Nature & l'Amour
Avaient fait naître fur nos rives.
Il eſt toujours environné
De leur troupe aimable & légere :
C'eſt par leurs mains qu'il eſt orné,
C'eſt avec elles qu'il veut plaire.

Sur ſon front régne la ſageſſe ;
Son air eſt tendre, ingénieux :
Les Amours ont mis dans ſes yeux
Le ſentiment & la fineſſe.
Le *More* à ces Autels chantait,
Péliſſier près d'elle exprimait
De *Lully* toute la tendreſſe ;
Légere & forte en ſa ſoupleſſe,
La vive *Camargo* (1) ſautait,
A ces ſons brillans d'allégreſſe,
Et de *Rebel* & de *Mouret*.
Le *Couvreur* (2), plus loin, récitait
Avec cette grace divine,
Dont autrefois elle ajoutait
De nouveaux charmes à *Racine*.

Colbert, l'amateur & le protecteur de tous les Arts, raſſemblait autour de lui les Connaiſſeurs.

―――――――――――――――――

(1) Mademoiſelle *Camargo*, la premiere qui ait danſé comme un homme.
(2) *Adrienne le Couvreur*, la meilleure Actrice qu'ait jamais eu, avant elle, la Comédie Françaiſe pour le Tragique, & la premiere qui ait introduit au Théâtre la déclamation naturelle.

Tous félicitaient le Cardinal de Polignac (1) sur ce Sallon de *Marius*, qu'il a déterré dans Rome, & dont il vient d'orner la France.

Colbert attachait souvent sa vûe sur cette belle façade du Louvre, dont Perrault & le Vau se disputent encore l'invention. Il soupirait de ce qu'un si beau monument périssait sans être achevé. Ah! disait-il, pourquoi a-t-on forcé la Nature pour faire du château de Versailles un favori sans mérite; tandis qu'on pourrait, en achevant le Louvre, égaler en bon goût Rome ancienne & moderne.

On voyait sur un autel le Plan du Luxembourg; de ce Portail si noble, auquel il manque une Place, une Eglise & des admirateurs; de cette Fontaine qui fut un chef-d'œuvre du goût dans un tems d'ignorance; de cet Arc de triomphe qu'on admirerait dans Rome, & auquel le nom vulgaire de la *Porte S. Denis* ôte tout son mérite auprès de la plûpart des Parisiens. Cependant le Dieu s'amusait à faire construire le modele d'un Palais parfait. Il joignait l'architecture du Palais de Maisons, au dedans de l'Hôtel de Lanoy, dont il a conseillé lui-même la situation, les proportions & les embellissemens au Maître aimable de cet Edifice, & auquel il ajoutait quelques commodités.

(1) M. de Polignac ayant conjecturé qu'un certain terrein de Rome avait été autrefois la maison de Marius, fit fouiller dans cet endroit. L'on trouva, à plusieurs pieds sous terre, un sallon entier, avec plusieurs statues très-bien conservées. Parmi ces statues, il y en a dix qui font une suite complette, & qui représentent Achille déguisé en fille à la Cour de Lycomede, & reconnu par l'artifice d'Ulysse. Cette collection est unique dans l'Europe, par la rareté & la beauté. A la mort du Cardinal de Polignac, le Roi de Prusse en fit l'acquisition.

Je demandais, tout bas, pourquoi il y a eu, à proportion, moins de bons Architectes en France que de bons Sculpteurs. Le Cardinal, qui connaît tous les Arts, daigna répondre ainsi : Premierement, les Sculpteurs & les Peintres ont toute la liberté de leur génie, au lieu que les Architectes sont souvent gênés par le terrein, & encore plus par le caprice du Maître. En second lieu, les Sculpteurs & les Peintres, faisant beaucoup plus d'ouvrages, ont bien plus d'occasion de se corriger. Cent Particuliers étaient en état d'employer le pinceau du *Poussin*, de *Jouvenet*, de *Santerre*, de *Boulogne*, de *Watau* ; & même aujourd'hui nos Peintres modernes travaillent presque tous pour de simples Citoyens ; mais il faut être Roi ou Surintendant pour exercer le génie d'un *Mansard* ou d'un *Desbrosses* : enfin, le succès du Peintre est dans le dessein de son tableau ; celui du Sculpteur est dans son modele en terre : le modele de l'Architecte, au contraire, est trompeur ; parce que le bâtiment, regardé ensuite à une plus grande distance, fait un effet tout différent, & que la perspective aërienne en change les proportions ; en un mot, il en est souvent du plan en relief d'un édifice, comme de la plûpart des machines qui ne réussissent qu'en petit.

V.

On y examine si les Arts se plaisent mieux dans une Monarchie que dans une République : si l'on peut se passer aujourd'hui du secours des Anciens : si les Livres ne sont point trop multipliés : si la Comédie & la Tragédie ne sont point épuisées.

On examine quelle est la vraie différence entre l'homme de talent & l'homme d'esprit, entre le Critique & le Satyrique, entre l'Imitateur & le Plagiaire.

VI.

Permettez que je continue mes petites observations, répondit le Pere Bouhours. Ce sont les grands Hommes qu'il faut critiquer, de peur que les fautes qu'ils font contre les regles, ne servent de regles aux petits Ecrivains. Ce sont les défauts du Poussin & de le Sueur qu'il faut relever, & non ceux de Rouet & de Vignon; & dès que votre *Anti-Lucrece* sera imprimé, soyez sûr de ma critique.

Eh! bien, examinez, vétillez, tant qu'il vous plaira, dit en passant un jeune Duc qui revenait du Sermon de Ninon, & qui en paraissait tout pénétré : pour moi, je n'ai pas la force de rien censurer d'aujourd'hui.

Cet homme que Ninon avait rendu si indulgent,

C'est lui qui d'un esprit vif, aimable & facile,
D'un vol toujours brillant, sçut passer, tour à tour,
Du Temple des Beaux-Arts au Temple de l'Amour;
Mais qui fut plus content de ce dernier asyle,
  Des mains des Graces présenté,
  En Allemagne, en Italie,
  Il charma l'Europe adoucie,
  Dont son oncle fut redouté.

Il est même encore mieux reçu dans le Temple du Goût, que cet oncle si vanté, qui rétablit les

Beaux-Arts en France de la même main dont il abaissa ou perdit tous ses ennemis. Ce terrible Ministre, craint, haï, envié, admiré à l'excès de toutes les Cours & de la sienne, est redouté jusques dans le Temple du Goût, dont il est le Restaurateur. On craint à tout moment qu'il ne lui prenne fantaisie d'y faire entrer *Chapelain*, *Colletet*, *Faret* & *Desmarets*, avec lesquels il faisait autrefois de méchans vers.

Quand je vis que le Cardinal de Richelieu n'avait pas toutes les préférences, je m'écriai : C'est donc ici comme ailleurs, & l'inclination l'emporte par-tout sur les bienfaits ! Alors j'entendis quelqu'un qui me dit :

 Etablir, conserver, mouvoir, arrêter tout,
 Donner la paix au Monde, ou fixer la Victoire ;
 C'est ce qui m'a conduit au Temple de la Gloire,
  Bien plutôt qu'au Temple du Goût.

VII.

 Brassac, sois toujours mon soutien,
 Sous tes doigts j'accordai ta lyre ;
 De l'Amour tu chantes l'Empire,
 Et tu composes dans le mien.

 Caylus, tous les Arts te chérissent ;
 Je conduis tes brillans desseins,
 Et les Raphaëls s'applaudissent
 De se voir gravés par tes mains.

AUTRES VARIANTES,

Tirées de l'Edition de 1733.

I.

Et cependant un fripon de Libraire,
Des beaux Esprits écumeur mercénaire,
Vendeur adroit de sottise & de vent,
En souriant d'une mine matoise,
Lui mesurait des Livres à la toise ;
Car Monseigneur est sur-tout fort sçavant.

II.

Là ne sont point reçus les petits Maîtres, qui assistent à un spectacle sans l'entendre, ou qui n'écoutent les meilleures choses que pour en faire de froides railleries. Bien des gens qui ont brillé dans de petites sociétés, qui ont regné chez certaines femmes, & qui se sont fait appeller grands hommes, sont tout surpris d'être refusés : ils restent à la porte & adressent en vain leurs plaintes à quelques Seigneurs, ou soi disant tels, ennemis jurés du vrai mérite qui les néglige, & protecteurs ardens des Esprits médiocres dont ils sont encensés. On repousse aussi très-rudement tous ces petits Satyriques obscurs qui, dans la démangeaison de se faire connaître, insultent les Auteurs connus ; qui font secrettement une mauvaise critique d'un bon ouvrage ; petits Insectes dont on ne soupçonne l'existence, que par les efforts qu'ils font pour piquer. Heureux encore les véritables gens de Lettres, s'ils n'avaient pour ennemis que cette engeance : mais à la honte de la Littérature & de l'humanité, il y a des gens qui s'animent d'une vraie fureur contre tout mérite qui réussit ; qui s'acharnent à le décrier & à le perdre, qui vont dans les lieux publics, dans les maisons des Particuliers, dans les Palais des Princes, semer les rumeurs les plus fausses avec l'air de vérité, calomniateurs de profession, monstres ennemis des Arts & de la Société. Ces lâches persécuteurs s'enfuirent en voyant paraître le Cardinal de *Polignac* & l'Abbé de *Rothelin* : ils n'ont jamais pû avoir accès auprès de ces deux hommes ; ils ont pour eux cette haine timide que les cœurs corrompus ont pour les cœurs droits & pour les Esprits justes.

III.

Rousseau parut en revenant d'Allemagne ; il avait été autrefois dans le Temple : mais quand il y voulut rentrer :

> Il eut beau tristement redire
> Ses vers durement façonnés,
> Hérissés de traits de satyre,
> On lui ferma la porte au nez.

IV.

Rousseau se fâcha d'autant plus que cette Déesse avait raison (1) : elle lui disait des vérités ; il répondit par des injures, & lui cria :

---

(1) La Critique.

Ah ! je connais votre cœur équivoque,
Respect le cabre, Amour ne l'adoucit,
Et ressemblez à l'œuf cuit dans sa coque,
Plus on l'échauffe & plus il se durcit.

Il vomit plusieurs de ses nouvelles Epigrammes qui sont toutes dans ce goût. *La Mothe* les entendit, il en rit, mais point trop fort & avec discretion. *Rousseau* furieux lui reprocha à son tour tous les mauvais vers que cet Académicien avait faits en sa vie, & cette dispute aurait duré long-tems entre eux, si la Critique ne leur avait imposé silence & ne leur avait dit : Ecoutez, vous *la Mothe*, brûlez votre Iliade, vos Tragédies, & toutes vos dernieres Odes, les trois quarts de vos Fables & de vos Opera, prenez à la main vos premieres Odes, quelques morceaux de prose dans lesquels vous avez presque toujours raison, hors quand vous parlez de vous & de vos vers. Je vous demande surtout une demi-douzaine de vos Fables, l'*Europe Galante*, avec cela entrez hardiment.

Vous, *Rousseau*, brulez vos Opera, vos Comédies, vos dernieres Allégories, Odes, Epigrammes Germaniques, Ballades, Sonnets ; jurez de ne plus écrire & venez vous mettre au-dessus de *la Motte* en qualité de Versificateur, mais toutes les fois qu'il s'agira d'esprit & de raisonnement, vous vous placerez fort au-dessous de lui. *La Mothe* fit la révérence, *Rousseau* tourna la bouche, & tous deux entrerent à ces conditions.

V.

A l'égard de *Lucrece*, il fut embarrassé en voyant son ennemi ; il le regarda d'un œil un peu fâché,

DU TEMPLE DU GOUT.

sur-tout quand il vit combien il est aimable, & comme il paraît fait pour avoir raison.

    Son Rival charmant lui parla
    Avec sa grace naturelle,
    Et cependant il y mêla
    Un peu de Catholique zele.
    Çà, dit-il, puisque vous voilà,
    L'ame a bien l'air d'être immortelle;
    Que répondez-vous à cela ?
    Ah ! laissons ces disputes-là,
    Dit le vieux Chantre d'*Epicure*,
    J'ai fort mal connu la Nature :
    Mais ne me poussez point à bout,
    Que votre Muse me pardonne ;
    Vous êtes chez le Dieu du goût,
    Non sur les bancs de la Sorbonne.

Ces Messieurs n'argumenterent donc point, & épargnerent une dispute aux gens de goût qui n'aiment pas volontiers l'argument.

Lucrece recita seulement quelques-uns de ses beaux vers qui ne prouvent rien : le Cardinal dit aussi des siens ; ce qui lui arrive trop rarement à Paris : on leur applaudit également à tous deux. De rapporter ce qui fut dit à cette occasion par les Grecs & les Latins qui étaient là & qui les entendaient, cela serait beaucoup trop long : il n'est ici question que des Français.

VI.

    Mais malgré l'austere sagesse
    De la Morale qu'il prêchait (1),

---

(1) ROLLIN.

Pelissier en ces lieux chantait ;
Et cependant avec molleſſe,
Sallé le Temple parcourait
D'un pas guidé par la juſteſſe.

VII.

C'est ce Dieu qu'implore & révere
Toute la Troupe des Acteurs,
Qui repréſentent ſur la terre ;
Et ceux qui viennent dans la Chaire
Endormir leurs *chers Auditeurs* ;
Et ceux qui livrent les Auteurs
Aux ſifflets bruyans du Parterre.
C'eſt-là que je vous vis, aimable *le Couvreur*,
Vous, fille de l'Amour, fille de Melpômene,
Vous dont le ſouvenir regne encor ſur la Scène ;
Et dans tous les eſprits, & ſur-tout dans mon cœur.
Ah ! qu'en vous revoyant une volupté pure,
Un bonheur ſans mélange enivra tous mes ſens !
Qu'à vos pieds, en ces lieux, je fis fumer d'encens !

Mes deux Guides diſaient qu'ils ne pouvaient en conſcience donner à une Actrice le même encens que moi ; mais ils avaient trop de juſtice pour me déſapprouver.

VIII.

Quelquefois même, on laiſſe parler long-tems la même perſonne ; mais ce cas arrive très-rarement : heureuſement pour moi, on ſe raſſemblait en ce moment autour de la fameuſe *Ninon Lenclos.*

Ninon, cet objet si vanté,
Qui si long-tems sçut faire usage
De son esprit, de sa beauté,
Et du talent d'être volage
Faisait alors, avec gaité,
A ce charmant Aréopage,
Un discours sur la volupté.
Dans cet art, elle était maîtresse ;
L'Auditoire était enchanté,
Et tout respirait la tendresse.
Mes deux Guides, en vérité,
Auraient volontiers écouté :
Mais, hélas ! ils sont d'une espece
Qui leur ôte la liberté,
Et les condamne à la sagesse.

Ils me laisserent entendre le Sermon de *Ninon*. Je courus ensuite vers la *le Couvreur*, & mes Conducteurs s'amuserent à parler de Littérature avec quelques Jésuites qu'ils rencontrerent. Un Janséniste dira que les Jésuites se fourrent par-tout : mais la vérité est que, de tous les Religieux, les Jésuites sont ceux qui entendent le mieux les Belles-Lettres, & qu'ils ont toujours réussi dans l'éloquence & dans la Poësie. Le Dieu voit de très-bon œil beaucoup de ces Peres, mais à condition qu'ils ne diront plus tant de mal de *Despréaux*, & qu'ils avoueront que les Lettres Provinciales sont la plus ingénieuse, aussi-bien que la plus cruelle, &, en quelques endroits, la plus injuste Satyre qu'on ait jamais faite.

On se doute assez que les Bienfaiteurs du Temple y ont une place honorable : mais croirait-on que *Colbert* y est mieux traité que le Cardinal de *Richelieu* ? C'est que *Colbert* protégea tous les beaux Arts sans être jaloux des Artistes, & qu'il ne favorisa que de grands hommes ; car il se dégoûta bien vîte de *Chapelain*, & encouragea *Despréaux*. Le Cardinal de *Richelieu* au contraire fut jaloux du grand *Corneille*, & au lieu de s'en tenir, comme il le devait, à protéger les beaux vers, il s'amusa à en faire de mauvais avec *Chapelain*, *Desmarets*, & *Colletet* (1). Je m'apperçus même que ce grand Ministre était moins gracieusement accueilli par le Dieu du goût qu'un certain Duc son neveu, qui vient très-souvent dans le Temple. Les Connaisseurs en Belles-Lettres disent pour raison :

  Que dans ce charmant Sanctuaire,
 L'honneur de protéger les beaux Arts qu'on chérit,
  Mais auxquels on ne s'entend guere,
   L'autorité du Ministere,

---

(1) Non-seulement le Cardinal de *Richelieu* fit quelquefois travailler *Chapelain* à des ouvrages de Théâtre, mais il s'appropria un mauvais Prologue de ce *Chapelain* : c'était le Prologue d'un très-ridicule Poëme Dramatique, intitulé : *les Thuilleries*. Ce Cardinal fit bâtir la Salle du Palais-Royal pour représenter la Tragédie de *Mirame*, dont il avait donné le sujet, & dans laquelle il avait fait plus de cinq cens vers. Il se servait de *Desmarets*, de *Colletet*, de *Faret*, pour composer des Tragédies, dont il leur donnait le plan. Il admit quelque-tems le grand *Corneille* dans cette Troupe ; mais le mérite de *Corneille* se trouva incompatible avec ces Poëtes, & il fut aussi-tôt exclu. Ce Cardinal avait si peu de goût, qu'il récompensa ces vers impertinens de *Colletet* :

 La Canne s'humecter de la bourbe de l'eau,
 D'une voix enrouée & d'un battement d'aîle,
 Animer le Canard qui languit auprès d'elle.

Il voulait seulement, pour rendre ces vers parfaits, qu'on mît *barboter* au lieu d'*humecter*.

Les

L'éclat, l'intrigue & le crédit,
Ne sçauraient égaler les charmes de l'esprit,
Et le don fortuné de plaire.

Les connaisseurs en galanterie ajoutent que Son Eminence (1) fit jadis l'amour en vrai pédant, & que son neveu s'y prend d'une maniere assurément toute opposée. Il y a dans cette demeure bien des habitans qui, comme lui, n'ont fait aucun ouvrage :

Qui sagement livrés aux douceurs du loisir,
Ont passé de leurs jours les momens délectables,
A recevoir, à donner du plaisir.
De chanter & d'écrire ils ont été capables ;
Mais pour être en ce Temple & pour y réussir,
Qu'ont-ils fait ? Ils étaient aimables.

C'est entre ces voluptueux & les Artistes qu'on trouve le facile, le sage, l'agréable *la Faye* : heureux qui pourrait, comme lui, passer les dernieres années de sa vie, tantôt composant des Vers aisés & pleins de grace, tantôt écoutant ceux des autres sans envie & sans mépris, ouvrant son Cabinet à tous les Arts, & sa maison aux seuls hommes de bonne compagnie ! Combien de Particuliers dans Paris pourraient lui ressembler dans l'usage de leur fortune ? Mais le goût leur manque, ils jouissent insipidement, ils ne sçavent qu'être riches.

Devant le Dieu est un grand Autel, où les Muses

---

(1) Le Cardinal de *Richelieu* fit soutenir des Theses sur l'*Amour* chez sa niece la Duchesse d'*Aiguillon* ; il y avait un Président, un Répondant & des Argumentans. Il y a, à Paris, une copie de ces Theses chez un Curieux : ces Theses sont divisées en plusieurs positions, comme les Theses de Collége ; la premiere position est, qu'il ne faut point parler d'un véritable amour après sa fin, parce qu'un véritable amour est sans fin.

viennent présenter tour à tour des Livres, des desseins, & des ornemens de toute espece : on y voyait tous les Opera de *Lully*, & plusieurs Opera de *Destouches* & de *Campra*. Le Dieu eût désiré quelquefois, dans *Destouches*, une musique plus forte; souvent, dans *Campra*, un récitatif mieux déclamé; & de tems en tems, dans *Lully*, quelques airs moins froids. Tantôt les Muses, tantôt les *Pelissiers* & les *le Mores* chantent ces Opera charmans. Le Temple résonne de leurs voix touchantes : tout ce qui est dans ces beaux lieux applaudit par un léger murmure, plus flatteur que ne le seraient les acclamations emportées du Peuple. Les mauvais Auteurs & leurs amis prêtent l'oreille autour du Temple, entendent à peine quelques sons & sifflent pour se venger.

Le dessein de Versailles se trouve à la vérité sur l'Autel : mais il est accompagné d'un arrêt du Dieu qui ordonne qu'on abatte au moins tout le côté de la cour, afin qu'on n'ait point à la fois en France un chef-d'œuvre de mauvais goût & de magnificence. Par le même arrêt, le Dieu ordonne que les grands morceaux d'Architecture très-déplacés & très-cachés dans les bosquets de Versailles, soient transportés à Paris, pour orner des Edifices publics.

Une des choses que le Dieu aime davantage, c'est un Recueil d'estampes d'après les plus grands Maîtres, entreprise utile au genre humain, qui multiplie à peu de frais le mérite des meilleurs Peintres, qui fait revivre à jamais dans tous les Cabinets de l'Europe, des beautés qui périraient sans le secours de la gravure, & qui peut faire con-

naître toutes les Ecoles, à un homme qui n'aura
jamais vû de Tableaux.

> *Crozat* préside à ce dessein ;
> Il conduit le docte burin
> De la Gravure scrupuleuse,
> Qui, d'une main laborieuse,
> Immortalise sur l'airain,
> Du *Carache* la source heureuse ;
> Et la belle ame du *Poussin*.

Dans le tems que nous arrivâmes, le Dieu s'amusait à faire élever en relief le modele d'un Palais parfait ; il joignait l'Architecture extérieure du Château de Maisons avec les dedans de l'Hôtel de Lassay, lequel par sa situation, ses proportions & ses embellissemens, est digne du maître aimable qui l'occupe, & qui lui-même a conduit l'ouvrage.

IX.

Ce qui me charmait davantage dans cette demeure délicieuse, c'était de voir avec quelle heureuse agilité l'esprit se promene sur differens plaisirs, en parcourant de suites les Arts, & carressant tant de beautés diverses.

> On y passe facilement
> De la Musique à la Peinture,
> De la Physique au sentiment,
> Du tragique au simple agrément,
> De la Danse à l'Architecture.
> Tel, Homere peignait ses Dieux ;

Planant sur la terre & sur l'onde,
Et cent fois plus prompt que nos yeux,
S'élançant du centre des Cieux,
Jusqu'au bout de l'axe du Monde.

Aussi serais-je trop long, si je disais tout ce que je vis dans ce Temple. Grace au siecle de LOUIS XIV une foule de grands hommes en tout genre qui avaient honoré ce beau siecle, s'étaient rangés avec mes deux Guides autour du grand *Colbert*. Je n'ai exécuté, disait ce Ministre, que la moindre partie de ce que je méditais ; j'aurais voulu que LOUIS XIV eût employé aux embellissemens nécessaires de sa Capitale, les trésors ensevelis dans Versailles, & prodigués pour forcer la nature : si j'avais vécu plus long-tems, Paris aurait pû surpasser Rome en magnificence & en bon goût, comme il le surpasse en grandeur : ceux qui viendront après moi, feront ce que j'ai seulement imaginé ; alors le Royaume sera rempli des Monumens de tous les beaux Arts : déjà les grands chemins qui conduisent à la Capitale sont des promenades délicieuses, ombragées de grands arbres, l'espace de plusieurs milles, & ornées même de (1) Fontaines & de Statues. Un jour vous n'aurez plus de Temples Gothiques ; les Salles (2) de vos Spectacles seront dignes des ou-

---

(1) Sur le chemin de Juvisi on a élevé deux Fontaines, dont l'eau retombe dans de grands bassins ; des deux côtés du chemin sont deux morceaux de Sculpture ; l'un est de *Couston*, & est fort estimé : il est triste que son ouvrage ne soit pas de marbre, mais seulement de pierre.

(2) Les Salles de tous les Spectacles de Paris sont sans magnificence, sans goût, sans commodités, ingrates pour la voix, incommodes pour les Acteurs & pour les Spectateurs : ce n'est qu'en France qu'on a l'impertinente coutume de faire tenir debout la plus grande partie de l'Auditoire.

DU TEMPLE DU GOUT.

vrages immortels qu'on y repréſente ; de nouvelles Places & des Marchés publics conſtruits ſous des colonnades décoreront Paris comme l'ancienne Rome ; les eaux ſeront diſtribuées dans toutes les maiſons comme à Londres ; les Inſcriptions de *Santeuil* ne ſeront plus la ſeule choſe que l'on admirera dans vos Fontaines, la Sculpture étalera partout ſes beautés (1) durables ; & annoncera aux Etrangers la gloire de la Nation, le bonheur du Peuple, la ſageſſe & le goût de ſes Conducteurs : ainſi parlait ce grand Miniſtre.

Qui n'aurait applaudi ? quel cœur Français n'eût été ému à de tels diſcours ? On finit par donner de juſtes éloges, & par ſouhaiter un ſuccès heureux au grands deſſeins que le (2) Magiſtrat de la Ville de Paris a formés pour la décoration de cette Capitale.

Enfin, après une converſation utile, dans laquelle on louait avec juſtice ce que nous avons, & dans laquelle on regrettait, avec non moins de

---

(1) C'était en effet le deſſein de ce grand homme : un de ſes projets était de faire une grande Place de l'Hôtel de Soiſſons : on aurait creuſé au milieu de la Place un vaſte baſſin, qu'on aurait rempli des eaux qu'il devait faire venir par de nouveaux aqueducs : du milieu de ce baſſin, entouré d'une baluſtrade de marbre, devait s'élever un Rocher, ſur lequel quatre Fleuves de marbre auraient répandu l'eau qui eût retombé en nappe dans le baſſin, & qui de-là ſe ſerait diſtribuée dans les maiſons des Citoyens. Le marbre deſtiné à cet incomparable monument était acheté ; mais ce deſſein fut oublié avec M. *Colbert*, qui mourut trop tôt pour la France.

(2) M. *Turgot*, Préſident au Parlement, Prevôt des Marchands, qui a déjà embelli cette Capitale, a fait marché avec des Entrepreneurs pour agrandir le Quai derriere le Palais ; le continuer juſqu'au Pont de l'Iſle, & joindre l'Iſle au reſte de la Ville par un beau Pont de pierre : il n'y a point de Citoyen dans Paris qui ne doive s'empreſſer à contribuer de tout ſon pouvoir à l'exécution de pareils deſſeins, qui ſervent à notre commodité, à nos plaiſirs & à notre gloire.

justice, ce que nous n'avons pas ; il fallut se séparer : J'entendis le Dieu qui disait à ses deux amis, en les embrassant :

  Adieu, mes plus chers favoris,
  Par qui ma gloire est établie.
  Tant que vous serez dans Paris,
  Je n'ai pas peur que l'on m'oublie :
  Mais préchez, je vous en supplie,
  Certains prétendus beaux Esprits,
  Qui du faux goût toujours épris,
  Et toujours me faisant insulte,
  Ont tout l'air d'avoir entrepris
  De traiter mes loix & mon culte,
  Comme l'on traite leurs écrits.

Il les pria de faire ses complimens à un jeune Prince qu'il aime tendrement, & s'échauffant à son nom avec un peu d'enthousiasme, que ce Dieu ne dédaigne pas quelquefois, mais qu'il sçait toujours modérer, il prononça ces vers avec vivacité :

  Que toujours CLERMONT (1) s'illumine
  Des vives clartés de ma loi ;
  Lui, sa sœur, les Amours, & moi,
  Nous sommes de même origine.
  CONTI, sçachez, à votre tour,
  Que vous êtes né pour me plaire,
  Aussi-bien qu'au Dieu de l'Amour.
  J'aimai jadis votre grand-pere,

---

(1) M. le Comte de *Clermont*, Prince du Sang, a fondé, à l'âge de vingt ans, une Académie des Arts, composée de cent personnes qui s'assemblent chez lui, & il donne une protection marquée aux gens de Lettres. On ne sçaurait trop proposer un tel exemple aux jeunes Princes.

DU TEMPLE DU GOUT.

Il fut le charme de ma Cour:
De ce Héros suivez l'exemple,
Que vos beaux jours me soient soumis;
Croyez-moi, venez dans ce Temple,
Où peu de Princes sont admis.
Vous, noble Jeunesse de France,
Secondez les chants des Beaux-Arts,
Tandis que les foudres de Mars
Se reposent dans le silence:
Que, dans ces fortunés loisirs,
L'esprit & la délicatesse,
Nouveaux guides de la Jeunesse,
Soient l'ame de tous vos plaisirs.
Je vois Thalie & Melpomene (1)
Vous suivre en secret quelquefois,
Et quitter *Gaussin* & *du Fresne*,
Pour venir entendre vos voix,
Et vous applaudir sur la Scene.
Que des Muses à vos genoux,
Les lauriers à jamais fleurissent;
Que ces arbres s'enorgueillissent
De se voir cultivés par vous.
Transportez le Pinde à Cythere:
Brassac (2), chantez; gravez, *Cailus* (3);

---

(1) Il y a plus de vingt maisons dans Paris dans lesquelles on représente des Tragédies & des Comédies: on a fait même beaucoup de Pieces nouvelles pour ces Sociétés particulieres. On ne sçaurait croire combien est utile cet amusement, qui demande beaucoup de soin & d'attention: il forme le goût de la Jeunesse, il donne de la grace au corps & à l'esprit, il contribue au talent de la parole, il retire les jeunes gens de la débauche, en les accoutumant aux plaisirs purs de l'esprit.

(2) M. le Chevalier de *Brassac* non-seulement a le talent très-rare de faire la musique d'un Opera, mais il a le courage de le faire jouer, & de donner cet exemple à la jeune Noblesse Française: il y a déjà long-

Ne craignez point, jeune *Surgere* (4),
D'employer des soins assidus
Aux beaux Vers que vous sçavez faire ;
Et que tous les sots confondus,
A la Cour & sur la Frontière,
Désormais ne prétendent plus
Qu'on déroge & qu'on dégénere,
En suivant Minerve & Phébus.

---

tems que les Italiens, qui ont été nos Maîtres en tout, ne rougissent pas de donner leurs ouvrages au Public. Le Marquis *Maffei* vient de rétablir la gloire du Théâtre Italien : le Baron d'*Astorga*, & le Prélat qui est aujourd'hui Archevêque de *Pise*, ont fait plusieurs Opera fort estimés.

(3) M. le Marquis de *Cailus* est célebre par son goût pour les Arts & par la faveur qu'il donne à tous les bons Artistes ; il grave lui-même, & met une expression singuliere dans ses desseins. Les cabinets des Curieux sont pleins de ses estampes, M. de *Saint-Maurice*, Officier des Gardes, grave aussi & se sert avec avantage du burin : il a fait une Estampe d'après *Le Nain*, qui est un chef-d'œuvre.

(4) M. de la *Rochefoucault*, Marquis de *Surgere*, a fait une Comédie, intitulée : l'*Ecole du Monde*. Cette Piece est, sans contredit, bien écrite, & pleine de traits que le célebre Duc de la *Rochefoucault*, Auteur des *Maximes*, aurait approuvés.

AUTRES VARIANTES.

La Critique m'apperçut. Ah! ah! me dit-elle, vous êtes bien hardi d'entrer. Je lui répondis humblement : Dangereuse Déesse, je ne suis ici que parce que ces Messieurs l'ont voulu. Je n'aurais jamais osé y venir seul. Je veux bien, dit-elle, vous y souffrir à leur considération ; mais tâchez de profiter de tout ce qui se fait ici.

> Sur-tout gardez-vous bien de rire
> Des Auteurs que vous avez vûs ;
> Cent petits rivaux inconnus
> Crieraient bientôt à la satyre.
> Corrigez-vous, sans les instruire ;
> Donnez plus d'intrigue à Brutus,
> Plus de vraisemblance à Zaïre ;
> Et, croyez-moi, n'oubliez plus
> Que vous avez fait Artémire.

Je vis bien qu'elle en allait dire davantage ; elle me parlait déjà d'un certain Philoctete : je m'esquivai, &c.

Fin des Variantes du Temple du Goût.

VARIANTES PRINCIPALES
DE PLUSIEURS
PIECES FUGITIVES.

PREMIER DISCOURS.
De l'Égalité des Conditions.

Ce ne fut qu'en 1738 que ce Discours parut la premiere fois imprimé à Paris, ainsi que le second & le troisieme, sous le titre général d'*Epîtres sur le Bonheur*. Le commencement du premier Discours a été plusieurs fois refondu. Voici les différentes Leçons jusqu'à l'édition de 1757 exclusivement.

PREMIERE LEÇON.

Eh ! bien, jeune Hermotime, en Province élevé,
Avec un cœur tout neuf, à Paris arrivé,
Tu ne sçais pas encor quel parti tu dois suivre :
Tu voudrais des leçons sur le grand art de vivre ;
Il faut prendre un état ; incertain dans tes vœux,
Tu veux choisir, dis-tu, le sort le plus heureux :
Mais ce sort quel est-il ? Tu ne sçais : tu peux être
Magistrat, Financier, Courtisan, Guerrier, Prêtre ;
Ton goût doit décider. Ce n'est pas ton emploi
Qui doit te rendre heureux : ce bonheur est dans toi.

VARIANTES,

Les Etats sont égaux, mais les hommes différent;
Où l'imprudent périt, les habiles prospèrent;
Le bonheur est le port où tendent les humains,
Les écueils sont fréquens, les vents sont incertains;
Le Ciel, pour aborder cette rive étrangere,
Accorde à tout mortel une barque légere.
Ainsi que les secours, les dangers sont égaux,
Qu'importe quand l'orage a soulevé les flots,
Que ta Poupe soit peinte, & que ton mât déploye
Une voile de pourpre & des cables de soye?
Le vent est sans respect, il renverse à la fois,
Les batteaux des Pêcheurs & les barques des Rois.
Si quelque heureux Pilote échappé de l'orage,
Près du port arrivé, gagne au moins le rivage,
Son vaisseau, plus heureux, n'était pas mieux construit:
Mais le Pilote est sage, & Dieu l'avait conduit.
Eh quoi! me dites-vous, &c.

SECONDE LEÇON.

Ami, dont la vertu, toujours facile & pure,
A suivi par raison l'instinct de la Nature,
Qui sçais à ton état conformer tes désirs,
Satisfait sans fortune, & sage en tes plaisirs;
Heureux qui, comme toi, docile à son génie,
Dirige prudemment la course de sa vie;
Son cœur n'entend jamais la voix du repentir;
Enfermé dans sa sphére, il n'en veut point sortir.
Les états sont égaux, &c.

. . . . & des cables de soye.
L'art du Pilote est tout, & pour dompter les vents,
Il faut la main du Sage, & non des ornemens.
Eh! quoi! me dira-t-on, &c.

VARIANTES.
SUITE DU MÊME DISCOURS.
PREMIERE LEÇON.

Il serait beau vraiment que sa triste saveur
Eût au grade, en ce Monde, attaché le bonheur !
Jamais un Colonel n'aura donc l'imprudence
D'égaler en plaisir un Maréchal de France !
L'Empereur est toujours, graces à ses honneurs,
Plus fortuné lui seul, que les sept Electeurs !
Et le cœur d'un Sujet se gardera bien d'être
Aussi tendre, aussi gai, que celui de son Maître !
Nous n'accusons point Dieu de cette absurdité :
Pour les cœurs qu'il a fait, il a trop de bonté.
Tous sont heureux par lui, tous au moins peuvent l'être ;
En leur donnant la vie, il leur doit le bien être ;
Il veut, en les rangeant sous différentes loix,
En faire autant d'heureux, non pas autant de Rois :
Le casque, le mortier, la barette, la mitre,
A la félicité n'apportent aucun titre.
Et ce Bernard qu'on vante est heureux en effet ;
Non par le bien qu'il a, mais par le bien qu'il fait.
On dit qu'avant la boëte, &c.

SECONDE LEÇON.

. . . . que les sept Electeurs.
Et le Roi des Romains serait un téméraire,
De prétendre un moment au bonheur du Saint Pere !
Crois-moi, Dieu d'un autre œil voit les faibles humains,
Nés du même limon façonné par ses mains ;
Admirons de ses dons le différent partage ;
Chacun de ses enfans reçut un héritage ;

VARIANTES.

Le terrein le moins vaste a sa fécondité,
Et l'ingrat qui se plaint est seul déshérité.
Possédons sans fierté, subissons sans murmure
Le sort que nous a fait l'Auteur de la Nature ;
Dieu qui nous a rangés sous différentes Loix,
Peut faire autant d'heureux, non pas autant de Rois.
On dit qu'avant la boëte, &c.

SUITE.

PREMIERE LEÇON.

. . . . L'Amour même l'appelle,
L'Amour ce Dieu des Cieux, cette flamme éternelle,
Qui peuple les forêts, les ondes & les airs
Qui va d'un pôle à l'autre animer l'Univers.
Ses traits toujours lancés des mains de la Nature,
Souffrent les ornemens, mais plaisent sans parure ;
Un éclat étranger est le fard du bonheur :
Tu n'en as pas besoin ; tu peux donner ton cœur,
Sans tous ces riens brillans, ces nobles bagatelles,
Qu'Hébert vend à crédit pour tromper tant de belles.
L'Amour n'a pas toujours un tranquille destin,
Sous les lambris dorés & vernis par Martin.
L'Aigle fier & rapide, &c.

. . . . tout homme a ses revers ;
Concini moins altier, plus fidele à ses Maîtres,
N'aurait point de son sang appaisé nos ancêtres.

. . . . où la félicité !
Où donc trouver, dis-tu, cet être si vanté,
Fugitif, inconnu, qu'on croit imaginaire ?
Où ? chez toi, dans ton cœur & dans ton caractere ;

VARIANTES.

Quelque soit ton état, quelque soit ton destin,
Sois sage, il te suffit, ton bonheur est certain.
Fin du premier Discours.

SECONDE LEÇON DE CETTE FIN.

Et vit dans les glaçons qu'ont durci les Hyvers:
Mortel, en quelque état que le Ciel t'ait fait naître,
Sois soumis, sois content & rends grace à ton Maître.

SECOND DISCOURS.
De la Liberté.

LORSQU'UN de ces Esprits,

Descendit jusqu'à moi de la voute des Cieux.
Ainsi le trait brillant du jour qui nous éclaire,
Part, arrive, illumine & couvre l'Hémisphere:
Il avait pris un corps, ainsi que l'un d'entre eux,
Que nos peres ont vu dans des jours ténébreux,
Sous les traits de Newton, sous ceux de Galilée,
Apporter la lumiere à la terre aveuglée.
Écoute, me dit-il, &c.

. . . .

Caton fut sans vertu, Catilina sans vice.

. . . .

Et s'il a daigné dire à mes vœux empressés
Le secret d'être heureux, il en a dit assez.

Dans une seconde édition, on ne trouvait que quatre ou cinq vers de changés.

Ce don que sa bonté te fit pour ton bonheur,

VARIANTES.

Épargne à ta raison ces disputes frivoles,
Ce poison de l'esprit né du sein des écoles.
Ferme-en tes sentimens, &c.

Mes yeux d'un plus grand jour auraient été blessés ;
Sois heureux, m'a-t-il dit, n'en est-ce pas assez?

TROISIEME DISCOURS.
Sur l'Envie.

. . . . Il en est terrassé.
Quelle était la raison du Magistrat perfide,
Qui voulait en exil envoyer Aristide ?
Il fut dans son dépit contraint de l'avouer ;
Je suis las, disait-il, de l'entendre louer.
J'ai vu des Courtisans, &c.

Un petit monstre noir, peint de rouge & de blanc,
Ne doit point censurer ou Vénus, ou Rohan.
Ta rivale est aimée ; un bon couplet contre elle
Ne peut ni l'enlaidir, ni te rendre plus belle.
Par le fougueux Jurieu, &c.

. . . . Détestable en ses mœurs
Médisant acharné, quelle étrange manie,
Fait aboyer ta voix contre une Académie ?
As-tu, vieux Candidat, chez les quarante élus,
Approché seulement de l'honneur d'un refus ?
Hélas ! quel est le fruit de tes cris imbécilles ?
La Police est sévere, on fouette les Zoïles.
Chacun avec mépris se détourne de toi,
Tout fuit jusqu'aux enfans, & l'on sçait trop pourquoi.

Détestons, Hermotime, un si dangereux vice.
Oh ! qu'il nous faut chérir, &c.

Voilà le vrai mérite : il se peint dans ces traits.
C'est ainsi qu'en son ame on conserve la paix.
Qu'il est grand, &c.

QUATRIEME DISCOURS.
De la Modération.

Il ne parut à Paris qu'en 1739 : c'était alors une Epître adressée à M. *Helvétius*, Fermier Général, fils du premier Médecin de la Reine.

Demandez-le à ce Dieu qui nous donna la vie.
Revole, Maupertuis, de ces déserts glacés,
Où les rayons du jour sont six mois éclipsés :
Apôtre de Newton, digne appui d'un tel Maître,
Né pour la vérité, viens la faire connaître.
Héros de la Physique, Argonautes nouveaux,
Qui franchissez les monts, qui traversez les eaux,
Dont le travail immense & l'exacte mesure
De la terre étonnée ont fixé la figure,
Dévoilez ces ressorts, &c.

C'est du cœur des humains la grande passion :
On cherche à s'élever beaucoup plus qu'à s'instruire.
Vingt Sçavans qu'Apollon prenait soin de conduire,
De l'éclat des grandeurs n'ont pu se détromper :
Au Parnasse ils régnaient, la Cour les vit ramper.
La Cour est de Circé le Palais redoutable,
La Fortune y préside, enchanteresse aimable,

Qui

VARIANTES.

Qui, des mains des Plaisirs, préparant son poison,
Par un filtre invincible, assoupit la Raison.
Qui la voit est changé, c'est en vain qu'on la brave ;
On est arrivé libre, on se retrouve esclave.
Le Guerrier tout couvert du sang des ennemis,
Le Magistrat austere, & le grossier Commis,
Et la Dévote adroite, & le Marquis volage,
Tout y cherche à l'envi l'argent & l'esclavage.
Laissons ces insensés, que leur espoir séduit,
Courir en malheureux au bonheur qui les fuit ;
Mes vers ne peuvent rien contre tant de folie,
La seule adversité peut réformer leur vie.
Parlons de nos plaisirs, ce sujet plein d'appas,
Est bien moins dangereux & ne s'épuise pas ;
De nos réflexions c'est la source féconde,
Il vaut mieux en parler que des Maîtres du Monde :
Que m'importe leur Trône, & quel suprême honneur,
Quel éclat peut valoir un sentiment du cœur ?
Les plaisirs sont les fleurs, &c.

Dans une édition postérieure, on trouvait dans la tirade qui remplace celle qu'on vient de lire, les vers suivans, qui ont été retranchés.

Prodigue au fils d'Octave un encens mercenaire :
S'ils ont cherché la Cour, ils ont porté des fers ;
Mais leur sagesse au moins les ont rendus légers :
Horace modéré vécut riche & tranquille.
Qui veut tout n'obtient rien ; le discret est l'habile.
O vous qui ramenez, &c.

. . . .
Ce cortége aujourd'hui l'accompagne ici bas.

Ne nous en plaignons point, imitons la nature;
Elle couvre nos champs de glace ou de verdure;
Tout renaît au Printemps, tout mûrit dans l'Eté,
Livrons-nous donc, comme elle, à la diversité.
Climene a peu d'esprit, elle est vive, légere.
Touché de ses appas, vous avez sçu lui plaire;
Vous pensez sur la foi de vos emportemens,
De vos jours à ses pieds couler tous les momens:
Mais bientôt de vos sens vous voyez l'imposture,
Ce feu follet s'éteint faute de nourriture;
Votre bonheur usé, n'est qu'un dégoût affreux.
Et vous, &c.

Dans la seconde édition, on lisait les trois vers suivans, après celui-ci:

Je le dis aux Amans, je le répete aux Belles;
De l'uniformité l'importune langueur
Glace un cœur émoussé par l'excès du bonheur:
D'un séducteur plaisir redoutez l'imposture.
Ce feu follet, &c.

CINQUIEME DISCOURS.
Sur la nature du Plaisir.
A S. A. R. MGR. LE PRINCE ROYAL DE PRUSSE.

. . . . Ministres,
Paschal se crut parfait, alors qu'il n'aima rien.
. . . .
. . . . Conservez votre vie,
O moitié de notre être, amour-propre enchanteur,
Sans nous tyranniser, regne dans notre cœur;

VARIANTES.

Pour aimer un autre homme, il faut s'aimer soi-même.
Que Dieu soit notre exemple, il nous chérit, il s'aime.
Nous nous aimons dans nous, &c.

. . . . Et vous le détruisez.
Un Monarque de l'Inde honnête homme & peu sage,
Vers les rives du Gange, après un long orage,
Voyant de vingt vaisseaux les débris dispersés,
Des mâts demi-rompus & des morts entassés,
Fit fermer par pitié le port de son rivage,
Défendit que jamais par un profane usage,
Les pins de ses forêts façonnés en Vaisseaux,
Portassent sur les mers à des Peuples nouveaux,
Les fruits trop dangereux de l'humaine avarice.
Un Bonze l'applaudit, on vanta sa justice :
Mais bientôt triste Roi d'un Etat indigent,
Il se vit sans pouvoir, ainsi que sans argent.
Un voisin moins bigot, & bien plus sage Prince,
Conquit en peu de tems sa stérile Province;
Il rendit la mer libre, & l'Etat fut heureux;
Je suis loin d'en conclure, Orateur dangereux,
Qu'il faut, &c.

Voilà mes passions : vous qui les approuvez,
Vous, l'honneur de ces Arts par vos mains cultivés,
Vous, dont la passion nouvelle & généreuse
Est d'éclairer la terre & de la rendre heureuse,
Grand Prince, esprit sublime, heureux présent du Ciel,
Qui connait mieux que vous les dons de l'Eternel ?
Aidez ma voix tremblante & ma lyre affoiblie,
A chanter le bonheur qu'il répand sur la vie.
Qu'un autre, en frémissant, craigne ses cruautés;
Un cœur aimé de vous, ne sent que ses bontés.

SIXIEME DISCOURS.
De la nature de l'Homme.

ANCIENNE LEÇON.

. . . . Ainsi que ses plaisirs.
Que Dieu seul a raison, sans qu'il nous en informe,
Le Lettré convaincu de sa sottise énorme,
S'en retourne ici bas, &c.

SEPTIEME DISCOURS.
Sur la vraie Vertu.

. . . . La fin du Monde.
Je sçais que ce saint œuvre a des charmes puissans ;
Mais, dis-moi, n'as-tu point des devoirs plus pressans ?
D'où vient que ton ami languit dans la misere ?
Pourquoi lui refuser le plus vil nécessaire ?
Chez toi, chez tes pareils, le seul riche est sauvé,
Et le pauvre inutile est le seul réprouvé.
Ce Magistrat, &c.

. . . . La vertu véritable.
Ce beau nom de vertu sera-t-il accordé
Au mérite farouche, à l'art toujours fardé,
A l'indolent Germont, dont la pitié discrette,
Craint de parler pour moi, quand Séjan m'inquiette ;
Au faible & doux Cyrus tout le jour occupé
Des propos d'un flatteur, & des soins d'un soupé ?

VARIANTES.

Non, je donne ce titre au cœur tendre & sublime,
Qui prévient les besoins d'un ami qu'on opprime ;
Je le donne à *Normand*, je le donne à *Cochin*,
Dont l'éloquente voix protégea l'orphelin :
Non pas à toi *Griffon*, babillard mercénaire,
Qui prodiguant en vain ta vénale colere,
Et changeant un art noble en un lâche métier,
N'a fait qu'un plat Libelle, au lieu d'un Plaidoyer.
. . . .

Tendre & solide Ami, Bienfaiteur généreux,
Qui peut te refuser le nom de vertueux ?
Jouis de ce grand titre, ô toi, dont la sagesse,
N'est point le fruit amer d'une austere rudesse ;
Toi qui, malgré l'éclat dont tu blesses les yeux,
Peux compter plus d'amis que tu n'as d'envieux,
Certain Législateur, &c.

FIN.

TABLE
DES PIECES
Contenues dans ce Volume.

DE l'Élégance,	Page 1
De l'Éloquence,	5
De l'Esprit,	14
Sur le mot Facile,	22
Faction, de ce qu'on entend par ce mot,	24
Du terme Fantaisie,	25
Faste, des différentes significations de ce mot,	27
Faveur, de ce qu'on entend par ce mot,	28
Favori & Favorite, de ce qu'on entend par ces mots,	30
Sur la Fausseté,	31
Du terme Fécond,	32
Félicité, des différens usages de ce terme,	33
Du mot Fermeté,	35
Feu, de ce qu'on entend par cette expression au moral,	36
De la Fierté,	37
Sur le terme Figuré,	38
De la Finesse, & des différentes significations de ce mot,	41
Sur le mot Fleuri,	43
Du mot Faible,	45
Du terme Fornication,	47
Du mot Forge,	48

TABLE

FROID, de ce qu'on entend par ce terme dans les Belles-Lettres & dans les Beaux-Arts, 51
Du mot FRANCHISE, 53
Du mot FRANÇAIS, 54
Du mot GALANT, 65
Du mot GARANT, 67
DE LA GAZETTE, 69
Du GENRE DE STYLE, 73
Des GENS DE LETTRES, 76
Des mots GLOIRE & GLORIEUX, 79
Du GOUT, 81
Du mot GRACE, 87
Du mot GRACIEUX, 90
GRAND & GRANDEUR, de ce qu'on entend par ces mots, 91
Des mots GRAVE & GRAVITÉ, 95
La Voix du Sage & du Peuple, 97
Rescrit de l'Empereur de la Chine, 104
Lettre à M. Albergati Capacelli, Sénateur de Boulogne, sur plusieurs sujets différens, 108
Lettre à M. d'Arget, 124
Lettre à M. le Marquis d'Adhemar, 126
Lettre à M. l'Abbé de Voisenon, 128
Lettre au Sieur Jore, Libraire, 129
Lettre à M. de Maupertuis, 132
Lettre de M. de la Condamine à M. de Voltaire, 138
Réponse de M. de Voltaire au même, 139
Prologue à l'occasion du mariage de M. le Dauphin, 140
Lettres écrites en 1719, qui contiennent la critique de l'Œdipe de Sophocle, de celui de Corneille, & de celui de l'Auteur, 143 & suiv.
Lettre à M. l'Evêque d'Anecy, 192

Epitre à Madame Denis, sur l'Agriculture, 194
Vers à la Princesse Amélie de Prusse, 198
Lettres sur différens sujets, à Mrs. les Auteurs du Parnasse, 199 & suiv.
Lettre à M. l'Abbé D. F. sur la Tragédie de la Mort de César, 210
Lettre à M. de la Roque, sur la Tragédie de Zaïre, 211
Lettre à M. l'Abbé P... sur les Elémens de Newton, 222
Lettre à M. T... sur l'Ouvrage de M. Dutot & sur celui de M. Melon, 231
† *Lettre à M. Koenig,* 242
† *Remerciment sincere à un Homme charitable,* 253
Epitre à M. de Saint-Lambert, 256
Epitre à Mademoiselle Sallé, 258
Imitation de l'Ode du R. P. le Jay, Jésuite, sur sainte Geneviève, 260
† *Lettres Italiennes à M. le Cardinal Q...* 264 & suiv.
† *Préface de la Henriade, de l'édition de Londres, 1730,* 267
† *Préface de l'édition de 1737, par M. Linant,* 269
† *Lettre à l'Académie Françaife,* 273
† *Réponse,* 274
† *Autre Lettre à la même,* 275
† *Extrait d'une Lettre sur le Poëme de la Pucelle,* 276
† *Préface de l'Anti-Machiavel,* 277
† *Pantaodaï, Etrennes à Mademoiselle Clairon,* 281
† *Fragment d'une Lettre sur la considération qu'on doit aux Gens de Lettres,* 286
† *Lettre à M. l'Abbé Dubos, de l'Académie Françaife,* 291
† *Lettres à M. Brossette,* 294 & suiv.

TABLE

† Lettre à M. C... Editeur des Œuvres de Rousseau, 1741,	298
† Lettre sur l'Incendie de la Ville d'Altena,	300
† Lettre à M. de la Marre,	303
† Lettre au R. P. D...,	306
† Réponse du R. P. D...,	315
† Lettre au Traducteur d'un Poëme Latin sur le Printems,	316
† Lettre à M. la Rocque,	319
† Lettre à M. T...,	320
† Le Préservatif,	323
Lettre à M. de la Faye,	345
† Vers pour mettre au bas du portrait de Madame la Marquise du Châtelet,	348
Etrennes à la même,	349
Eloge historique de Madame la Marquise du Châtelet, pour être mis à la tête de sa traduction de Newton,	ibid.
Vers sur la mort de Madame du Châtelet,	359
Sur le même sujet,	ibid.
Apothéose de Mademoiselle le Couvreur,	361
† Scene de la Tragédie d'Artémire,	365
† Autre Fragment de la même Tragédie,	367
† Vers à M. Sénac de Meilhan,	368
Epitre à M. Algaroti,	369
Epitre à M. le Maréchal de Richelieu dans l'Isle de Minorque,	370
Epitre à M. de Voltaire, en lui envoyant un Poëme sur la Grace,	372
Réponse de M. de Voltaire,	373
Epitre à M. l'Abbé de Rothelin,	374
Le Philosophe, à Madame la Marquise de T...	379
Vers sur un Dindon à l'ail,	381

TABLE

Vers sur ce que l'Auteur occupait à Sceaux la chambre de M. de Saint-Aulaire, que Madame la Duchesse du Maine appellait son Berger,	382
Sur une maladie de Madame de P...,	ibid.
Impromptu sur la maison de M. Gendron,	383
Madrigal,	ibid.
Epitre à Mrs le Comte, le Chevalier & l'Abbé de Sade,	384
Portrait de M. de la Faye,	385
Madrigal à Madame la Princesse,	ibid.
Epitre de M. Clement à M. de Voltaire,	386
Réponse du même,	ibid.
Vers de M. de F.	387
Vers pour mettre au bas du portrait de M. de Maupertuis,	ibid.
Madrigal,	ibid.
A Madame de la P...,	388
A Madame la Comtesse de la N...,	ibid.
A Madame D...,	389
Sur le Louvre,	ibid.
A Madame D..., en lui envoyant la Henriade & l'Histoire de Charles XII,	390
A M. Nericault Destouches, Invitation à dîner,	ibid.
Placet à Monseigneur le Régent,	391
Vers pour mettre au bas du portrait de M. de Bernouilli,	392
Vers pour mettre au bas du portrait de M. Leibnitz,	ibid.
Vers à M. de Lanoue, Auteur de Mahomet II.	ibid.
Epitre au Roi de Prusse,	393
Vers pour Mademoiselle de Charolois,	394
Inscription mise sur la nouvelle porte de Nevers,	395

TABLE

Prologue à S. A. S. Madame la Duchesse du Maine, à une représentation de la Comédie de la Prude, 396

Vers envoyés à M. Silva, 399
Inscription pour l'Amour, ibid.
La Dispute, ibid.
Avantage de la Raison, 400
Au Roi de Prusse, ibid.
Madrigal, 401
Etrennes à feu M. le Dauphin, 402
Le Loup moraliste, 403
Impromptu sur une Tabatiere confisquée,* ibid.
Le vrai Dieu, Ode, 405
Autre Ode, composée en 1713, 408
Epitre à M. de Genonville, 412
Epitre à Madame D..., sur le péril qu'elle avait couru en traversant la Loire, 414
Vers sur l'élection du Roi Stanislas, 416
Ode sur la construction de l'Autel de Notre-Dame, en 1714, 417
Réponse de M. de Voltaire à M. de Ximenez, qui lui avoit envoyé une traduction de la septieme Elégie d'Ovide, 421
Réponse de M. de Voltaire à une Epitre en vers de M. de Ximenez, ibid.
Vers à M. de Voltaire, par M. Formont de Rouen, 423
Réponse de M. de Voltaire, ibid.
Vers à Madame de Prie, 424
A Monsieur **, qui présidait à une Fête, ibid.
Vers pour Mademoiselle Sallé, 425

* L'Auteur était au College, & n'avait que douze ans lorsqu'il fit cette Piece.

Vers au Roi de Prusse, ibid.
A Madame De.., 426
Epigramme contre D.., ibid.
Epigramme contre un Poëte, 426
Epigramme, la Muse de S. Michel, 427
Fragment d'une Ode, ibid.
Epigramme adressée à l'Abbé de Chaulieu, 428
Vers à Madame du Bocage, ibid.
Lettre à M. de C., sur le Temple du Goût, 429
                                                      & suiv.
Variantes sur le Temple du Goût, 457

VARIANTES DE PLUSIEURS PIECES FUGITIVES.

Premier Discours. De l'Egalité des Conditions, 459
II. Discours. De la Liberté, 461
III. Discours. Sur l'Envie, 463
IV. Discours. De la Modération, 464
V. Discours. Sur la nature du Plaisir, 466
VI. Discours. De la nature de l'Homme, 468
VII. Discours. Sur la vraie Vertu, ibid.

Fin de la Table.

www.ingramcontent.com/pod-product-compliance
Lightning Source LLC
Chambersburg PA
CBHW072106220426

43664CB00013B/2020